U0573943

SHIXUE DIAOCHA YU TANSUO

JIAOYUBU SHEHUI KEXUE WEIYUANHUI
LISHIXUE XUEBU LUNCONG

史学调查与探索

教育部社会科学委员会
历史学学部论丛

教育部社会科学委员会历史学学部　编

2011

北京师范大学出版集团
BEIJING NORMAL UNIVERSITY PUBLISHING GROUP
北京师范大学出版社

图书在版编目(CIP) 数据

史学调查与探索：教育部社会科学委员会历史学学部论丛／教育部社会科学委员会历史学学部编.—北京：北京师范大学出版社，2011.11
ISBN 978-7-303-13510-3

Ⅰ．①史…　Ⅱ．①教…　Ⅲ．①史学－调查研究－世界
Ⅳ．① KO

中国版本图书馆 CIP 数据核字（2011）第 203646 号

营 销 中 心 电 话	010-58802181 58808006
北师大出版社高等教育分社网	http://gaojiao.bnup.com.cn
电 子 信 箱	beishida168@126.com

出版发行：北京师范大学出版社 www.bnup.com.cn
　　　　　北京新街口外大街 19 号
　　　　　邮政编码：100875
印　　刷：北京京师印务有限公司
经　　销：全国新华书店
开　　本：170 mm × 240 mm
印　　张：17.25
字　　数：240 千字
版　　次：2011 年 11 月第 1 版
印　　次：2011 年 11 月第 1 次印刷
定　　价：38.00 元

策划编辑：刘东明	责任编辑：唐正才
美术编辑：毛 佳	装帧设计：京鲁设计
责任校对：李 菡	责任印制：李 啸

版权所有　侵权必究

反盗版、侵权举报电话：010-58800697
北京读者服务部电话：010-58808104
外埠邮购电话：010-58808083
本书如有印装质量问题，请与印制管理部联系调换。
印制管理部电话：010-58800825

编辑委员会

（以姓氏笔画为序）

马　敏　　马克垚　　冯天瑜　　李剑鸣　　张岂之　　林　沄　　茅家琦
赵　毅　　姜义华　　桑　兵　　钱乘旦　　阎步克　　葛剑雄　　瞿林东

主　编

马克垚　　瞿林东

编　辑

张　越　　吴世英

前 言

本论丛是教育部社会科学委员会历史学学部编辑的学术咨询性质的文集。

本论丛的宗旨是以《国家中长期教育改革和发展规划纲要》为指针，贯彻教育部社会科学委员会章程，在历史学学科领域范围内积极开展学术调研、咨询工作的基础上，提供相关信息交流的园地。

本论丛发表的文章，一是有关学科领域的研究报告，二是有关学术前沿重要问题的研究进展信息，三是有关学科发展中面临的各种值得关注的倾向性的资讯，四是有关推进学科建设的意见和建议等。本论丛不收入学者、专家个人的专题研究论文。

本论丛尤其关注学科建设、史学前沿、学术建议、学术调查等方面有实质性和启发性的文章。历史学学部的所有成员，固然因职责的关系，有义务为本论丛撰文。但是，本论丛更广泛的作者当是辛勤耕耘在历史学各领域第一线的学者、专家，这是本论丛编委会真诚的期待。

凡有赐稿，长短不拘，三千字以上、两万字以内均可。来稿如有征引，请详细注明出处：引用专书，注明作者、书名、出版地、出版单位、出版年份、引用页码；引用论文，注明作者、论文名称、发表期刊名称、年份及期数。

本论丛收入的文章，均文责自负，不代表编委会的意见、见解与观点，但学风严谨、文字平实，则为本论丛所恪守之原则。

希望这本论丛有益于全国史学界同仁。根据史学发展和史学工作的需要，我们还将继续编辑这样的论丛，希望全国史学界同仁支持我们的工作。

■目 录

革故鼎新：六十年来中国史学的责任担当

姜义华

恩格斯说过："历史就是我们的一切，我们比任何一个哲学学派，甚至比黑格尔，都更重视历史。"①历史学以其时序性、整体性、实证性，获得其他学科无可取代的特殊地位，为整个人文科学、社会科学、思维科学、管理科学的发展与它们内涵的深化，提供了坚实的基础与前行的坐标。历史学帮助人类肯定并不断提升自身的价值，通过认识先前各个世代积累和遗存下来的各种主客观资源，了解自己在什么条件下生存，在什么既有的基础上和环境中进行再创造，从历史中吸取丰富的经验与教训、丰富的知识，了解历史发展的趋势，使自己在所从事的改造主客观世界的社会实践中能够处于越来越自觉的状态。

中国共产党对于正确认识中国历史高度重视。毛泽东说："我们是马克思主义的历史主义者，我们不应当割断历史。从孔夫子到孙中山，我们应当给以总结，承继这一份珍贵的遗产。"②中国马克思主义历史学，正是在中国共产党领导中国人民进行波澜壮阔的民族斗争阶级斗争和中华民族走向现代化、实现民族伟大复兴的斗争中形成与发展起来的。中国马克思主义历史学自觉投身于这一斗争，成为这一伟大斗争不可或缺的一个重要组成部分，为正确认识中国国情，确立正确的路线、方针和政策以及正确的战略和策略，凝聚全民族力量共同奋斗，立下了不可磨灭的功勋。

新中国建立以来，和新中国成长的历程相适应，当代史学大体经历了

---

① 恩格斯：《英国状况，评托马斯·卡莱尔的〈过去和现在〉》，见《马克思恩格斯全集》第1卷，650页，北京，人民出版社，1956。

② 《毛泽东选集》第2卷，534页，北京，人民出版社，1991。

四个阶段：为新中国建立和巩固而奋斗；在以阶级斗争为纲、将阶级斗争扩大化绝对化的年代；党的工作重心转向以经济建设为中心的岁月；以人为本，即以人的全面发展为总目标的历史新阶段。

一 为新中国建立和巩固而奋斗

新中国正式建立之前，1949 年 7 月 1 日，由郭沫若任主席的中国新史学研究会筹备会在北平成立。这是一个全国性的历史学学术团体。作为中华全国社会科学工作者代表会议筹备会成员之一，参加了 1949 年 9 月召开的中国人民政治协商会议，正式代表为陈伯达、范文澜、翦伯赞、侯外庐，候补代表为胡绳。与会的还有一些著名历史学家，如吴玉章为中国共产党代表，郭沫若为无党派民主人士代表，周谷城为无党派民主人士候补代表，嵇文甫为华中解放区代表，吴晗为中华全国民主青年联合总会代表，汤用彤为中华全国教育工作者代表会议筹备委员会代表，邓拓为中华全国新闻工作者协会筹备会代表。在中国人民政治协商会议上，这些历史学家和其他代表一道，参与起草共同纲领、会议宣言，确定国旗、国歌，代行全国人民代表大会职权，选举产生了中华人民共和国中央人民政府，按照法定程序正式建立了新中国。

中国新史学研究会筹备会 1951 年 7 月 28 日在北京举行成立大会，正式定名为中国史学会，第一届理事会主席为郭沫若，副主席为吴玉章、范文澜，常务理事为白寿彝、邵循正、陈垣、吴晗、翁独健、尹达、翦伯赞。中国新史学研究会筹备会和中国史学会尽管只是一个由历史学家组成的具有民间性质的学术团体，但是，从它一诞生起，就显示出史学研究同时又是一项国家行为，它的命运和新中国紧密联系在一起。

新中国建立伊始，便将历史研究和历史教育置于国家行为这一重要地位，将历史学作为为新中国建立和巩固而奋斗的一条重要战线，突出地表现在，作为国家自然科学与人文社会科学最高学术机构的中国科学院于 1949 年 11 月成立后，立即将组建历史研究专门研究机构作为重要任务提上日程。1950 年 1 月，首先建立了中国近代史研究所，由范文澜任所长；

8月，建立了考古研究所，由郑振铎任所长；1954年又建立了历史研究所一所、二所，分别由郭沫若、陈垣任所长。1953年10月，中共中央还决定设立历史研究委员会，由陈伯达任主任，成员有郭沫若、范文澜、吴玉章、胡绳、杜国庠、吕振羽、翦伯赞、刘大年、尹达等人，成为中共中央专门指导全国历史研究的权威机构。

历史研究和历史教育之所以被置于国家行为这一重要地位，出于构建和新生的中华人民共和国相适应的统一意识形态的需要，出于清除长时间来唯心史观在思想文化领域广泛影响的需要，也是出于总结和吸取优秀历史遗产服务于新中国的巩固和建设这一需要。中国人民政治协商会议第一届全体会议通过的《中国人民政治协商会议共同纲领》第41条规定："中华人民共和国的文化教育为新民主主义的，即民族的、科学的、大众的文化教育。人民政府的文化教育工作，应以提高人民文化水平、培养国家建设人才、肃清封建的、买办的、法西斯主义的思想、发展为人民服务的思想为主要任务。"第44条又专门规定："提倡用科学的历史观点，研究和解释历史、经济、政治、文化及国际事务。"这两条规定明确指出了历史研究和历史教育的时代使命和神圣职责。

正因为用科学的历史观研究和解释历史、经济、政治、文化及国际事务具有如此重要的地位，新中国建立不久，便在全国干部与群众中普遍开展了社会发展史教育。1950年6月6日，毛泽东在中国共产党七届三中全会上的讲话中提出："对知识分子，要办各种训练班，办军政大学、革命大学，要使用他们，同时对他们进行教育和改造。要让他们学社会发展史、历史唯物论等几门课程。就是那些唯心论者，我们也有办法使他们不反对我们。他们讲上帝造人，我们讲从猿到人。"①当时在广大工人中开展的社会发展史教育，重点是教育工人们树立劳动创造人，劳动光荣、资本主义必然灭亡和社会主义必然胜利的观点。

1950年春，中共中央成立了毛泽东选集出版委员会，着手编辑《毛泽东选集》。从1951年7月开始，毛泽东亲自审定的《毛泽东选集》第1卷一

---

① 毛泽东：《不要四面出击》，见《建国以来毛泽东文稿》第1册，398～399页，北京，中央文献出版社，1987。

批文章在《人民日报》提前刊载，纪念中国共产党成立30周年。1951年10月，第1卷出版，1952年4月，第2卷出版，1953年4月，第3卷出版。结合《毛泽东选集》的陆续出版，学习毛泽东著作和中国共产党党史不仅在干部中，而且在知识分子中广泛展开。人们不仅通过学习熟悉了中国共产党和中国革命的历史，而且熟悉了毛泽东关于中国历史的一系列论述和他关于中国历史的主要观点，更多历史学家开始有意识地运用这些观点来重新研究和解释中国古代、近代和现代历史。

1953年，毛泽东和中共中央确定了党在过渡时期的总路线和总任务，这就是要在一个相当长的时期内，基本上实现国家的工业化和对个体农业、个体手工业和资本主义工商业的社会主义改造。1953年4月23日，中共中央发出《关于1953—1954年干部理论教育的指示》，说："为了适应全党在进入经济建设时期的需要，现在规定全党干部理论学习的高级组和中级组在1953年7月到1954年12月的一年半时间内，都学习《联共（布）党史》的第9章到第12章和列宁、斯大林论社会主义经济建设的一部分著作。这个学习计划，要求全党主要干部都能有系统地了解苏联实现国家工业化、农业合作化和完成社会主义建设的基本规律，以便在我国经济建设过程中根据我国具体条件正确地利用苏联的经验。"①中共中央机关刊物《学习》杂志为此开辟了专栏，刊登辅导论文、资料、名词解释、问题解答、学习心得。学习者在学习了一年以后都得进行考试，他们还要写出可以在报刊上发表的论文。在学习第9至第12章以后，从1955年9月起，各级干部又被规定要进一步学习《联共（布）历史简明教程》第1章到第8章。对一部外国的党史教科书如此认真地仔细研读、学习，充分显示了这一段特殊历史的研究与解释，同党与国家的实际工作关系是何等密切，也进一步说明了借助学习和解释历史来统一全党干部乃至全国人民的思想，以构建新的意识形态，并确立其支配地位，是何等被重视。

鸦片战争以来，中国社会经历了三千年未有之巨变。一百多年中，思想文化领域内原先由以儒表法里为主干，并汇合儒、释、道诸家而成的意

---

① 中共中央文献研究室编：《建国以来重要文献选编》第4册，141页，北京，中央文献出版社，1993。

识形态长期全面控制的局面急速崩解，在民众中，特别是在开眼看了世界、接受了新思潮的知识分子中，它的支配力一步步丧失。为了构建足以支撑中华民族复兴而能凝聚全民族的新的意识形态，一代又一代志士仁人进行了艰苦卓绝的努力。康有为试图通过建立新孔教构建一个新的大一统的意识形态，而随着清王朝的覆灭和袁世凯复辟帝制的失败，新孔教只沦为一些遗老遗少自恋自慰的一种精神慰藉；孙中山试图用民族主义、民权主义、民生主义构建一个具有广泛内涵的新的意识形态，但是，无论是在孙中山本人那里，或是在孙中山后继者胡汉民、汪精卫、戴季陶、蒋介石或宋庆龄、邓演达那里，三民主义的诠释歧异过大，结果，三民主义不但统一不了全中国，甚至也统一不了国民党自身。至于中国的自由主义，思想混杂，派别纷纭，更无法成为足以统领全国的权威意识形态。新中国的建立，使构建新的统一的意识形态并确立其支配地位空前迫切而必要，也使构建足以凝聚全国各种社会力量的新的统一的意识形态有了现实的可能。

建立统一的新的意识形态，需要对广大干部和广大群众进行正面教育。学习社会发展史，学习毛泽东著作和中共党史，学习联共（布）历史和列宁、斯大林的相关著作，都属于这种正面教育。然而，建立统一的新的意识形态，特别是确立起支配地位，更需要首先在作为社会引领者的知识精英中清除各种与此相悖相异的思想意识。因此，对他们也需要进行正面教育。为了达到真正清除在他们中根深蒂固的原先思想意识，中共中央和毛泽东本人还专门选择了一批"反面教员"和"反面教材"，通过对这些"反面教员"和"反面教材"的批判，来强化和深化这一教育。于是，就有了对于电影《武训传》的批判，有了知识分子思想改造，有了胡适思想批判、梁漱溟思想批判、胡风思想批判，以及在反右斗争中历史学界专门进行的反对右派历史学家的斗争。

对电影《武训传》及其他有关武训的著作和论文的批判，由毛泽东亲自发动和指导。这一批判远非电影界、文艺界所能限定。毛泽东在修改1951年5月20日《人民日报》社论《应当重视电影〈武训传〉的讨论》时加写了大段文章，清楚阐明了这一批判的普遍性意义，就在于通过树立一种新的历史观来确立一种新的意识形态的支配地位。

毛泽东写道：

《武训传》所提出的问题带有根本地性质。像武训那样的人，处在清朝末年中国人民反对外国侵略者和反对国内的反动封建统治者的伟大斗争的时代，根本不去触动封建经济基础及其上层建筑的一根毫毛，反而狂热地宣传封建文化，并为了取得自己所没有的宣传封建文化的地位，就对反动的封建统治者竭尽奴颜婢膝的能事，这种丑恶的行为，难道是我们所应当歌颂的吗？……

毛泽东认为：

承认或者容忍这种歌颂，就是承认或者容忍污蔑农民革命斗争，污蔑中国历史，污蔑中国民族的反动宣传为正当的宣传。

毛泽东进一步强调指出：

在许多作者看来，历史的发展不是以新事物代替旧事物，而是以种种努力去保持旧事物使它得免于死亡；不是以阶级斗争去推翻应当推翻的反动的封建统治者，而是像武训那样否定被压迫人民的阶级斗争，向反动的封建统治者投降。……我们的作者们也不去研究自从一八四〇年鸦片战争以来的一百多年中，中国发生了一些什么向着旧的社会经济形态及其上层建筑(政治、文化等等)作斗争的新的社会经济形态，新的阶级力量，新的人物和新的思想，而去决定什么东西是应当称赞或歌颂的，什么东西是不应当称赞或歌颂的，什么东西是应当反对的。①

---

① 《建国以来毛泽东文稿》第 2 册，316～317 页，北京，中央文献出版社，1988。

这是新中国建立后发动的第一次有组织的大规模思想文化批判运动。这场思想文化批判运动在知识分子中影响之深广,在随即展开的知识分子思想改造运动中立即表现出来。

批判《武训传》高潮中,北京大学率先开办了暑期学习班,刚走马上任的马寅初校长组织教职员集中学习40天。毛泽东随即肯定了这一做法,要求在全国文化教育战线和各种知识分子中,广泛地开展一个自我教育和自我改造的运动,说:"思想改造,首先是各种知识分子思想改造是我国在各方面彻底实现民主改革和逐步实行工业化的重要条件之一。"[①]根据中共中央的部署,思想改造运动在全国大中小学校教师和行政人员以及高中以上学生中展开,其中一项突出的内容,就是"忠诚老实交清历史"。在火药味很浓、批评火力极猛的"批评与自我批评"中,参加者得仔细检讨自己以往的全部历史,这成为从思想上、政治上和组织上清除学校和其他文教机关中"反动遗迹"的重要根据。历史不再是遥远过去的事,而是直接关联到每一个人自身的工作处境和未来出路。确立新的意识形态的支配地位就这样通过"忠诚老实交清历史"落实到每一个知识分子身上。

1954—1955年开展的批判胡适思想运动,发端于对俞平伯《红楼梦考证》一书的批评,目标不仅仅是肃清胡适本人的自由主义思想,而且是整个民主个人主义和自由主义思潮在知识分子及民众中的影响。

这场批判运动席卷整个学术界。中共中央宣传部秉承毛泽东意图发动了这场批判运动。根据当时议定的计划,由历史学家郭沫若挂帅,历史学家侯外庐负责胡适政治思想批判,范文澜负责胡适的历史观点批判,尹达负责评价考据在历史学和古典文学研究工作中的地位和作用,此外还有胡适哲学思想、文学思想批判等,但历史学无疑在其中承担了重大责任。

与胡适思想批判同时展开的,还有梁漱溟思想批判、胡风思想批判,也都涉及历史观。1957年反右斗争中,一批卓有成就的历史学家被划定为"资产阶级右派分子",如北京大学的向达、王重民,复旦大学的王造时、陈仁炳,南开大学的雷海宗,广西师范大学的黄现璠,中国科学院考古研

---

① 毛泽东:《三大运动的伟大胜利》,见《建国以来毛泽东文稿》第2册,482~483页。

究所的陈梦家，近代史研究所的荣孟源等，几乎各历史研究机构和大学历史学系都在本单位揪出了若干"右派分子"作为批判斗争对象。通过对所有这些"反面教员"的批判，与新的意识形态不相容的那些思想被摒弃，被贬斥，至少不能再公开宣扬，统一的新的意识形态从而极为强势地被确立起来。

最为明显的成就，是中国马克思主义史学家郭沫若、范文澜、侯外庐、吕振羽、翦伯赞、胡绳等人的通史或断代史专门史著作牢牢占领了各大学历史学系讲坛，中学历史教科书也全部重新编写。史学界环绕着中国古代史分期问题、中国古代土地制度问题、中国封建社会农民战争问题、中国资本主义萌芽问题、汉民族形成问题展开了热烈讨论，被称做历史学中"五朵金花"。古史分期和资本主义萌芽问题的讨论，围绕着如何将被视为马克思主义基本原理的五种社会经济形态演进学说运用于中国历史发展而展开，古代土地制度、农民战争及汉民族形成问题，所涉及的也是如何将马克思的土地问题理论、恩格斯的农民战争理论和斯大林的民族问题理论运用于分析中国实际问题。这些问题的讨论，固然从不少方面深化了对于中国历史发展特点的认识，但更主要的还是通过这些讨论，让史学家们更加认真地学习马克思主义经典著作，并通过对中国历史的重新诠释，使被概括为以马克思主义、列宁主义、毛泽东思想为指导思想和理论基础的新意识形态具有坚实的中国历史基础，证明新意识形态合乎中国历史发展规律。

历史研究和历史教育之所以被定位为国家行为，还因为新中国虽然是在旧中国的废墟上建立起来的，但是，新中国所面对的生产力、生产关系，所面对的政治、经济、社会各种制度，所面对的人们的日常思维、生活习俗，无不留有极深的历史烙印。建设新中国，不能不全面了解中国国情，了解先前全部世代给我们留下了什么遗产，怎样支持着又怎样制约着新制度的建设和新生活的创造。正因为如此，新中国建立伊始，从毛泽东本人开始，就一直非常注意从以往历史中吸取经验和智慧。

中国新史学研究会筹备会一开始工作，便根据毛泽东1942年《改造我们的学习》提出的"对于近百年的中国史，应聚集人才，分工合作地去做，克服无组织的状态"的建设，决定立即组织队伍，着手编辑整理《中国近代史资料丛刊》。1950 年正式成立了总编辑委员会，成员为徐特立、范文澜、翦伯赞、陈垣、郑振铎、向达、胡绳、吕振羽、华岗、邵循正、白寿彝。从 1951 年开始，陆续出版了《鸦片战争》《太平天国》《第二次鸦片战争》《回民起义》《捻军》《洋务运动》《中法战争》《中日战争》《戊戌变法》《义和团》《辛亥革命》等容量甚大的专题资料丛刊。在近代中国经济史方面，由一批经济史专家编辑出版了中国近代工业史、农业史、手工业史、铁路史、对外贸易史等各种专题的多卷本资料集。在这一基础上，中国近代史研究，特别是近代中国革命史、近代中国经济史研究空前活跃，取得了水准相当高的许多研究成果。根据毛泽东的指示，从 1954 年开始校点《资治通鉴》，参加者有王崇武、齐思和、张政烺、周一良、顾颉刚、聂崇岐等一批著名的史学家；从 1958 年开始校点《二十四史》，由吴晗、顾颉刚主持，参加者有全国数百位历史学者。与此相配合，由吴晗牵头，谭其骧负责，重新编绘杨守敬《历代舆地图》，成为后来的多卷本《中国历史地图集》。校点出版的还有各种续资治通鉴、通鉴纪事本末、会要等史籍，以及一大批其他重要历史文献、历史资料。这些基础性的工作，大大推进了对于中国古代历史的研究。和新中国的建立与巩固相适应，这一时期，中国历史学家努力运用马克思主义唯物史观指导自己的研究，和坚实而丰富的资料整理工作相结合，呈现出一片蓬勃气象。

二 在阶级斗争扩大化绝对化的年代里

《中国人民政治协商会议共同纲领》序言中写道："中国人民政治协商会议一致同意以新民主主义即人民民主主义为中华人民共和国建国的政治基础。"据此，共同纲领确定了新民主主义的总纲、新民主主义的政治制度、新民主主义的经济政策、文化政策、外交政策。经济政策部分第 1 条就规定："中华人民共和国经济建设的根本方针，是以公私兼顾、劳资两利、城乡互助、内外交流的政策，达到发展生产、繁荣经济之目的。国家应在经营范围、原料供给、销售市场、劳动条件、技术装备、财政政策、金融政策等方面，调剂国营经济、合作社经济、农民和手工业者的个体经济、私人资本主义经济和国家资本主义经济，使各种社会经济成分在国营经济领导之下，分工合作，各得其所，以促进整个社会经济的发展。"新中国建立后，根据这一根本方针，迅速恢复了国民经济，并开始了大规模经济建设。

土地改革以后，中国农村实现了普遍中农化，农业生产迅速恢复并得到发展。当时，在农业生产发展过程中出现了土地、资金、劳动力等生产要素的少量流转，其实这很正常，也不难依法控制与限制，可是，它们恰恰被夸大为在农村中出现了新的两极分化。根据列宁关于小生产每日每时普遍地、大量地、自发地产生资本主义，成为资本主义复辟的温床的论断，我国的农村政策急速改变为抓紧改造和消灭农民和手工业者的个体经济。"三反""五反"运动中，揭发了私人资本主义某些企业偷税漏税、偷工减料、盗骗国家财产、盗窃国家经济情报、行贿以及某些干部贪污受贿、浪费等问题，这些本也不难依法控制与解决，可是，根据列宁关于过渡时期是生长着的共产主义与衰亡着的资本主义你死我活斗争时期的论断，特别是资产阶级要以十倍仇恨、百倍疯狂夺回他们失去的天堂的论断，这些事件被视为资产阶级的猖狂进攻，于是，在全国范围内发动了大规模的群众性运动，对几乎囊括所有私人资本主义企业的所谓"不法资本家"开展火力极猛的斗争。由此，我国城市政策也急速转变为抓紧改造和消灭民族资本主义工商业，在不太长时间里就让资本主义在中国绝种。两大阵营互相对垒的世界格局，朝鲜战争爆发后西方各国对中国的封锁，尤其是抗美援朝战争中中国和世界上最强大的对手美国直接对抗所取得的胜利，不仅增强了完成上述的两大改造的急迫感，而且也大大增强了顺利进行上述两大改造的信心。

凭借中国共产党和毛泽东本人的崇高威信，依靠高度集中统一的行政权力对于全国城乡无所不在的支配，将战争年代已极为纯熟的动员群众、大搞群众运动的方式运用于农业合作化、资本主义工商业全行业公私合营，在社会生产力还没有重大的根本性变化、农村基本还依靠手工工具和畜力的基础上，仅仅用了短短两三年时间，我国就完成了对个体农业、个体手工业及私人资本主义工商业的改造，建成了几乎无所不包的大一统计划经济体制。胜利的到来是如此顺利，便鼓动我们将大搞群众运动以及游击作风或游击战争战略战术运用于经济建设，由是发动了以大炼钢铁和粮食高产为中心的"大跃进"运动，以及能够最大限度动员民众的人民公社化运动，企图以此加速实现中国的工业化，并进一步根除农村中私有制残余。

在"大跃进"与人民公社化高潮中，毛泽东在《三国志·张鲁传》上于1958年12月7日和10日两次写下长长的批语，高度赞扬农民的原始社会主义、两千年来的农民革命斗争。在12月7日的批语中，他写道：

> 这里所说的群众性医疗运动，有点像我们人民公社免费医疗的味道，不过那时是神道的，也好，那时只好用神道。道路上饭铺里吃饭不要钱，最有意思，开了我们人民公社公共食堂的先河。大约有一千七百年的时间了，贫农、下中农的生产，消费和人们的心情还是大体相同的，都是一穷二白。不同的是生产力于今进步了许多了。……历代都有大小规模不同的众多的农民革命斗争，其性质当然与现在马克思主义革命运动根本不相同。但有相同的一点，就是极端贫苦农民广大阶层梦想平等、自由，摆脱贫困，丰衣足食。在一方面，带有资产阶级急进民主派的性质。另一方面，则带有原始社会主义性质，表现在互助关系上。第三方面，带有封建性质，表现在小农的私有制、上层建筑的封建制——从天公将军张角到天王洪秀全。……对上述性质的分析，可能有错误。但带有不自觉的原始社会主义色彩这一点是就贫苦的群众来说，而不是就他们的领袖们（张角、张鲁、黄巢、方腊、刘福通、韩林儿、李自成、朱元璋、洪秀全等等）来说，则是可以确定的。现在的人民公社运动，是有我国的历史来源的。①

在12月10日的批语中，他在高度评价张鲁祖孙三世行五斗米教的以

---

① 毛泽东：《为印发〈张鲁传〉写的批语》，见《建国以来毛泽东文稿》第7册，627~628页，北京，中央文献出版社，1992。

神道治病、大路上设公共宿舍、吃饭不要钱、以犯轻微错误的人修治道路、对犯法者以说服为主要方法、近乎政社合一劳武结合等经济政治纲领后，又特别写道：

> 中国从秦末陈涉大泽乡（徐州附近）群众暴动起，到清末义和拳运动止，二千年中，大规模的农民革命运动，几乎没有停止过。同全世界一样，中国的历史就是一部阶级斗争史。①

这时，正在举行中共八届六中全会，毛泽东指示将《张鲁传》印发给全体与会者阅读。第一个批语，强调了农民的原始社会主义和人民公社化的历史渊源关系。这个批语的铅印件，作者觉得有些不妥，用墨笔划去，另写了第二个，印在《张鲁传》的篇头。与会者读到的是第二个批语。这个批语强调了要从"阶级斗争史"、农民"革命运动史"的角度认识人民公社化运动的性质。但第一个批语可能更为重要，因为这一批语正透露出毛泽东和中共中央在40年代曾一再尖锐批判过的农业社会主义、民粹主义，这时实际上已被肯定并得到高度赞扬。它也透露出，从农业合作化运动到人民公社化运动，起了关键作用的，与其说是科学社会主义，毋宁说很大程度上是一种"原始社会主义"。

"大跃进"运动和人民公社化运动中，原始社会主义泛滥，主观主义、唯意志论、强迫命令泛滥成灾，造成了严重后果。在小生产广泛存在的基础上立即过渡到生产资料普遍的公有制，非但没有带来生产力真正的大解放，反而造成了对于农民基本生产资料乃至人身自由的普遍剥夺。共产风、浮夸风、瞎指挥风、强迫命令风和特殊化风，使现有生产力遭到严重破坏。坚持实事求是、从实际出发而抗拒"五风"的群众和干部，反而被当做扛了"资产阶级白旗"遭到无情打击。

在实际工作中，一些明显的错误被发现并做了纠正，但这种纠正，基本上局限于操作性、技术层面上的错误。由于一直坚持认为无产阶级和资

---

① 毛泽东：《为印发〈张鲁传〉写的批语》，见《建国以来毛泽东文稿》第7册，627～628页。

产阶级、社会主义和资本主义谁战胜谁的问题没有解决，一直警惕着小生产会自发产生资本主义，又伴之以中苏两党两国关系从隐性竞争走到公开对抗，所有对"大跃进"、人民公社持异议者，包括农民们"包产到户"即每一农户对生产资料及产品有一定支配权的要求，都被视为资本主义复辟的行为、修正主义倾向。用阶级斗争和党内斗争的方法解决思想上、政治上和实际工作上的分歧，压制所有不同的意见，导致社会矛盾激化，党内矛盾激化，而这反转来又为阶级斗争扩大化、绝对化提供了口实或根据。在"阶级斗争要年年讲，月月讲，天天讲"的思想支配下，先是估计广大城乡有"三分之一政权不在我们手中"，后来，发展到"文化大革命"中实行全国全面"夺权"，将各级党政权力从"走资本主义道路当权派"手中夺过来。

阶级斗争的扩大化、绝对化，使历史研究、历史教育受到极大冲击。1957 年反右斗争中，毛泽东就说过，大学里面资产阶级知识分子最多的地方有两个，一个是中文系，一个是历史系。1958 年 3 月，毛泽东在四川成都举行的中共中央政治局扩大会议上号召破除迷信，解放思想，不要怕教授，不要恐惧资产阶级知识分子，要压倒资产阶级知识分子。各大学掀起了轰轰烈烈的"教育革命"和"史学革命"，竞相批判重视史料的"唯史料论"、重视考据方法的"资产阶级考据学"，指责重视王朝盛衰更迭者为维护"王朝体系"，指责认为农民起义具有皇权主义倾向即反贪官不反皇帝者为诬蔑农民革命。在"兴无灭资"的名义下，"厚今薄古""以论带史"成为最为革命的口号，要编出以农民战争为纲的新的中国通史，成为最为急迫的任务。然而，这样的"史学革命"，受到了许多历史学家们的抵制。范文澜1961 年提倡"反对放空炮"，要求在历史研究中认真进行调查研究。翦伯赞反对见帝王将相、剥削阶级就骂，见史书上所记的"盗""匪"就捧的简单化做法，要求将阶级观点与历史主义结合起来，说："如果只有阶级观点而忘记了历史主义，就容易片面地否定一切，只有历史主义而忘记了阶级观点，就容易片面地肯定一切。只有把二者结合起来，才能对历史事实作出全面的公平的论断。"①周谷城则对将斗争绝对化提出异议，在他的多篇学

①　翦伯赞：《目前史学研究中存在的几个问题》，见《翦伯赞史学论文选集》，94 页，北京，人民出版社，1980。

术论文中，反复强调由矛盾对立到矛盾统一，由对立斗争到问题解决，总是对立斗争与平衡统一互相交错，有对立然后有统一，有不和然后有和谐。他还主张时代精神应由各种思想意识汇合而成，各个时代的时代精神应是统一整体，它们而又通过不同的阶级乃至不同的个人反映出来，而截然不同。① 为给大学文科提供一套高水准的教材，郭沫若、翦伯赞、周一良、李新等一批史学家主持编撰多卷本《中国史稿》《中国史纲要》《世界通史》《中国新民主主义革命时期通史》。

历史学界的这些抗争，迎来的是对于这些历史学家猛烈的批判。1966年6月3日《人民日报》发表社论《夺取资产阶级霸占的史学阵地》，痛斥这些历史学家为"资产阶级代表人物"，说他们"把史学当做他们反党反社会主义的一个重要阵地……为资本主义复辟进行舆论准备"。社论特别指责说："他们顽固的否定几千年的文明史是阶级斗争的历史。他们用所谓的'历史主义'即唯心史观，来反对和篡改马克思列宁主义的阶级斗争学说。他们顽固的否定人民群众是创造世界历史的动力，尽情诬蔑劳动人民和农民战争。"正常的历史研究与历史教育就此完全停顿，代之而起的是强词夺理、颠倒是非、混淆黑白、专门以势压人的"大批判史学"，以及高度政治化，和政治权力斗争紧密配合的隐射史学、阴谋史学。

然而，尽管历史学受到严重摧残，人们仍然不能离开真实的历史联系，以及对历史经验的借鉴。毛泽东本人在他最后的岁月里，还花了好多天时间将《资治通鉴》又读了一遍，每次一读就持续好几个小时。此书他前后通读过17遍。《史记》《汉书》《后汉书》《三国志》《晋书》《新唐书》《旧唐书》及《明史》他也经常阅读。"文化大革命"期间，他从这些史著中选出针对性甚强的若干篇，吩咐校点注释印成大字本，或供他自己重读，或推荐给中央其他领导人阅览。1973年2月，他指示将《晋书》中的《谢安传》《谢玄传》《桓伊传》《刘牢之传》合订为一册，发给政治局委员阅读，说明东晋因有谢安为丞相，才能稳定大局，有谢玄为将，方能取得淝水之战的胜利，有桓

① 姜义华：《"斗争哲学"重围中的孤军之战》，见上海社会科学学会联合主编《周谷城学术思想研究论文集》，32～33页、36～37页，上海，上海社会科学院出版社，1998。

伊的谦恭忠诚,方能消除君臣间嫌隙。而刘牢之一再倒戈,叛离原主,最不足为训。这是林彪叛逃摔死在温都尔罕、周恩来主持"批林整风"而又因批极"左"受到毛泽东批评之后,四篇历史传记,暗含要体谅将相之难,要加强高层内部团结之意。1973年6月,毛泽东又将《史记·汲郑列传》大字本批给周恩来阅读。汲黯为治"在无为而已,宏大体,不拘文法",为社稷之臣;郑庄推荐贤才丞吏,"常以为贤于己","闻人之善言,进之上,唯恐后"。这和批评周恩来"大事不讨论,小事天天送"正相呼应,亦是为提拔王洪文为接班人,而要周恩来全力予以支持作舆论准备。仅1973—1974年,毛泽东择定的这类史传几近30篇。选定的史传,传达着不易明白说出口的极为重要的政治信息。让王洪文读《后汉书·刘盆子传》,让江青读《后汉书·李固传》与《后汉书·黄琼传》,都昭示历史著作所独具的特殊功能。基于此,翦伯赞、周谷城等一批历史学家从被彻底打倒改为"一批二养",二十四史校点和中国历史地图编绘工作又得以继续进行,许多历史学家被组织起来参加和中苏冲突相联系的沙俄侵华史、中俄边界史研究,以及和批林批孔紧密配合的儒法斗争史研究。而中美关系的突破,中国重返联合国,世界联系的急速扩大,更直接推动了对于世界各国历史的认知,各个国家的通史或专门史被直接译成中文,历史学家们又被组织起来编撰二次大战后世界历史长编。

三 以经济建设为中心和历史学的新发展

"文化大革命"结束后,中共十一届三中全会确立了"解放思想,实事求是"的思想路线,以阶级斗争为纲的方针路线为以经济建设为中心的方针路线所取代,现代化成为中国人民普遍认同的总主题。改革开放打开了中国向前发展的闸门,中国历史研究与历史教育也进入了一个新的时期。

在"实践是检验真理的唯一标准"大讨论和思想上政治上拨乱反正中,历史学界对于长时间来肆虐中国大地的泛政治主义、泛道德主义,依托在"兴无灭资"名义下的反市场化、反工业化、反城市化、反知识化等种种反现代化思潮,进行了深刻的揭露和有力的批判。通过历史发展动力问题的讨论，历史学家们澄清了在这一问题上的混乱，指出生产斗争、生产活动、生产力发展方才是历史变革的终极原因，阶级的存在、各阶级的地位与本质，必须同特定的生产力和特定的生产方式结合在一起加以考察，历史上真正进步的力量，是代表了先进社会生产力、先进生产方式的阶级、集团。农民的平均主义要求和农业社会主义理想，农民运动和农民战争，具有历史的合理性，但是，不能无限度地夸大，更不能无原则地加以神化，尤其不应将暴力的作用神化，因为暴力充其量只能起到助产婆的作用，没有孕妇，没有受孕，胎儿没有在母体中成熟，助产婆再有能耐，也诞生不了健壮的婴儿。历史学的拨乱反正，有力地推进和支持了其他学科领域的拨乱反正。

20世纪70年代末80年代初平反冤假错案，大者如刘少奇冤案、彭德怀冤案、"61人叛徒集团"冤案、天安门事件冤案，涉及人数众多的1957年反右斗争中被划为右派分子(55万多人)、1959年反右倾斗争中被划为右倾机会主义分子的干部、四清运动中被错误处理的干部、"文化大革命"中被错定为走资本主义道路当权派的干部(300多万)、"文化大革命"中被错判的"反革命"(18.4万)，直到新中国建立前后原国民党起义投诚人员、1955年胡风"反革命集团"成员、50年代被扩大化为资本家资方代理人的人员，乃至30—40年代肃反扩大化中受到错误打击的人员，一一被平反或改正。这是一些历史问题，不仅直接关联着所有当事者，还关联着他们的家属、亲属。平反冤假错案，是一场最为实际、最为具体、最为生动的历史教育。它清楚地表明，如果违背了实事求是原则，捕风捉影，断章取义，攻其一点，不及其余，主观臆断，罗织罪名，会造成多么严重的恶果。所有这些事实，使人们最为真切地认识到，历史真实决不可以随心所欲、轻率草率地对待。这对于整个历史研究从先前被严重破坏了的学风中走出来，重建严谨求实的学风，是一个巨大的推动和激励。

在全国上下专心致志、聚精会神进行经济建设的时候，历史研究在全面准确地认识中国国情和探索具有中国特色的发展之路方面，提供了切合中国实际的理论与事实的支持。历史学家们根据中国两千多年小农经济存在和演变的事实，说明了小生产每日每时自发产生资本主义的结论并不符合中国实际,家庭联产承包责任制比之公社制更能适应中国农村生产力发展水准,它同时也说明农民问题的真正解决,有赖于工业化、市场化、城市化及农业生产力的巨大进步。近代以来中国现代化的曲折历程,说明了国家资本、民营资本、私人资本各有其不可互相替代的功能。一段时间,"史学危机"声浪甚高,深入考察,是因为固守当年的一些所谓"规律""法则",诠释不了中国的历史实际。中国古代奴隶制与封建制分期问题一直争论不休,很大程度上因为它本身就是一个伪问题。中国领主封建制、地主封建制、小农—地主制争论不休,也是因为要强行将中国历史演进纳入欧洲历史发展的框架。正如欧洲历史发展有其自身特色一样,中国历史发展有自己的特点,只有坚持从中国实际出发,借鉴别国成功的或失败的经验,方能找到能引导中国自身健康向前发展的正确道路。

在突破单一化的公有制和计划经济体制,全面推进中国工业化、市场化、城市化和全球化方面,历史学通过历史经验的总结和世界视野的考查,提供了大量具有很强说服力的研究成果,进行了许多具有前沿性、开拓性的探索。在这一方面贡献最多的自然是中国经济史特别是中国近现代经济史的研究。国内市场史、国际市场史、区域市场史、铁路史、公路史、航空史、水运史、邮电史等交通史,货币史、汇率史、信贷史、证券史、期货史、保险史等金融史,劳动密集型、资源能源消耗型、资本密集型、知识与技术密集型等产业史,经济结构变迁史、经济制度史、经济运行机制演变史、非经济因素对经济发展的影响史,以及部门经济史、区域经济史、民族经济史、山林草原经济史、海洋经济史等,所有这些领域的研究都蓬勃展开。这些成果,对于有纵深感地把握现代化全球化进程中资本、劳力、智力、技术、信息、资源的高速流动的客观规律,制定正确的发展战略和策略,开阔了眼界,活跃了思路,提供了鉴戒。

这一时期历史研究成就不仅仅局限于经济史领域。当人们专注于谋求经济高速增长时,历史学根据以往的历史经验与国外发展的教训,早就敏锐地开展了中国文化史与世界文化史的研究。这不仅仅因为经济体制改革和经济发展离不开人们观念的变革、思想的解放,现代化的实现离不开自身现代性的培育,还更因为在工业化、市场化、城市化、全球化进程中,文化一旦缺失，人们极易陷入价值迷失、道德迷失、行为规范迷失，权力走向腐败，利益走向失范、失序、失衡，拜金主义、享乐主义、纵容主义会将人们变成权奴、钱奴、物欲之奴。历史学界从80年代前期开始，就开始了对于中国传统文化和世界文化，包括精英文化、大众文化、观念文化、物化了的文化、制度化了的文化的全面研究，推出了众多文化史研究论著，包括各种断代文化史、区域文化史、民族文化史、各专门领域文化史新成果，为推进文化建设、文化发展，特别是精神文明建设提供了丰富的多彩多姿的传统文化资源、世界文化资源。

继文化史之后，是中国社会史研究的复兴与繁荣。和现代化经济建设相联系的是社会结构、社会关系、社会生活的重大变革，是社会动员、社会控制、社会协调方式的根本性转折。历史学家通过自己的研究，较早提出必须及早关注工业化、市场化、城市化和全球化进程中城乡发展不平衡、东部中部西部地区发展不平衡、产业发展不平衡、社会不同阶层不同群体发展不平衡所导致的一系列重大社会问题，关注人口增长、人口大规模移动、老龄化、就业、独生子女成长等一系列中国特别突出的问题，经济发展、经济体制改革必须与社会发展、社会体制改革同步。人口史、移民史、流民史的研究深化了对于人口增长和人口流动问题的认识；从家族史、家庭史、婚姻史、宗姓史、谱系史到民族史、族群史的研究，深化了对于血缘网络关系的认识；政党史、社团史、商会史、行会史、学派史、黑社会帮派史的研究，深化了对于社群网络关系的认识；城市史、乡村史、社区史、地方史的研究，深化了对于地缘网络关系的认识；对于社会阶级、阶层、各种利益集团、生产者管理者决策者分层、不同单位不同部门利益关系的研究，深化了对于利益网络关系的认识。社会结构史、社会生活史、社会性别史、社会身份职业史、社会组织史、社会动员与社会控制演变史的研究，对于全面认识和把握正经历着历史性巨变的中国社会以及正确决策，发挥了重要作用。

历史研究和中国以经济建设为中心的现代化进程同步发展，并为现代化建设提供了重要的智力支持。因为和现代化实践紧密相联系，历史学界这一时期思想特别活跃，争论特别激烈。围绕着历史上的农民战争和农业社会主义如何评价、洋务运动和清末新政如何评价、传统文化与现代化的关系、革命与改良的历史评价、救亡与启蒙的关系、外来文化与本土文化关系、文化激进主义与文化保守主义的估定、新权威主义与新自由主义的关系、新儒学与新道学的评价等许多重大历史问题,以及历史发展动力、历史创造者问题、社会经济形态的构成及其更迭、历史认识论与史学方法论等许多重大的历史理论问题,史学界展开了热烈的争鸣。百家争鸣,有效地排除了政治权力对于历史研究不适当的干预,使不久前还曾笼罩着史学家的公式化、简单化、脸谱化、实用主义、先验主义、隐射比附、专门以大帽子压人、以势欺人等不良风气,被扫荡一空。也正是百家争鸣,有力地推动了历史学同哲学、经济学、人类学、社会学、政治学等学科的交流对话及跨学科研究的展开,开拓了新研究领域,选取各种新的研究视角,积极采用计量研究、比较研究、结构分析、语义分析、心理分析等多种新的研究方法,并同国外历史学界进行广泛的交流。百家争鸣,成了历史学健康发展的有力保障,一大批青年史学研究者在这一氛围中迅速茁壮成长起来。

四 人的全面发展:新世纪的史学职责

随着21世纪的到来,中华民族的历史发展,也进入了一个全新的世纪,中华文明将从传统的农耕文明、半工业文明全方位地跃入现代工业文明、信息文明;中华民族将最终告别百年屈辱,真正实现伟大的民族复兴;全体中国人将以人的全面发展为共同奋斗目标,将中国社会主义事业推向一个全新历史阶段。

20世纪最后二十多年以经济建设为中心,对于结束以阶级斗争为纲,将全党全国工作重心从专注于接连不断的各种政治运动,转移到迅速改变中国经济落后状态,保障广大人民尽快摆脱普遍贫困,走向温饱与小康上来,极为必要,极为及时。它使中国30年中取得了举世瞩目的经济与社会发展的巨大成就。但是,由于衡定经济建设的指标体系归根结底是GDP,是经济总量,产业结构的提升和劳动者素质的提高,科学教育的发展,实际上都服务于如何大幅度提高 GDP；工业化、城镇化、市场化和世界化也都服从于 GDP 的增长。在发展进程中，便难以避免 GDP 产出处于弱势的经济部门及社会与文化发展严重滞后，从而导致产业结构严重失衡，经济与社会发展严重失衡，经济与文化发展严重失衡。与 GDP 高速增长相伴而来的，便是日益明显的深层次的农业危机、能源危机、资源特别是水资源危机、生态环境危机。经济发展追求利益最大化，文化发展失衡，则使得利欲、物欲不断膨胀时，义理严重缺失。利益的追逐与浸淫，又严重腐蚀着各级权力，造成大范围权力寻租，利多领域的权力越位，少利或无利领域的权力缺位，社会两极化取向亦因此难以遏制。

物质文明和精神文明一起抓，"三个代表"重要思想，特别是强调"以人为本"的科学发展观，科学发展观指导下的物质文明、精神文明、政治文明、生态文明同步发展，正有效地矫正着上述各项弊端，将中国带入一个新的发展时期。

人的全面发展，是将人的物质生活、人的精神生活、人的政治生活、人的社会生活作为综合整体加以把握。人的知识传授、积累、更新、创造，不仅是为满足经济发展的需要，而且是为满足人的政治生活、社会生活、文化生活的需要。人除了知性生活、知性世界外，还有情感生活、情感世界，意志生活、意志世界，人对真、善、美的追求应当是一个统一的整体。

以人的全面发展为主轴，就要求工业化进程和生态化相结合，城镇化进程和人性化相结合，市场化进程和社会公平化相结合，世界化进程和民族国家的主体性相结合，就要求经济成长和政治民主化、社会和谐化以及文化大发展大繁荣紧密相结合，就要求真正协调好工业和农业、城市和乡村、东部中部和西部、汉族和所有其他各民族的关系。人的全面发展又是一个历史的概念，它的内涵将随着社会不断发展而不断拓展和提升。

中国新世纪面临的新的历史性使命，使中国历史学面临新的挑战，必须承担起新的职责。历史研究与历史教育由此呈现出一系列新的特点，并将由此上升到一个全新的境界。

21 世纪中国历史发展的第一个重要特征，就是历史研究和历史教育已不仅仅是国家行为,它也是广大民众自身完善自己,全面发展自己的不可或缺的一个行为,历史学由此从传统的国家记忆、族类记忆逐步演变为广大公众对自身历史的记忆。这是普遍的芸芸众生在历史研究领域中一次真正的普遍的解放。它使历史学将自己关注的重点转向民众史研究的普遍崛起,转向认知人本身。通过普通人的日常生活、日常思维,普通人的风俗习惯、信仰、交往,了解人的本质究竟是什么,人存在的价值是什么,人从哪里来,往哪里去,人究竟怎么样生产,怎么样生活。了解中国人保有、传承、变革和创造了哪些东西,他们是根据哪些条件,经由什么样的路径,来保有、传承和变革。由此明辨世界各民族人们怎样才能实现自身的价值,人怎样才能超越现有的状况,走向未来。

相当长一段时间中,历史学关注的重点总是那些帝王将相、英雄豪杰、社会精英,一般民众极少进入历史学家的视野。在历史发展进程中,帝王将相、英雄豪杰、社会精英常常发挥引领性作用,但是他们能否真正发挥作用,或发挥的作用究竟有多大,其实更多地决定于那些未进入历史学家视野的一般民众默默无闻的存在和他们潜性的却长时间普遍发挥的作用。现代化进程最有意义的一项贡献,就是它是所有人的共同的事业,它的成果应当为所有的人共同分享,它实现了每一个人存在的价值。一般民众终于在历史学中被发现、被确认、被理解,领袖人物、社会精英在历史学中也开始从天上、从神坛上走下来,回到大地,回到人间,回到民众之中。在这里确定他们真实的地位,历史学也由此从国家行为发展为人们认识自己、实现自己的普通人的行为。

21世纪中国历史学发展的又一个重要特征,是将人们的知性生活、情感生活、意志生活,或知性世界、情感世界、意志世界全方位地纳入了考察的范围。

非常值得注意的是知识史与观念史的研究,即对于人们知识的积累和传输,知识结构和学科构成的演进,人们各式各样的观念,人们思维方式与观念体系的形成和变迁的研究,努力了解这些知识和观念一经形成,在社会实践中在多大程度上左右了人们的思想和行动。这类知识与观念,多少年来,一直是思考与行动由以出发的既定前提。近代以来,无数西方知识与观念蜂拥来到中国，人们也已习惯用这些知识和观念来评价中国历史和历史的中国，甚至不惜削足适履，强行将历史的中国塞进其框架、体系。一旦揭示了这些知识与观念如何在特定的环境、背景与条件下产生、积累、传输和演变，有利于人们既积极继承和利用既存的知识、观念和思想学术资源，又能自觉地从许多已经过时的、带有片面性甚至含有严重错误的知识、观念中释放出来，形成新的知识结构、观念体系。

同样值得注意的是对于人的感情生活、感情世界的研究。人除去知识和观念的传承、积累和变迁之外，还有极为丰富而多样的情感生活、情感世界，美感生活和美感世界，这就是人的诗性世界，它和人的知性世界既相联系又相区别，两者的运行法则可以说大相径庭。多年来，人的诗性几乎完全不被承认，人的亲情、爱情、友情、乡情，人的喜怒哀乐，人在自然美和绘画、音乐、舞蹈、戏曲等人所创作的美中得到熏陶和享受，所有这些，都被一一纳入知识化范畴。现今，文学终于被确认为人学，艺术终于超越为政治服务而和人性相连接，文学史、艺术史研究终于超越知识学体系，走向引导人们去开发和培育很大程度上还处于无意识状态的人的诗性、人的情感世界和人的美感世界。

人的意志生活、意志世界，使人制约和改变自己身上所残存的兽性，推动人的野蛮状况一步步走向文明状态。人的意志，人的心理，人对更美好未来的追求，人的敬畏之心、向善之念，人的爱心、同情心、怜悯之心，先前很少进入历史研究的视野。现在已为历史学越来越关注。宗教史、信仰史、习俗史、心理史研究之外，人们的价值追求、价值认同、价值传播、价值观念的转变，以及与此密切相关联的意识形态的构成和演变，人超越动物性而独具的人性问题，包括国民性、民族性、民族精神问题，一一成为历史研究中新的亮点。

所有这些，都是为了通过历史研究，更完整地认识历史的真正主人——人。

21世纪中国历史学发展还有一个重要特征，这就是人们在同世界各国史学界频繁交往、深入交流的过程中，在广泛了解和借鉴国外史学研究新的方法、新的流派、新的观点、新的成果，从而真正走出自我封闭状态的基础上，越来越自觉地重视本国的历史资源，使现代性和先前的传统相连接，真正从中国自身的历史实际出发，作出新的理论概括、理论创新，创建合乎中国历史实际而又具有普世意义的中国化的历史理论。

近代以来中国历史学家对于历史进程的本质、历史发展规律或历史发展理论的认知，几乎全部源于西方；对于历史学或历史学理论的认知，也主要源于西方。维科《新科学》说人类历史经历了神权统治阶段、贵族统治的英雄阶段，以共和制或君主立宪制建立为标志的人的阶段，赫尔德、康德、黑格尔坚持人类历史是由低级到高级的合乎规律性的发展，斯宾塞以支配生物进化生存斗争规律说明人类何以进化，所有这类理论，成为近代中国历史学家解释中国历史进程的主要理论依据。狄尔泰、文德尔班、李凯尔特等人所代表的分析历史哲学传入中国后，一些中国历史学家也据之强调，历史只是既不能重复、也无法通过归纳找到其内在规律的各种事实。唯物史观经由苏联的诠释来到中国以后，斯大林在《辩证唯物主义与历史唯物主义》中所阐述的理论，则取代康德、黑格尔、斯宾塞，成为解释中国历史本质的唯一理论根据。20世纪80—90年代，从马克斯·韦伯的宗教社会学理论，汤因比的文明史理论，法国年鉴学派个体时间、社会时间、地理时间三时段解释历史的理论，直到当代后现代主义的各种理论，也一一涌入中国，被一些历史学家用作理论根据以诠释中国历史。

改革开放以来，中国沿着自己开辟的中国特色社会主义这条具有鲜明中国特点、符合中国国情的现代化道路，在短短30年中，引导中国从小生产走向大生产，从自然经济走向市场经济，结束了已绵延数千年的手工劳动支配地位，成为世界工厂，包括经济力、科技力、军事力以及社会与文化"软实力"在内的国家综合实力，跃升世界前列，中国的发展成功的经验集中到一点，就是在借鉴世界物质生产、精神生产和制度生产的优秀成果时，必须坚定不移地从中国实际出发，坚定不移地走自己的路。恩格斯指出："历史从哪里开始，思想进程就也应当从哪里开始，而思想进程的进一步发展不过是历史过程在抽象的、理论上前后一贯的形式上的反映。"①

---

① 恩格斯：《卡尔·马克思〈政治经济学批判〉》，见《马克思恩格斯选集》第2卷，43页，北京，人民出版社，1995。

中国现代化进程的伟大实践,使历史研究者终于可以不再将自己完全桎梏在根据西方历史形成的历史理论框架之内,独立地依靠对于中国历史和世界历史的分析,形成具有中国独创性的历史理论。

当中国历史学真正创立自己的历史理论和历史学理论之时,中国的历史研究与历史教育必能迎来更加辉煌灿烂的明天。

（作者为复旦大学中外现代化进程研究中心教授）

中国历史地理研究与学术国际化

葛剑雄

改革开放以来，学术的国际化越来越受到国内学术界的重视，中国的学术研究正大步进入国际学术领域，部分学科已经初步实现国际化，与国际学术界融为一体。但并非所有的学科或所有领域的研究都必须国际化，或者可能国际化。国际化也不是每一个学科或每一研究领域的第一要务，更不是包治百病的灵丹妙药。实现国际化的途径和要求也不尽相同，例如有的学科是以走出去为主，而另一些学科则应吸引别人走进来，别人没有兴趣，或仅有兴趣却没有能力，因而一时门庭冷落，是很正常的。

就中国历史地理而言，其国际化的途径和要求与其他学科并无二致，但有其特殊性。这主要表现在，中国丰富而延续的历史文献使中国成为世界上为数不多的可以进行长时段历史地理研究的国家之一，在不少方面中国是唯一的。

一 中国丰富的、延续的、多样的历史文献，使中国是世界上唯一能够进行长时段、大范围的历史人文地理研究的国家，其研究成果为了解世界早期历史地理提供了可靠的根据或比较对象，因而使这些史料具有世界性意义

历史地理学的研究对象是历史时期的地理现象，所以大多数学者将历史地理学归属于地理学，少数学者认为它属于历史学，或者是介于地理学和历史学之间的边缘学科。但对历史地理学的主要研究手段是建立在历史文献基础上的历史学研究方法，而不是以实地考察为主的地理学研究方法，一般是没有异议的。尽管历史地理研究离不开地理学的基础原理，同样需要采用地理学的基本研究手段，并借助于相关学科的研究成果，但绝对离不开文献资料。正因为如此，尽管现代历史地理学首先产生在西欧和北美的发达国家，尽管它的基本原理和研究手段适用于各大洲的各个国家，但只有具有丰富的、延续的、系统的历史文献的时间和空间才有可能进行真正意义上的历史地理学研究。也正因为如此，英国、加拿大和欧美其他国家的历史地理研究集中在历史人文地理，并且主要是17世纪以后的课题。由于历史自然地理现象的变化尺度往往以数百年或千年计，在缺乏长达千年的、延续的历史资料的前提下是无法进行的。

中国的历史地理研究却具有举世无双的优势，有条件进行长时段的、持续的、大范围空间、长时段时间和全方位的研究。这是因为：

中国有悠久和延续的历史。迄今为止有文字记载的历史可以追溯到夏、商、周，并且已为考古发掘所证实，通过考古学和其他相关学科的研究还可能将历史提前到夏朝以前。尽管目前得到证实的中国历史还不如埃及、巴比伦的长，但从夏朝开始，中国的历史一直没有中断，作为历史主人的主体民族就是从以夏人为中心的华夏诸族发展下来的，不像其他文明古国的历史早已断绝，当年的主人或者早已迁离，或者已经灭绝。

中国历来有辽阔的疆域，从秦始皇统一六国开始，历代中原王朝的疆域一般都有数百万至上千万平方公里。尽管疆域时有盈缩，内部也有过多次分裂割据，但一般都能在北起今阴山山脉、燕山山脉、辽河下游，南至海南岛和南海，西起陇东高原、川西高原、横断山脉，东至于海的范围内实施着有效直接行政管理，从18世纪中叶起又扩大到今中国全境。这就为历史地理学进行大范围的、可比较的、前后连贯的研究提供了一个大舞台。中国历史上的朝代数以十计，政权数以百计，行政区数以千计，使用过的地名数以万计，涉及的人物、事件、制度更难以数计，为历史地理学者留下巨大的发展潜力，也留下了不少千古之谜。

历史上中国的范围内拥有多种自然地理环境，跨越北半球的寒、温、热三带，拥有东亚大陆的三个附梯，有复杂多样的地形和地貌，包括世界最高的山脉、最低的盆地之一、最长的河流之一、最大最厚的黄土高原和黄土冲积平原，以及其他多种世界罕见的地理现象，形成了很多景观迥异的地理区域。由于开发时间长、供养人口多，大多已受到人类活动的影响，发生过显著的变迁。这些都为历史地理研究提供了极其丰富的课题。

中国历来人口众多。从公元初的 6000 多万人发展到 1850 年的 4.3 亿人，又增加到 1953 年的 6 亿余人，中国人口在世界人口中一直占着三分之一至四分之一的比例。从古代的华夏诸族、三苗、百越、东夷、西戎、南蛮、北狄，到今天的 56 个民族，中国始终是一个多民族的国家。尽管自古以农立国，以农为主，同时具有游牧、饲养、狩猎、采集、捕捞等多种生产方式，农、林、牧、副、渔、手工业、工业、商业、服务业和各种特种行业全面发展。各民族、各地区的生产和生活方式、物质和精神文化丰富多彩，方言繁多。尽管儒家文化占据了主导地位，但道教、佛教、伊斯兰教、天主教、基督教等宗教同时存在，各种民间的、地方的信仰变化无穷，就是儒家文化内部也有各种流派。这些都是值得历史地理学开发的无尽的宝藏。

由于地理环境的阻隔，中国文化基本上是独立发展的。直到 19 世纪中叶，中国文化在总体上还没有受到外来文化的影响，对东亚以外也没有产生直接的、整体性的作用。但早在先秦时期，先民就开始了与境外的联系，产生了周穆王、西王母、昆仑山的传说。张骞通西域和"丝绸之路"的开通后，甘英、朱应、康泰、法显、宋云、惠生、常骏、玄奘、王玄策、慧超、杜环、李志常、常德、亦黑迷失、汪大渊、周达观、陈诚、郑和、王景弘、费信、图理琛、谢清高等旅行家、探险家、航海家、高僧给我们留下了耳闻目睹、亲身经历的记载，有的是世界上唯一、在当时当地也没有的珍贵记录。同样，竺法兰、安世高、安玄、康僧会、支谶、鸠摩罗什（Kumarajiva）、阿罗本、伊本·瓦哈伯（ibn-Wahab）、马可·波罗（Marco Polo）、伊本·拔图塔（Ibn-Battutah）、鄂多立克（Odorico da Pordenone）、约翰·孟德高维诺（Giovanni de Montecorvino）、邓玉函（Jean Terrenz）、利玛窦（Matteo Ricci）、金尼阁（Nicolas Trigault）、庞迪我（Didaco de Pantoja）、汤若望（Johann Adam Schall von Bell）、南怀仁（Ferdinand Verbiest）、徐日昇（Thomas Pereira）、罗雅各（Giacomo Rho）、毕方济

(Francesco Sambiaso)、冯秉正(Josephde Moyriade Maillac)、郎世宁(Gi-useppe Castiglione)等人因种种原因来到中国，或者传播佛教、景教、天主教、基督教，或者带来了西方、阿拉伯、印度文明，或者向外界介绍了中国当时的情况，其中也有未见于中文记载的重要资料。具有如此多的研究中外交流史和世界文明史的资料，也是中国历史地理学者的幸运。

目前所知中国最早的文字开始于甲骨文，基本已能够解读。战国后期，各国间的文字交流已没有障碍。从秦始皇统一和规范文字至今，中文的基本构造的意义没有根本性的变化。我们的祖先曾经创造了世界上最多的文字记录，传抄或印刷了世界上最多的书籍，保存至今的书籍和其他文字记载如金文、碑刻等，无论数量、内容和种类，都是世界上最多的。此外，还有和田文、粟特文、吐火罗火、吐蕃文、契丹文、西夏文、蒙文、满文、彝文等各种文字的史料，大多已得到解读。其中仅地方志就有8000多种，对明清以来各地的记载非常详细。用中文译成的《大藏经》所收录的佛经，由于一部分原本早已散佚，成为有关资料的唯一出处。这样的历史文献资源在世界上是独一无二的，尽管同样存在着时间和空间上的缺损或空白，但与世界上其他任何国家和地区相比，中国历史地理可以研究的时间最长，空间最广，资料的密度最高，可信度最大。

二 中国的历史文献使中国的历史地理学可以包括历史自然地理，从而对地球环境长期的演变作出更合理的解释，有利于更准确地预测未来。中国历史地理文献可以作为研究历史自然地理的基础，为人类作出不可替代的贡献

自20世纪后半期以来，地球上出现了气候的急剧变化和不少自然灾害，大多数地方的环境趋于恶化，最近在中国北方出现的罕见的沙尘暴和各地普遍的春季高温更使人们对未来的气候和环境变迁充满了困惑和忧虑。世界上其他地方的人也在为未来担忧，而科学家的预测莫衷一是。科学不是算命，不能未卜先知，科学的预测只能建立在大量实践和科学规律的基础之上。而且，人类认识规律需要相当长的积累，如对一种地理现象

的变化规律的了解，就需要一个比较长时段的观察。如果不做长时段的研究，就要总结它的规律，来预测它未来的发展趋势，那是非常危险的，或者说是完全不可能。

不幸的是，人类用现代的科学仪器来观测气候，如气温、风向、风力、气压、降水等，到现在最长只有170多年，能积累那么长年代的资料的站点在全世界只有50个，其中的90％集中在西欧。也就是说，如果我们完全依靠现代科学仪器积累起来的气候资料，那最多只能研究西欧四十几个点不到200年间的规律。而且，影响气候变化的各种因素的变动周期或长或短，如太阳黑子变化是11年一个周期，而气候冷暖的变化却有几十年、几百年甚至几千年的周期。从现有的资料分析，上一世纪的气温的确呈上升趋势，但仅仅100年的资料能证明是一个完整的周期吗？谁能肯定100年后气温是继续上升，还是又将进入一个新的周期，或者进入一个下降阶段呢？退一万步说，即使这170年的资料能够提供西欧地区的规律，也不可能解决全世界的问题。至于我国，能够积累100年以上现代气候观测资料的点也屈指可数，大多数县级观测点的资料是从1958年后开始的，比研究西欧的条件更差。幸运的是，依靠中国丰富的历史文献和各种信息，历史地理的研究可以为人类提供更长、更多的气候变化状况，有可能使我们了解更多的规律性。当然，科学家也可以利用孢子花粉分析、土壤沉积物分析、生物种类、碳^{14}断代、考古发掘等方法来获得气候资料，但在信息的延续性、广泛性、精确性方面，与文献记载是不可同日而语的。

例如，现存的甲骨文中有好几条有关亚洲象的记录，证明殷人猎象已很有经验，在王都殷（今河南安阳）附近的田猎区内常有成群的野象在活动。另外，甲骨文中出现的十多种天气现象的字中，没有冰、霜等字。结合考古发现的其他证据，我们完全可以肯定，公元前16—前11世纪的商代是一个气温偏高明显的阶段，其年平均气温比今天还高，黄河以北地区的冬季气温比今天上海一带还要高。所以说，从上一世纪开始的气温升高并没有超过历史时期的极限。同样，我们可以在历史资料中找到很多极端最低气温的记录，例如，上海附近的太湖在宋代冬天经常结冰，有时湖面完全冰封，上面可以步行和供车辆来往。苏州一带的运河也经常冻结，以至船只常都备有凿冰工具，不断破冰才能通行。这些情况，现在早已绝迹了，这说明历史时期长江三角洲冬天的极端最低温度比今天低得多。这就是说，近一个多世纪内出现的气温变化都还在历史时期"正常"的范围之内，在密切注视、认真对待的同时，不必过于紧张，过于悲观。

又如，建立在历史文献基础上的研究证明，有史以来死亡人数最多的地震灾害，是明朝嘉靖三十四年十二月十二日（1556 年 1 月 23 日）陕西华州的大地震，死亡人数至少有 83 万。而 1976 年的唐山大地震死亡 24 万人，2008 年汶川大地震的最终死亡人数估计是 10 万左右。已知黄河最大的洪水发生在道光二十三年，三门峡洪峰流量达到 36 000 立方米/秒，12 天洪水量 119 亿立方米，相当于 500 年一遇。而 20 世纪内最大的 1933 年三门峡洪峰流量是 22000 立方米/秒；1958 年在河南花园口实测到的洪峰流量是 22300 立方米/秒，12 天洪水流量 86.8 亿立方米，只相当于 50 年一遇。我们还可以找到其他大量类似的例子，这至少可以证明，自然灾害并不存在越来越严重的规律。人类活动固然会加剧自然灾害，但造成自然灾害的主要或根本原因显然还是自然本身，这正是我们必须探索的规律。

用从我国浩如烟海的历史文献中整理出来的气候变化、自然灾害的类型和程度、环境变迁和其他自然地理要素变化的资料，结合其他历史信息，参照现代观测资料及其研究结果，中国历史地理的研究成果能够发挥独特的作用，填补现代科学研究的空白，为更科学地发现和认识自然规律，预测未来提供经验，为全人类的未来作出贡献。

三　中国历史地理学如何国际化

中国历史地理学发展到今天，究竟在世界上处于什么地位呢？对此，既不应夜郎自大，也不必妄自菲薄。

以研究对象为标准，即就对中国历史地理现象的研究而言，中国学者所取得的成果无疑最多、水平最高。如前所述，中国的历史文献得天独厚，中国的研究者在语言、文化背景和实地考察等方面具有天然的优势。

我曾经与美国、日本、英国和西欧的同行交换过意见，他们对我们能进行历史自然地理研究感到很惊奇，因为他们基本上只有历史人文地理研究。原因很简单，他们能利用的历史文献年代较短，无法对长时段的自然地理变化做研究，而较短时间内的自然地理状况与当代差别不大，基本可以用现代地理学的方法来研究。

我国一些重大的历史地理研究成果，如《中国历史地图集》《中国历史地震地图集》《中国自然地理·历史自然地理》、有关环境和历史气候变迁的论著等，以及我们正在研制的"中国历史地理信息系统"（CHGIS）都达到了当代世界最高水平。但由于这些论著都是以中文发表，除了地图以外，其他还很少为国外所知，也无法进入国际检索系统。例如，近年国外学者论述中国古代的气候变迁与朝代兴衰的关系的论文可以进入《科学》《自然》之类一流学术刊物，实际上中国学者早已在国内发表过类似的论文。另一方面，因为我们的成果都以中国为研究对象，除非它们正好具有普遍性、规律性的意义，否则即使译为外文，也未必能引起外国学者的兴趣。

以学科理论和研究方法为标准，我们就不能说已经达到了世界先进水平，因为理论和方法的先进性不仅体现在对中国历史地理的研究中，还应有普遍的适应性，才能为国际历史地理学界所承认。

中国历史地理学固然有其鲜明的特色，并且主要服务于中国的学术界和社会。但如果要贡献于全人类，要为国际学术界所承认，就必须走向世界。在可以预见的未来，英语仍然是国际最重要的语言，随着信息科学和互联网的发展，其影响将越来越大。我们必须充分利用互联网的优势，发展与国际学术界的信息交流，并且以英语发表重要论著。改革开放以来，我们先后邀请过不少外国学者来访，参加我们主办的学术会议，不少同仁出访外国，参加重要的国际学术会议，但欧洲和美洲的历史地理年会我们基本没有参加，国际性的《历史地理学报》（*Historical Geography Journal*）几乎没有发表过中国学者的论文，大陆学者基本没有用英语出版过高水平的专著，这种状况亟待改变。

但国际化是双向或多向的，国际学术界同样需要实现它们的"国际化"，而这个"国际化"就应该包括主动了解中国并与中国学术界交流在内。特别是那些已经认识到中国历史文献重要性的外国非中文的研究者，他们不学中文，只依靠运用翻译成外文的资料，能准确理解史料的含义吗？能取得一流成果吗？纯粹以中国的地理现象为研究对象的成果，如果在理论上和方法没有新的突破，有必要以外语发表吗？中国的历史地理学者同样应有所选择，有所取舍，完全没有必要片面强调"全方位"。

（作者为复旦大学历史地理研究中心教授）

新中国建立以来中国考古学研究的回顾与展望

林　沄

新中国建立以来的六十年中，我国的考古学取得了巨大的进步，考古新发现层出不穷，不断地丰富着我们对中国历史和中国文化的认识。本文不打算列举这一时期的重大的考古发现，总结由这些发现所获得的我国历史和文化的新知，只就以下四个方面来回顾六十年中中国考古学发展的历程，谈一些个人的看法。

■　一　构建遗存的时空框架

新中国建立以来，因为党和政府对文物考古工作的重视，也因为经济发展形势的要求，除了十年动乱这一段特殊时段，考古遗存的发现是一个不断增速的过程，其积累的程度和规模已达爆炸的趋势。对大量已发表和尚积压在库房里的资料进行整理，是研究的基础。整理的一个基本要求是要弄清各种遗存的时空框架，否则研究就没有科学性可言。把考古遗存划归一定的考古学文化，并弄清诸考古学文化的纵向和横向的相互关系，是构建遗存时空框架的一个基本的方法。

夏鼐先生在我国考古学文化研究方面起了很重大的作用，他的两篇文章《关于考古学上文化的定名问题》和《再论考古学上文化的定名问题》①对用考古学文化来区划考古遗存有普遍的指导意义。当时考古学文化的研究在中国方兴未艾，却有一种极"左"思潮认为"考古学文化"是资产阶级的术

---

① 《夏鼐文集》，354～366 页，北京，社会科学文献出版社，2000。

语，应该取消。夏鼐强调："考古学不仅要研究全人类的社会发展史的共同规律，还要研究各地区各个族的共同体的发展的特殊性。"逐步使考古学文化的概念在中国考古学界中得到普遍的承认。

20世纪70年代，随着田野考古重新恢复，新提出的考古学文化层出不穷，同一种遗存被分别赋以不同的文化名，一度很混乱。苏秉琦1976年7月在中国科学院考古研究所给吉林大学考古专业学生讲课时，提出一种对考古学文化的新的研究路线。① 不要孤立地看待每个考古学文化，一方面要看不同考古学文化在横向上的相似性，可以连成更大的"块块"；另一方面要看不同考古学文化在纵向上的继承演变关系，可以串成"条条"，还应该看到已有考古学文化可以分为不同的有地性的分支。后来，他把这种研究路线简称为"区系类型"，② 通过多次召开区域性的研讨会，得到逐步推广和普遍的承认，使全国很多地区都建立起系统的遗存的时空框架。

苏秉琦本人对用"区系类型"的路线来划分考古学文化的全面阐述，是在1983年7月朝阳一次考古座谈会的讲话："要解决考古学文化的划分问题。我们的考古方法论必须向前推进一步。"第一，"考古学文化的本质应该是一个运动的事物的发展过程，而不是静态的或一成不变的种种事物或现象的堆积。只有具备某些相对稳定的文化特征因素的发展序列和他们之间的平行共生关系的代表性材料，并能体现出一定的规律性时，这一种文化类型的存在才是明确的"。第二，"从揭示每一种考古学文化的来源和特征、发展阶段和去向，各自的运动规律，各自同周围文化的关系，以及每一种文化在其发展过程中的分解、转化等方面入手，那我们就有可能比较正确地划分考古学文化"。③ 其中第一点，我后来在《考古学文化研究的回

———————

① 当前考古界一般误以为是1975年，这是因为苏秉琦本人在《中国文明起源新探》(32页，香港，商务印书馆，1997)中提到"1975年5月给吉林大学考古专业师生作报告中提出中国考古学文化划分'条条'、'块块'问题。其实，1975年5月吉林大学考古专业只有一个班的学生，当时全部都在哲里木盟参加文物普查。苏秉琦的这个报告，实际是在1976年7月，吉大的部分73级学生和全部75级学生在参加燕下都遗址发掘后，到北京参观实习时所作。

② 苏秉琦、殷玮璋：《关于考古学文化的区系类型问题》，载《文物》，1981(5)。

③ 苏秉琦：《燕山南北地区考古——1987年7月在辽朝阳召开的燕山南北、长城地带考古座谈会上的讲话(摘要)》，载《文物》，1983(12)。

顾与展望》一文中称之为"平行序列法"作了进一步阐述。① 体现第二点思想的具体分析方法，后来则由俞伟超和李伯谦在各自研究楚文化和晋文化的论文中进行了阐述。② 他们所称的"文化因素分析法"，已成为当今中国考古学研究中普遍使用的方法。张忠培另称为"文化谱系"的方法，③ 在我看来只是命名上的差别而已。

在这种"区系类型"路线指引下的考古学文化研究，和美国著名考古学者 Kldder 所倡导的区域性年代序列研究有一定的相似之处。在新大陆，由这种研究方法所构建的考古遗存的时空框架，从 20 世纪 20 年代开始，到 1978 年就完成了。而在中国，从 20 世纪 80 年代开始的"区系类型"研究，从新石器时代逐步扩展到铁器时代早期，汉代以下还基本是空白，在地域上则更有大片的空白。苏秉琦提出"区系类型"研究路线的初衷是用以考察中国的文化是怎样从新石器时代的"满天星斗"，历史地发展成今天中华一体的格局。要达到苏秉琦的设想，我们无疑还有很漫长的路要走。俞伟超的《考古学中的汉文化问题》，④ 率先把考古学文化的研究拓展到了东汉；最近，吉林大学吴敬的博士论文《南方地区宋代墓葬的区域性研究及相关问题研究》又把下限拓展到了宋代。这些都是可喜的尝试。

当然，由于人类社会的发展，人类创造的文化越来越复杂，考古遗存越来越难以反映社会上实有文化的全貌。因而，在新石器时代比较有效的划分考古学文化的方法，在商周时期就显得有点力不从心。最近已经有人指出："因为我们研究的目标在不断发展，因为研究材料在不断丰富，所

① 林沄：《考古学文化研究的回顾与展望》，载《辽海文物学刊》，1989(2)。
② 李伯谦：《文化因素分析与晋文化研究——1985 年在晋文化研究座谈会上的发言》，见《中国青铜文化结构体系研究》，294～296 页，北京，科学出版社，1998；俞伟超：《楚文化的研究与文化因素的分析》，见《楚文化研究论集》第 1 集，1～15 页，武汉，荆楚书社，1987。
③ 张忠培：《当代考古学问题答问》，载《文物天地》，1989(3)；张忠培：《向着接近历史的真实走去》，见《我的学术思想》，369～401 页，长春，吉林大学出版社，1996。
④ 俞伟超：《考古学中的汉文化问题》(1997 年在台北"中央研究院历史语言研究所"傅斯年汉学讲座上的演讲)，见《古史的考古学探索》，180～190 页，北京，文物出版社，2002。

以不存在不分时间空间、不分对象、永远正确的理论。"①像中国这样文献史料特别丰富的国家，战国以后的历史时期是否还应该单单由考古遗存本身的特征来划分考古学文化？这个问题只能由中国考古研究今后的实践作出回答。

二 用遗存重建历史的进程

新中国建立之初，在学习苏联的风气下，很强调考古学在复原历史方面的作用。西安半坡的发掘和研究，是在苏联对的里波利遗址研究的模式影响下进行的，主持发掘者石兴邦后来用半坡的资料研究中国的原始社会历史，成为一时的典范。② 稍后，张忠培利用华县元君庙集体葬来探讨原始社会的两合制组织，也颇有影响。③ 史学界在 20 世纪中期已经承认，要写中国原始社会的历史，离开考古资料是根本不行的。所以白寿彝主编的《中国通史》第二卷，便请苏秉琦主持，由新石器时代专家严文明和张忠培主笔。④ 由于该书相当充分地总结了中国史前考古的已有发现和研究成果，且有作者的一定的刨见，中国的远古时代不再是渺茫无稽了。在中国远古史的领域内，考古学相对于典籍记载的神话传说，已充分地掌握了话语权。

但是，苏秉琦在 1980 年就提出考古学重建古史的四大重点项目⑤。我认为其中第三项重建"中国社会发展史"尤其重要。他指出，中国历代汉族和非汉族政权的更替，都没有使中国的历史中断，而马克思用来建立前资本主义社会形态的实例，都不是连续发展的社会。因而我国古代社会的发

① 陈胜前：《考古学的文化观》，载《考古》，2009 年(10)。

② 中国科学院考古研究所等(石兴邦执笔)：《西安半坡》，北京，文物出版社，1963；石兴邦：《半坡氏族公社》，西安，陕西人民出版社，1979。

③ 北京大学历史系考古教研室(张忠培执笔)：《元君庙仰韶墓地》，北京，文物出版社，1983。

④ 苏秉琦主编：《中国通史》第 2 卷，"远古时代"，上海，上海人民出版社，1994。

⑤ 苏秉琦：《现阶段内蒙古文物考古工作问题》，载《内蒙古文物考古》创刊号，后收入《苏秉琦考古学论述选集》，293～295 页，北京，文物出版社，1984。

展，显然"在世界上具有特别重要的典型意义"。但我国考古工作者至今还没有充分意识到自己在这方面的历史使命，做的工作也还很不够。俞伟超从 20 世纪 70 年代起，就从考古学入手研究中国早期阶级社会发展过程，是最早自觉担起这个重任的考古学家，除了一系列论文之外，还有专著。① 可惜的是，只有他这样的极少数人在脚踏实地艰难前行。

改革开放以来，从考古学重建古史有较大成绩和影响的，是严文明对农业起源的研究，② 以及从聚落考古的角度阐述国家形成的研究③。这方面的研究队伍正在扩大之中。在我国国家形成和发展的问题上，苏秉琦在晚年提出过"古文化—古城—古国"的三历程，"古国—方国—帝国"的三部曲，"北方原生型""中原次生型""北方草原续生型"的三模式。④ 但可惜都只是感想式地提出的论纲，不但在史学界不能形成共识，在考古界也远未达成统一见解，虽然张忠培多次提倡，却很难用以指导研究。

当前已经成为热点的文明起源的研究，实际是苏秉琦对红山文化"坛—庙—冢"遗存的评价引起的。⑤ 从而引起争论：什么是文明？文明的标志是什么？恩格斯说"国家是文明社会的概括"对不对？我国文明的发祥地何在？很多学者认为红山文化就已经进入文明是不能成立的，但国人习惯于"五千年文明"的成说，赞成者颇有人在。苏秉琦本人坚持己见，并提出文明一万年起步的说法。在香港《明报月刊》的访谈录中还说："文明是数种文明因素交错存在、互相作用的综合体……很难说进入文明时代在物

---

① 俞伟超：《汉代的"亭"、"市"陶文》，载《文物》，1963(2)；俞伟超：《周代用鼎制度研究》，载《北京大学学报》（哲学社会科学版），1978(1，2)；俞伟超：《古史分期问题的考古学观察》，载《文物》，1981(5，6)；俞伟超：《中国古代社公社组织的考察》，北京，文物出版社，1988。

② 严文明：《中国稻作农业的起源》，载《农业考古》，1982(1，2)。

③ 严文明：《中国新石器时代聚落形态的考祭》(1987 年在德国美因茨市举行的国际考古学会议上的大会发言)，见《史前考古论集》，48～62 页，北京，科学出版社，1998。

④ 苏秉琦：《国家起源与民族文化传统（提纲）》，见《华人·龙的传人·中国人——考古寻根记》，132～134 页，沈阳，辽宁大学出版社，1994。

⑤ 魏亚南：《中华文明史的新曙光——就辽西考古新发现访考古学家苏秉琦》，《人民日报》海外版，1986-08-04；苏秉琦：《中华文明的新曙光》，载《东南文化》，1988(5)。

质文化方面有什么统一的标准，或者说有相同的物化形式。"①这使讨论全然失去了客观标准，显然是不妥的。

正当争论热烈之时，1996 年国务院决定实施夏商周断代工程，于是在国家财力支持下，考古界和古文字学界、历史学界、天文学界、物理学界各方面专家通力合作，进行攻关，2000 年拿出了阶段成果报告书的简本。② 虽然行政上限期完成的这一研究成果，受到多方面质疑，③ 还有待进一步完善，但无论如何，大大推动了西周共和元年以前的纪年研究。使考古学者更体会到自己在解决中国历史重大问题时的重要性和责任。

接着 2002 年又启动的"中华文明探源工程预研究"和 2004 年启动的"中华文明探源第一阶段工程"，着重探讨公元前 2500—前 1500 年中原地区文明形态，围绕这一千年间考古学文化的谱系和精确测年、环境变迁及其与早期文明的关系、生产技术的考察、中心性聚落（城邑）所反映的社会组织结构等 5 个课题。课题负责人王巍思路清晰，④ 计划踏实，组织得当。中国历史上的尧舜时代至夏商之际的社会轮廓和框架有望被进一步勾画出来。并使考古学在重建古史中的作用进一步突现出来。

所以，用考古遗存的研究来重建祖国历史的道路，已经越来越坦荡了。

三　一次大论战

第一代的中国现代考古学家多从欧美学成归国，新中国建立后则一切

---

① 《百年连绵不断的中华文化——苏秉琦谈考古学的中国梦》，载香港《明报月刊》，1997(7)。

② 夏商周断代工程专家组：《夏商周断代工程 1996—2000 年阶段成果报告（简本）》，北京，世界图书出版公司，2000。

③ 蒋祖棣：《西周年代研究之疑问——对夏商周断代工程方法论的批评》，见《宿白先生八秩华诞纪念文集》，北京，文物出版社，2002；林沄：《商—周考古界标"平议》，载《吉林大学社会科学学报》，2004(5)；张培瑜：《试论左传国语天象纪事的史料价值》，载《史学月刊》，2009(1)。

④ 王巍：《关于中华文明起源与形成的几点思考》，载《华夏文明的形成与发展》，2003(10)；王巍：《对中华文明起源研究有关概念的理解》，载《史学月刊》，2008(1)。

学习苏联。以梁思永、苏秉琦为代表的中国考古学家在中国的考古实践中，取得了自己的经验，发展出有中国特色的层位学和类型学。所以，1981年苏秉琦在北京市历史学会纪念党诞生六十周年的报告会上，提出了"在国际范围的考古学研究中，一个具有自己特色的中国学派开始出现了"①。在1984年出版的《苏秉琦考古学论述选集》一书中，俞伟超和张忠培署名的《编后记》②把中国学派的特点归纳为三点，其核心实际就是在区系类型路线下进行的考古学文化研究。

后来，俞伟超到哈佛大学做访问学者，和张光直长谈后，认为"中国学派"的提法是对世界考古学史不够了解，是不妥的。他深感在中国考古学中有必要再次引进西方考古学理论和方法，推动中国考古学的新发展。③所以，他组织青年人系统翻译西方代表性的考古学理论和方法的论著，以此为借鉴，在考古学的目的论、方法论和本体论上开始了脱胎换骨式的再一次"攀援"。到1992年，他在《中国社会科学》上发表了《考古学新理解论纲》（简称"十论"），④并从1992年起在渑池县班村遗址进行实践性的考古工作。而以张忠培为代表的学者，则坚持只有研究考古学文化才是考古学，只有地层学和类型学是考古前进的两个轮子，把俞伟超所主张的统统斥为"新考古学""洋教条"而否定，⑤展开了一场历时颇久的大争论。

在这两位中国考古学界很有影响的代表人物之间的争论，自然是得失互见，而最后只能由中国考古的发展史来做评判员。单从近期我国考古学

---

① 苏秉琦：《建国以来中国考古学的发展——在北京市历史学会、中国历史博物馆举办的纪念中国共产党六十周年报告会上的讲话》，载《史学史研究》，1981(4)，后收入《苏秉琦考古学论述选集》，305页。

② 此文据俞伟超自述，是由他起草的。（见《考古学是什么》，230页，北京，中国社会科学出版社，1996）

③ 曹兵武、戴向明：《中国考古学的现实与理想——俞伟超先生访谈录》，见《考古学是什么》，221～244页。

④ 俞伟超、张爱冰：《考古学新理解论纲》，载《中国社会科学》，1992(6)。

⑤ 张忠培：《关于考古学研究的几个问题》，载《文物研究》，1989年5月总第五辑；张忠培：《考古学当前讨论的几个问题》，见《山西省考古学会论文集（二）》。两文后均收入《中国考古学——走近历史真实之道》，211～225页，北京，科学出版社，1999。

发展来看，不断引进新的思考方式、新的获取信息的方法和技术手段、新的工作规范，是大势所趋，不可阻挡的。从 21 世纪开始，在我国土地上开展的聚落考古、环境考古的研究计划，一个接着一个开展，不胜枚举。科技考古已经成为考古的一个非学重要的分支。举例而言，通过中国社会科学院考古研究所赵志军对兴隆洼文化的兴隆沟遗址土样进行浮选，发现了大量的炭化的栽培作物种子——粟和黍。说明在距今约 8000—7500 年间，西辽河上游可能是北方旱作农业的起源地。① 又如通过吉林大学边疆考古研究中心朱泓领导的体质人类学的颅骨检测和周慧的古人骨的 DNA 研究，东周时代长城地带存在古中原型的东亚蒙古人种、古华北型的东亚蒙古人种、古蒙古高原型的北亚蒙古人种，分别和文献上的华夏、戎狄、胡相对应，对戎狄非胡论提供了人种学的根据。②

水下考古、航空摄影考古也在俞伟超任中国历史博物馆馆长期间先由该博物馆搞起来，逐步推广到国内其他考古单位，俞伟超先生虽然不幸早逝，但这位有远见而勇敢的考古学家所开创的事业，使中国考古事业至今受惠。

四 走向世界的开端

在旧中国，外国人在中国做了很多考古工作，是列强对贫弱的中国进行文化侵略的一部分，是老一辈考古学家引恨的事。新中国成立后，一度禁止外国人到中国来考古，中国人却也没有到外国去考古的。在改革开放的新形势下，中外合作的考古项目又逐渐在中国开展，在 1989 年的中国考古学会第七次年会上，苏秉琦先生高瞻远瞩地发出了要"走向世界"的历史性号召。他说："当前的现实是，我们研究世界的人，远不如世界研究中

① 赵志军：《从兴隆洼遗址浮选结果谈中国北方旱作农业起源问题》，见《东亚古物（A 卷）》，北京，文物出版社，2004。

② 张全超：《内蒙古和林格尔县新店子墓地人骨研究》（吉林大学博士学位论文，2005 年 4 月）。

国的人多。""祖先没责任，要反躬自省，借用一句台词叫'慧根就在脚下'。"①1992年他又提出："中国考古学要上升为世界的中国考古学，中国考古学家要上升为世界的考古学家。这不仅仅是一个思想转变、认识上提高的问题，而是要从学科建设、人才培养、学术交流诸方面采取若干切实可行的重大措施、步骤。"②

中国考古学走向世界现在还只是刚刚起步。从大学考古专业的课程设置来看，我们基本上只开中国考古学。全国只有吉林大学最早开设外国考古的课程，即从1974年起，开设了西伯利亚考古、两河流域考古、日本考古、蒙古考古，还打算开设朝鲜半岛考古和中亚考古。

中国学者写的外国考古的专著还是凤毛麟角，杨建华的《两河流域史前时代》是我国第一部写外国考古的专著，③ 她的另一部《外国考古学史》是由欧洲考古学权威柯林·伦福儒作序的。④ 冯恩学的《俄国东西伯利亚与远东考古》、⑤ 潘玲的《伊沃尔加地址和墓地及相关匈奴考古问题研究》，⑥ 都对外国考古发现发表了中国学者独到的见解。刘文鹏去世后才出版的《埃及考古学》，是一部"老翁不倒再登攀"的未竟的力作⑦。衷心希望这样的书今后越来越多。

改革开放以来，中国考古学家也有陆续到外国，参加外国的考古工地的工作。但是，由中国国家文物局出钱，在外国进行的考古发掘，最早是2004年吉林大学和俄国西伯利亚科学分院考古民族学人类学研究所合作，在布拉戈维申斯克的特罗伊茨克墓地进行的。⑧ 2005年由商务部出钱，由内蒙古文物考古研究所为总领队，吉林大学边疆考古研究中心和国家博物

①　苏秉琦：《在中国考古学会第七次年会上的讲话》，见《中国考古学年鉴》(1990)，4～5页，北京，文物出版社，1991。

②　苏秉琦：《中国考古学的黄金时代即将到来》，载《中国文物报》，1992-12-27。

③　杨建华：《两河流域史前时代》，长春，吉林大学出版社，1993。

④　杨建华：《外国考古学史》，长春，吉林大学出版社，1995。

⑤　冯恩学：《俄国东西伯利亚与远东考古》，长春，吉林大学出版社，2002。

⑥　潘玲：《伊沃尔加城址和墓地及相关匈奴考古问题研究》，北京，科学出版社，2007。

⑦　刘文鹏：《埃及考古学》，北京，生活·读书·新知三联书店，2008。

⑧　冯恩学：《俄罗斯森林考古》，载《中国文物报》，2005-03-08，2005-03-25。

馆为协作单位，和蒙古国合作在蒙古全境进行了考古调查，① 并发掘了第一批回鹘古墓。② 深望有了这种好的开端，到外国考古的事情能在国家的支持下不断发展，使之和我国的国际地位相称。

五 几点希望

第一，考古遗存时空框架的构建，需不断扩大广度和延长时段，夯实理论基础，注意探索新的适合我国国情的新的研究方法。

第二，重建中国历史的工作，要在加强引进外国有成效的方法的同时，不断总结有中国自身特色的经验（特别应注意总结夏鼐、邹衡、俞伟超、宿白、徐苹芳等在原史时期、历史时期考古学中的研究方法），使得用考古遗存重建历史的研究，进一步向原史时期和历史时期拓展，不断提高考古学在历史科学中的地位。

第三，加强文理交叉学科的建设，加快培养知识和技能更全面的新型的考古人才。

第四，适应中国不断提高的国际地位，加强高校考古专业的外国考古课程建设，注重培养考古专业本科生和研究生的外语能力（应有特殊措施培养懂蒙、朝、越等小语种的考古人才），大力开展走出国门而不是请进来的国际学术交流，不断加强中国学者在世界考古中的影响力。

（作者为吉林大学边疆考古研究中心教授）

---

① 塔拉、恩和图布信主编：《蒙古国古代游牧民族文化遗存考古调查（2005—2006）》，北京，文物出版社，2008。

② 塔拉、恩和图布信主编：《蒙古图浩腾特苏木乌布尔哈布其勒三号四方形遗址发掘报告》，北京，文物出版社，2008。

改革开放以来的中国商会史研究

马　敏

改革开放以来的 30 年，是新中国历史学发展最快、成果最多的 30 年。其中作为社会经济史研究的一个分支，商会史研究从无到有，从少到多，逐渐形成为一个十分活跃的研究领域，充分体现了改革开放后中国新史学所取得的长足进展，并在一定程度上推动了辛亥革命史、现代化史、近代经济史和近代社会史的研究，这方面的研究成果也普遍受到海内外学术界的重视和好评。

具体而言，近 30 年来中国商会史研究的进展主要体现在以下诸方面。

一　研究资料的发掘与整理

历史研究从根本上讲是一种实证性研究，一切富有真正科学意义的研究，都必须以坚实的历史资料为依据。商会史研究之所以能在较短时间内取得较大的进展，与一开始就利用了大量新近发掘的商会档案分不开，换言之，商会档案的发掘与整理构成商会史研究的起点和基础。

从 20 世纪 80 年代起，北京、上海、天津、苏州档案馆都计划对本地商会档案进行整理，编成大型资料丛书供研究者使用。到 90 年代，这一困难重重的浩大工程终于有了结果。首先是天津市社会科学院和天津市档案馆合作，经过 16 年的辛勤耕耘，所主编的《天津商会档案汇编》(1903—1950)全部出版发行，该书共 5 辑 10 册，总共 1000 万字，在同类资料中实属罕见①。与此同时，华中师范大学历史研究所与苏州市档案馆合作，在

---

① 天津市档案馆等主编：《天津商会档案汇编》(1903—1950)，天津，天津人民出版社，1989—1998。

章开沅、刘望龄、叶万忠的主持下，共同整理苏州商会档案，拟编成 6 辑，时间跨度为 1905—1956 年，共 600 余万字。现已编成晚清卷和北洋卷 2 辑，分别于 1991 年、2005 年出版①，其余各卷也即将陆续出版。此外，复旦大学历史系与上海市工商联和上海市档案馆合作，共同整理上海总商会档案，相关的成果也于近年内先后出版，如《上海总商会组织史资料汇编》《上海总商会议事录》②。除此而外，厦门、无锡等地商会档案也先后出版③。

商会档案具有极高的史料价值，不仅是研究中国近代商会史的第一手原始资料，而且为研究近代中国社会的经济、政治、文化、教育外交提供了大量原始资料。档案中有关工商业兴衰存废的记载，对研究近代民族工商业的发展具有重要参考价值；档案中有关商会在历次重大政治事件中的活动情况的记载，是研究中国商人的政治态度及其与政府关系的重要史料；由于商会主要设立于城镇，档案中的资料直接反映了近代中国城市的社会变化，对研究中国近代城市变迁和社会转型意义重大。

二 研究论著的激增

在章开沅等前辈学者的倡导下，商会史研究自 20 世纪 80 年代初开始受到国内学术界的重视，最早的商会史研究专题论文，系徐鼎新先生于 1983 年在《中国社会经济史研究》上所发表的《旧中国商会溯源》一文，稍后，胡光明、朱英、马敏、虞和平等相继发表了一系列研究中国商会的文章，构成 80 年代商会史研究的第一波。

① 章开沅等主编：《苏州商会档案丛编》第 1 辑（1905—1911），武汉，华中师范大学出版社，1991；马敏、祖苏主编：《苏州商会档案丛编》第 2 辑（1912—1919），武汉，华中师范大学出版社，2004。

② 上海市工商业联合会编：《上海总商会议事录》（全五册），上海，上海古籍出版社，2006；上海市工商业联合会、复旦大学历史系编：《上海总商会组织史资料汇编》（上下册），上海，上海古籍出版社，2004。

③ 厦门总商会、厦门市档案馆编：《厦门商会档案史料选编》，鹭江出版社，1993；无锡市工商联、无锡市档案馆、无锡市比较研究咨询事务所编：《近代无锡商会资料选编》，内部稿，2005。

90 年代以来商会史研究进入热潮，其重要表征便是一批颇有分量的专题学术著作先后出版。其中包括：徐鼎新、钱小明合著《上海总商会史（1902—1929）》（上海社会科学出版社，1991）；朱英著《辛亥革命时期新式商人社团研究》（中国人民大学出版社，1991）；虞和平著《商会与中国早期现代化》（上海人民出版社，1993）；马敏、朱英合著《传统与近代的二重变奏：晚清苏州商会个案研究》（巴蜀书社，1993）；马敏著《官商之间：社会剧变中的近代绅商》（天津人民出版社，1995）；朱英著《转型时期的社会与国家——以近代商会为主体的历史透视》（华中师范大学出版社，1997）等①。这些著作不同程度地运用现代化理论、社会组织系统论、法学理论和政治学理论，对中国商会的社会背景、组织结构、社会功能以及政商关系、商会与其他社团的关系、商会与城市发展、商会与中国早期现代化、中国商会与外国商会的比较、商会与中国资本家阶级的成长等问题作了比较系统和深入的探讨，使 90 年代的中国近代史研究呈现出新的气象。

　　进入 21 世纪以来，商会史的研究又有进一步发展的趋势。新近出版的一批专著或在新的理论视野下做进一步的个案研究，或在研究地域、研究内容、研究时段等方面有新的拓展。有关天津商会的系统研究成为热点之一，如宋美云著《近代天津商会》（天津人民出版社，2002）、应莉雅著《天津商会组织网络研究（1903—1928）》（厦门大学出版社，2006）、庞玉洁著《开埠通商与近代天津商人》（天津古籍出版社，2001）、张学军等著《直隶商会与直隶社会变迁》（西南交通大学出版社，2002）。在拓展研究视野与内容更趋精细化方面，朱英、郑成林主编《商会与近代中国》（华中师范大学出版社，2005）、冯筱才著《北伐前后的商民运动》（台湾商务印书馆，2004）、徐鼎新著《近代中国商业社会追踪》（香港天马出版有限公司，2006）均为近年来不可忽视的成果。在地域拓展方面，李柏槐著《现代性制度外衣下的传统组织——民国时期成都工商同业公会研究》（四川大学出版

　　① 这期间台湾出版的商会史著作有张桓忠：《上海总商会研究》，台北，知书房出版社，1996；邱澎生：《商人团体与社会变迁：清代苏州的会馆公所与商会》，台湾大学历史学研究所博士论文，1995；赵佑志：《日据时期台湾商工会的发展（1895—1937），台北，稻乡出版社，1998。

史学调查与探索

社，2006)对成都商会做了新的探索。

三 广泛的问题意识与多角度透视

改革开放以来的商会史研究，从一开始就不仅仅局限于一般的历史叙事和厘清线索，而具有较为宽广的理论视野和很强的问题意识，所涉及的内容十分广泛。这里只能略举几个方面，以窥其一斑。

1. 商会的社会属性问题

过去，有关商会的社会属性问题大致存在"官办机构"(仓桥正直等)、"半官方机构"(邱捷等)和"民间商人社团"(徐鼎新等)、"官督商办社团"(朱英等)四种不同的意见。

在 20 世纪 90 年代以来的研究成果中，开始有突破上述四种看法而另辟蹊径的。虞和平从法律观念的角度来考察，认为中国近代商会组织并不是官方的或半官方的机构，也不是官督商办社团，而是一个商办的法人社团，具有明确的法人社团特征。他认为这种特征贯穿于商会的目的认同体系、成员资格界定、组织协调系统和社会整合功能之中，是商会组织的根本社会属性。他进一步指出："商会依照政府的法定程序经由政府的批准而设立，有自己固定的组织机构和职能部门，有广大的会员，有自己能独立支配的财产和经费，有法定的权利、义务和活动范围，又有自己自愿发起，自定章程，自选领袖，自筹经费。因此，商会基本上是一种商办法人团体。"他批评道："那种认为商会是官方、半官方机构或认为商会是官督商办社团的论者，恰恰是把上述商会的法人特征误看成是官方特征。"①

马敏则将动态的观点引入对商会组织社会属性的考察中，提出商会虽然在根本属性上系具有法人性质的民间商人组织，但同时又具有一定的半官方色彩，尤其在其创办的初期，官督或半官方色彩较为浓重，进入民国时期后，民办的程度越来越高，受官方控制的程度逐渐减弱。因此，其法

---

① 虞和平：《近代商会的法人社团性质》，载《历史研究》，1990(5)。

46

人社团属性有一个逐步明晰的发展过程①。

2. 商会与传统行会组织的关系问题

在初期的商会史研究中，受现代化理论的影响，一些研究者倾向于把近代商会与传统行会作为两种对立的组织来看待，认为前者是对后者的否定与突破，"近代商会和传统行会在某种意义上虽然可以说同属工商业机构，但商会的根本宗旨、基本职能、组织结构和总体特征等，都与行会截然相异"，"近代商会的产生，是对传统行会的一种历史否定"。即使二者有某种组织联系，如存在所谓行帮会员等，但也只是一种组织资源的"借用"关系。②

随后的研究对这种现代与传统截然两分的观点有所突破，比较注意到行会组织自身的近代化过程。徐鼎新曾指出，会馆、公所等传统行会组织在日益增长的资本主义经济因素冲击和影响下发生了同行会本身传统原则相背逆的变化。"千真万确的历史事实表明，19世纪末、20世纪初，在上海若干行会组织里，近代资产阶级的灵魂已经深深地渗透它们的躯体中去了。"③虞和平则进一步指出，自鸦片战争后，通商口岸的传统行会走上了近代化的历程，并在辛亥革命之前普遍成为商会的基层组织。行会加入商会后，虽然仍作为一种特定的专业经济社会组织独立存在，也保持着其特有的组织形态和功能，但已被纳入商会的组织体系和活动范围之中，其自身性质开始发生变化。讨论商会与行会的关系，必须注意到二者的相互依赖④。

3. 商会与近代国家政权关系问题

在这一问题上，争论最大的是中国究竟存不存在以近代商会为代表的市民社会和公共领域。与国外一些研究者认为近代中国并不存在市民社会

① 马敏：《过渡形态：中国早期资产阶级构成之谜》，175～177页，北京，中国社会科学出版社，1994。

② 马敏、朱英：《浅谈晚清苏州商会与行会的区别及其联系》，载《中国经济史研究》，1988(3)。

③ 徐鼎新：《清末上海若干行会的演变和商会的早期形态》，见《中国近代经济史研究资料》第9辑，上海，上海社会科学出版社，1989。

④ 虞和平：《鸦片战争后通商口岸行会的近代化》，载《历史研究》，1991(6)。

的意见相反，多数中国商会研究者从实证研究出发，倾向于认为近代中国存在一个由商会等民间社团组织所代表的初期的中国式市民社会。

马敏认为，在晚清，因以商会为代表的民间工商社团和其他民间社会组织相互联结，实际上已形成一个以民间社团网络为核心的潜在的地方性"自治政府"，它不仅填补了封建官府所留下的权力空间，并且还在不懈地开拓更大的权力空间。这个所谓地方性"自治政府"，实质上就是中国式市民社会的早期形态。由于新兴资产阶级化绅商阶层占据了社会经济和政治中心地位，成为早期市民社会的直接缔造者和操纵者，因此，中国式的早期市民社会实质上是一个"绅商社会"①。为了进一步澄清围绕中国市民社会问题的种种疑问，朱英在《转型时期的社会与国家——以商会为中心的历史透视》一书中，对此问题作了比较系统的探讨，亦倾向于认为中国近代存在一个以商会等新式社团为中心的市民社会，认为商会的诞生和发展证实了清末民初的中国不仅出现了市民社会的雏形，而且还有所扩充。市民社会是一个大系统，它既包括诸多像商会这样的民间社团，也包括这些社团外部互动形成的社会力量。

对于南京国民政府时期商会与政府的关系，张志东运用了国家社团主义的理论，提出了制度合作的概念②。小滨正子则运用社团理论分析了上海都市社会社团网络的形成以及社团重组等重要内容。③

4. 商会的外交与社会活动

虞和平、贾中福研究了中国商会代表团参加太平洋商务会议的情况，认为太平洋商务会议不仅是一次比较完整意义上的商人外交活动，而且是中国商人外交继五四时期之后的又一次跨越，对中国商人来说是第一次直

① 马敏：《官商之间：社会剧变中的近代绅商》，285～286 页，天津，天津人民出版社，1995。

② 张志东：《无功能状态的国家社团主义——国民党统治时期中国的商会与政府关系的理论模型》，见《商会与近代中国》，221～224 页，武汉，华中师范大学出版社，2005。

③ 小滨正子：《近代上海的公共性与国家》，242 页，上海，上海古籍出版社，2003。

接的国际商人外交活动①。朱英研究了中国商会参加国际商会以及首次出席国际商会会员大会的经过与表现，认为尽管南京国民政府建立之后，对民间团体的独立发展设置了一些障碍，但商会仍然在不利的政治环境下四面斡旋，并且在走向国际舞台方面跨出了值得重视的新步幅②。贾中福研究了1923年中国商标法交涉过程中中外商会的态度和行动，认为虽然中国商会和商人也以外交后援的方式积极参与其事，但其所起作用却无法与外国商会相比③。魏国栋研究了天津商会反对中国与日本直接交涉山东问题，认为其对政府的外交决策及活动起到了积极的推动作用④。

对于商会的社会功能，马敏、朱英研究了苏州商会的社会功能。⑤ 宋美云、庞玉洁、任云兰从不同角度研究了天津商会的社会功能⑥。赵宝爱、杨旻研究了济南商会的慈善活动⑦。涂文学对商会和同业公会在市政建设中的重要作用亦有论述⑧。此外，赵炎才以天津商会和苏州商会为中心研究了商会在近代伦理道德重构中的重要作用⑨。李忠比较系统地研究了商会与近代教育，认为商会以创办新式学堂、捐资教育和介入社会教育等形

———

① 虞和平、贾中福：《中国商会代表团参加太平洋商务会议述论》，载《史学月刊》，2004(7)。

② 朱英：《中国商会走向国际舞台的新步幅——中国商会加入国际商会的历程及影响》，见《近代史学刊》第一辑，武汉，华中师范大学出版社，2001。

③ 贾中福：《1923年中国商标法交涉过程中的中外商会》，载《中国社会科学院研究生院学报》，2005(4)。

④ 魏国栋：《天津商会与北洋政府对日交涉山东、旅大》，河北大学硕士论文，2005年。部分内容见《天津商会与胶济铁路的收回》，载《云南社会科学》，2006(4)。

⑤ 马敏、朱英：《传统与近代的二重变奏：晚清苏州商会个案研究》，成都，巴蜀书社，1993。

⑥ 宋美云：《近代天津商会》，287页，天津，天津人民出版社，2002；庞玉洁：《开埠通商与近代天津商人》，190～222页，天津，天津古籍出版社，2004；任云兰：《论华北灾荒期间天津商会的赈济活动(1903—1936)——兼论近代慈善救济事业中国家与社会的关系》，载《史学月刊》，2006(4)。

⑦ 赵宝爱、杨旻：《济南商会的慈善公益活动述论(1905—1937)》，载《济南职业学院学报》，2006(4)。

⑧ 涂文学：《"市政改革"与中国城市早期现代化》，华中师范大学博士学位论文，2006。

⑨ 赵炎才：《中国近代商会伦理道德思想管窥——以天津商会和苏州商会为中心》，载《江汉大学学报》，2004(2)。

式，参与到近代教育的兴办过程之中，不仅推动了近代教育的发展，而且对办学模式做出了可贵探索①。

此外，涉及的问题还包括关于商会的成员构成及领导权问题、商会的地域特点问题、商会与近代市场经济发展问题、商会与商业网络问题、海外华商会问题、商会与同业公会的关系问题、商会与近代城市管理与建设、传统商会的现代转型问题等等，限于篇幅无法一一细述。

商会史研究能在不长的时间中异军突起，取得较好的学术成果，首先便在于广大商会史研究者能够勇于解放思想，更新观念，自觉地将社会学、社会心理学、法学、政治学等相关学科的理论及方法引入史学研究，从而带来了研究视野的开拓和研究层次的提升。否则，"商会史研究只能是一种表象的陈述，而不能充分显示商会史研究应具有的特色"②。

如果作一个简单的回顾，可以发现近30年来的商会史研究实际经历了一系列的范式转换，而每一次范式转换又多少体现了商会史研究者在史学认识上的新突破，当然与之相伴随的也有简单化、食洋不化等问题。总括而言，商会史研究大致经历了如下的范式转换：政治史范式——现代化史范式——公共领域和市民社会理论范式。

商会史研究中的范式转换，比较具体地反映出改革开放以来新史学建构的一个重要方面：即通过范式转换所体现的史学认识的不断深化，而其基本方向则是指向以新社会史为标志的"总体史"。所谓总体史的研究，也就是全方位的研究。即对一个具体的商会和活跃其中的商人，既可从经济史、政治史角度切入进行研究，也可从社会生活史、心态史、思想文化史角度切入进行研究，形成立体化研究格局。所谓总体史的研究，也是一种"透视"法的研究。落实到商会史研究中，就是不能就商会看商会，而要透过商会看社会，看各种社会组织之间错综复杂的联系，看社会与国家之间的复杂关系（合作中的冲突与冲突中的合作俱在），看商会与整个城市生活之间的关系，看商会在近代社会发展中所扮演的角色和所起的作用。这样

① 李忠：《商会与中国近代教育研究》，河北大学博士论文，2005。
② 赵洪宝：《近几年来大陆学者关于中国商会史研究综述》，载《近代中国史研究通讯》（台北），1993(16)。

才能真正做到在商会史研究中"以小见大",展现历史的多面相、多维度,不断接近于历史的客观真实。

（作者为华中师范大学历史文化学院教授）

我国世界史学科发展路径管窥

马克垚

60 年来,特别是改革开放 30 年来,我国的世界史学科得到了很大的发展,取得了不小的成绩,值得我们欣慰。但是,把它放在世界史坛上衡量一下,就感到没有足够的分量。和我国日益壮大的国力相比,其不足就更为明显。一般说来,这是世界历史进入近代以来我国落后的局面造成的。但是,不仅和我们文化差异很大的欧美历史,我们研究不够;而且我们的近邻,文化相近的日本、越南、朝鲜等国,我们的研究也是很不够的。因此,想就这个问题追踪一下,看看我国研究外国经过了什么样的路径,有什么可以借鉴的东西,帮助我国的世界史学科迅速发展。

我国是一个史学大国,有系统的记载、研究本国历史的传统,历朝历代都有史官记载史事,后更有专门的修史机构,所以形成所谓二十四史(或二十五史)这样的王朝史。而传统的史书中,也都有四夷传、外国传等内容,记载外国的历史、地理及其他知识。私家记述历史的书,更是汗牛充栋。就是记述外国历史的书,也还有一些。著名的如玄奘的《大唐西域记》、杜环《经行记》,直到周达观《真腊风土记》和黄遵宪《日本国志》等。但我国所谓的正史(二十四史),都是以中国为中心的,外国的历史,只是边缘而已。这并没有什么特殊,因为人类认识历史,都是从自己国家、民族开始的,所以苏美尔王表记载的是苏美尔人的历史,埃及的图特摩斯年代记记载的是埃及新王国时期的历史,亚述诸王的年代记记载的是亚述王朝征伐的历史,希腊罗马古典史家,记述的是亲见、亲历或者亲闻之事,更是古典国家的历史了。只有希罗多德因为是小亚细亚人,长期生活在波斯统治下,所以他的《历史》一书能够记述希腊和波斯两方面的事,兼及其他的中东、北非地区。

我国史学不乏记述外国传统，但是并没有发展起来，在古代是囿于山河阻隔，见闻有限。另外，我国史学上的华夏中心传统也可能有所影响。大约从周代起，天下成为我国政治文化上的世界观念。殷人尊神，周人敬天，周王被称为天子。"天下荡荡，无纲纪文章。"①"昔者包羲氏之王天下也。"②这都是把天下视为古代圣王统治的世界。当时天下的地理观念是东渐于海，西及流沙，南、北大约也是海，所以"声教迄于四海"③。天下之中，有许多国家，但是周天子的国是中心，曰中国④、曰王畿，外面为甸、侯、男、要、荒五服，各五百里，其中就有蛮夷之地。⑤ 各服、要按所在地的不同位置向周王纳贡。最初华夏与夷狄、蛮夷并无后来的夷夏之辨的意思，只是族群不同，文化有差别。他们互相杂居，互相同婚，《左传》中这样的记载比比皆是⑥。流行的观念是文化认同，而不是种族认同。所以孟子说："舜生于诸冯，迁于负夏，卒于鸣条，东夷之人也；文王生于歧周，卒于毕郢，西夷之人也。地之相去也，千有余里，世之相后也，千有余岁。得志行乎中国，若合符节。"⑦像舜和文王这样的大圣人都是夷人，因为他们在政治上履行中国的文化，所以他们就是中国的圣人⑧。但是，因为蛮夷文化比较落后，春秋战国时期时常袭扰齐、晋、宋等文化高的地区，五霸之业的口号就是尊王攘夷，"戎狄是膺，荆舒是惩"⑨，政治军事行动加剧了种族之间的隔阂。用夏变夷是受到赞成的，而用夷变夏就受到

---

① 《诗·大雅·荡》。

② 《易·系辞》下。

③ 《史记·夏本纪》。

④ 《尚书·梓材》："皇天既付中国民，越厥疆土于先王肆。"《诗·大雅·民劳》："惠此中国，以绥四方。"

⑤ 《禹贡》、《史记·夏本纪》。

⑥ 范文澜：《中国通史简编》第一编，180～183 页，北京，人民出版社，1965。

⑦ 《孟子·离娄下》。

⑧ 费孝通主编：《中华民族多元一体格局》，332～347 页，北京，中央民族大学出版社，1999。

⑨ 《诗·鲁颂·閟宫》。

责备了①。孔子也说："微管仲，吾其被发左衽矣。"②以后中国的史书，就是夏、商、周三代，秦汉等王朝为正统，周边国家只能是边缘了。

事实上，历史上的中华大地，除了文明程度最高的中国外，还存在着其他国家。它们大多属于游牧民族组成的国家，虽然文化落后，但是军事上有时会给中原王朝形成很大威胁。当时的中华帝国，军事上有时处于劣势，政治上也被迫平等甚或受制于这些国家。汉代匈奴长期为患，高祖被围于平城，吕后受辱而不敢征伐，许多皇帝给匈奴的文书，都是以"皇帝敬问匈奴大单于无恙"，而匈奴有时反而自称"天地所生日月所置匈奴大单于敬问汉皇帝无恙"，言辞倨骜(参看《汉书·匈奴传》)。汉朝还得向匈奴送上各种礼品，用公主和亲，直到汉武帝时击败匈奴，情况才有好转。唐朝是当时世界上的超级大国，开拓边疆直至里海，可是也时常受到突厥、吐蕃的侵犯。突厥颉利可汗部队攻到离长安城只有四十里的地方，唐太宗隔渭水与之见面，给以金帛，方才使颉利退兵。后来突厥分裂为东、西两部，被唐朝消灭。但吐蕃又崛起于西方，和唐朝争夺西域，逼使唐朝与之和亲。8世纪末，安史之乱后的唐帝国势力不振，终于退出西域③。宋代积贫积弱，先是和辽订立澶渊之盟，向辽进贡银、绢来求得和平；后来又被金人打得大败，两个皇帝都被掠去。南宋被迫向金称臣，偏安长江以南，最后被元灭亡。南宋历时二百余年，中国的地图上并非一国独尊，而是数国并立，这在当时也是众人皆知。可是因为长期以来，和中国本土王朝敌对的国家，在文化上十分落后，所以中原王朝感到没有什么可以向它们学习的地方，而且为了和这些国家对抗，越来越巩固了本身的华夷观念。所谓"自古帝王临御天下，中国居内以制夷狄，夷狄居外以奉中国"④，思想上反而更自高自大了。不过，应该说，在汉唐盛世，中国还不拒绝向外学习。印度虽然和中国文化差别很大，但从玄奘起，舍身求法者不绝于

---

① 如《孟子·滕文公上》："吾闻用夏变夷者，未闻变于夷者也。"
② 《论语·宪问》。
③ 王小甫：《唐、吐蕃、大食政治关系史》，北京，北京大学出版社，1992。
④ 《明太祖实录》，转引自何芳川《何芳川教授史学论文集》，223页，北京，北京大学出版社，2007。

途，佛教由之传入中国并且逐渐中国化，对我国社会产生了很大的影响，就是一例。

明代被认为是一个"内向和非竞争性的国家"①。朱元璋像治理一个农村一样治理中国，固守"内地"，不许向外。宣称对外永不征伐的国家有15个；倭寇来犯，令沿海居民后撤以避之，而且不许出海②。后来虽然有雄才大略的朱棣，也没有能推翻这一祖宗之法，郑和下西洋是一个极好的向外发展、了解、学习的机会，最后因为遭到激烈反对而作罢，连所有资料都遭毁坏。清代以满人入主中原，主要是向文化高的汉人学习，建立了中央王朝君临天下宾服四夷的观念，而且因为清朝初年一度平定边疆有所成就，自认为不仅统一中原，而且统一了塞外，"自古中外一家，幅员极广，未有如我朝者也"。更加强了故步自封、自我中心的思想。另外，清朝为防范汉人，继续明朝的闭关锁国政策，特别加强了文化管制，大兴文字狱，查禁各种著述，诱导文人从事脱离现实的考据。这样明清两代统治的结果，整个中国，包括统治阶层、知识分子，下及普通民众，都以天朝大国自居，不知道外部有何世界，陷入保守落后，无法自拔的处境。其实，从明代开始，西欧已经不断和中国发生接触，介绍进来外部世界的情况和先进的科学技术知识，但因为介绍者目的是为了传教和侵略，而接受者只是一时好奇，所以没有能产生大的影响③。及至英国的大炮打开中国的大门，国家已经到了生死存亡的危急关头，一批有见识的人纷纷提倡了解外国，特别是西方各国，以救亡图存。可是更多的人依然沉沦在自我中心的世界中，不能摆脱。姚莹（1785—1852）在所著《康輶纪行》一书中说，世界各国，英、法、普、俄，以至日本、安南、缅甸、暹罗等国，无不关注外国情事，而中国许多士大夫"骄傲自足，轻慢各种蛮夷，不加考究"，这种拘迂之见，会导致"误天下国家"④。

在一批先知先觉者的努力下，从晚清到民国，我国也先后有许多留学

---

① 黄仁宇：《中国大历史》，177页，北京，生活·读书·新知三联书店，1997。
② 黄仁宇：《中国大历史》，181页。
③ 张国刚等：《中西文化关系史》下编，第四章，北京，高等教育出版社，2006。
④ 转引自瞿林东《中国史学史纲》，759页，北京，北京出版社，2000。

生出国学习。民国初年，留洋（包括东洋和西洋）更成为风气，官费与自费留洋者为数不少。据估计，民国时期赴日留学者，每年都有千人至二三千人，而赴美国者民国时期共计一万五千多人，其他还有去法、英、德等国者①。不过当时留洋是为了救国，有许多人只是在那里从事革命活动，即使是真正求学者，所学也多为理、工、农、医诸科，学文科的也有一些，但是学习的目的，也是要寻求救国图强的方法。从学术的层面上讲，在外国学习文科也是感到我们的文科太过陈旧，要寻找西方的方法，来改造中国的国学。似乎没有人立志说要对西学穷根究底，在外国的学问方面和外国人一比高低。我们可举一两个例子。

大名鼎鼎的胡适，在美国起初是学农科的，后来感到自己不适合学习农科，改学哲学。他的博士论文做的是中国古代的名学（即西方说的逻辑学），指导教师是杜威。② 所以他就是要用西方的方法来研究中国的学问的。后来他介绍进来杜威的实验主义，并且大加赞扬③。但是他的工作主要是提倡"整理国故"，也就是学了西人的方法来研究国学，使之重新昌明。他除了倡导"文学改良"，暴得大名外，专注的仍然是《水经注》研究，《红楼梦》《水浒传》等的考证，所以唐德刚说他的治学方法始终没有跳出中国乾嘉学派和西方中古僧侣所搞的圣经学的窠臼④。另一个大名鼎鼎的陈寅恪，以不求学位，专求学问著称（当时不少人在国外留学没有去取学位，如姚从吾、傅斯年、罗家伦、毛子水等），也更是到西方去寻求方法的。所以他总结王国维的治学方法，一是取地下之实物与纸上之遗文互相释证，二是取异族之故书与吾国之旧籍互相补正，三是取外来之观念与固有之材料互相参证。他虽然懂得那么多的外语，也对国外学术情况有所了解，可是主要是做中国学问。有人评价他是用西方的汉学的方法，做史料

---

① 李喜所：《中国留学史论稿》，23 页，北京，中华书局，2007。

② 该论文即《先秦名学史》，参见《先秦名学史·前言》，《胡适文集》第 6 卷，北京，北京大学出版社，1988。

③ 唐德刚指出，胡适被安吉尔和杜威"洗脑"，而且洗得相当彻底，被"人家牵着鼻子走"，一直到老都没有放弃这个思想。而二人均为欧洲中心主义者。参见《胡适文集》第 1 卷，胡适口述自传，唐德刚注释，253～256 页、276～287 页。

④ 《胡适文集》第 1 卷，304 页。

考订，进而作出历史的新解释①。1942 年，他在朱延丰突厥通考序中说："寅恪平生治学，不甘逐队随人，而为牛后。年来自审所知，实限于禹域之内，故仅守老氏损之又损之义，捐弃故伎。凡塞表殊族之史事，不复敢上下议论于其间。"②即连西北史地也不再研究了。所以他对外国史就更不关注了。

1949 年以前，留学外国学习历史的也有一些人，我们试举他们中后来与外国历史关系较多的一些人，考察一下他们的学位论文，以研究他们的志趣。列表③如下：

姓　名	毕业学校	学位与年份	论文题目
何炳松	美国普林斯顿	政治科硕士 1916 年	春秋时期中国古代国际法
陈衡哲	芝加哥大学	历史学硕士 1920 年	古代与中古的中西交流
孔繁霱	芝加哥大学	政治学硕士 1922 年	马基雅弗里的君主论
陈翰笙	德国柏林大学	博士 1924 年	瓜分阿尔巴尼亚的 1911 年伦敦使节会议
雷海宗	芝加哥大学	博士 1927 年	杜尔阁的政治思想
蒋孟引	伦敦大学	博士 1933 年	论 1856—1860 年中英关系
齐思和	哈佛大学	博士 1935 年	春秋时期中国的封建制度
阎宗临	瑞士伏赖堡大学	博士 1936 年	杜赫德研究
杨人楩	英国牛津大学	文学士 1937 年	圣鞠斯特
王绳祖	牛津大学	硕士 1939 年	马嘉里案和烟台条约
戚佑烈	巴黎大学	博士 1940 年	百科全书和狄德罗之中国
周一良	哈佛大学	博士 1944 年	中国的密教
吴于廑	哈佛大学	博士 1946 年	封建中国的王权和法律
黄绍湘	哥伦比亚大学	硕士 1946 年	马克来的社会哲学思想
杨生茂	斯坦福大学	硕士 1946 年	旧金山华文报纸论 1937—1941 中美关系
刘绪贻	芝加哥大学	硕士 1947 年	中国儒学统治反对社会变革

---

① 王晴佳：《中国史学的科学化》，见罗志田主编《20 世纪的中国：学术与社会·史学卷》下，647～651 页，济南，山东人民出版社，2001。
② 《陈寅恪史学论文选集》，513 页，上海，上海古籍出版社，1992。
③ 这一表格许多内容由教研室同仁李隆国代为查找，特此致谢。其中戚佑烈的博士论文因战争爆发而未能答辩。

从这些论文选题可以看出，一大部分人写的是中国史方面的论文。所以如此，有其深刻的社会背景和学术传承关系。

我国现代学科的建立，经过了一个摸索、研究、争论的过程。从原来的经、史、子、集四科改为西方来的社会科学和人文科学的各种学科，就迁延很久。设立京师大学堂本来就是学习西方建立中国的大学，建立学科体系当然也以北大为例。1903 年的《奏定学堂章程》中有中国史学门和万国史学门，有课程表和各种参考书等，其中万国史学门的课程要简略一些。但大学堂分科办学条件不好，徒有其名而已。反倒是各地的高等师范学堂、中学堂、小学堂和大学中的预备科、速成科等，按照章程内容进行了中外历史的讲授①。1917 年蔡元培入长北大，设立中国史学门，1919 年，废门改系，称北京大学史学系，并且把史学系和经济学系、政治学系并列为社会科学门类，而和哲学、文学分途，② 这是对历史科学认识上的一大飞跃。1920 年，朱希祖任史学系主任，对史学系课程进行改革，一是大力建设世界史的课程，认为"本国史与外国各种史，须汇通观之"，包含着用欧美新史学，改造中国旧史学的意义，所以强调学习西洋史和历史研究法；另外贯彻史学是一门社会科学的主张，在史学系开设政治学、经济学、社会学、法律学等课程，特别强调要学习心理学③。他请陈衡哲教授西洋史，何炳松教授欧洲中古史、欧洲近代史，还请何炳松翻译鲁滨孙的《新史学》，以了解西方的新史学方法。另外还有李大钊开设唯物史观、欧美史学史课程，北大史学系可为一时称盛。其后，厦门大学、教会大学如燕京、圣约翰、辅仁等也设立历史系，而清华是 1925 年设立历史系，到1931 年，中国的大学中成立历史系的有 18 个④。到此可以说，中国的史学现代化才有了标志性的进展。因此，1949 年以前，我国出国留学生和大多数当时的知识分子一样，还受到国学的深刻影响，出国即使学习历史

---

① 刘龙心：《学科体制与近代中国史学的建立》，见罗志田主编《20 世纪的中国：学术与社会·史学卷》下，488～492 页。
② 罗志田主编：《20 世纪的中国：学术与社会·史学卷》下，523～525 页。
③ 同上书，526～529 页。
④ 同上书，544 页。

学，因为他们都对国学有深厚的基础，所以当然是以本国史为主，较少想到要学习外国历史。另外，因为我们自晚清末年以来，对外国、对西方、对欧美，就一直是在学习。学习的心态就是我们不如人家，人家是先生，我们是学生，所以既没有深入研究外国史的思想，也没有对研究外国历史的外国人，要"战而胜之"的思想。我们的外国史教学与研究，一开始就没有建立高级的目标。

随着大学历史系的普遍设立，大学历史系中逐渐都开设有外国史课程，而教会大学的历史系则教授外国历史，开设课程者大都为西方人，用外语讲授。我国的世界史教学在大学、中学以至小学逐渐推广开来。这样迫使归国的留学生，无论他在国外主修的是什么，也要充当外国历史的教员。齐思和先生于1941年时说道，我国学校设置西洋史课程，迄今将近百年，要略记之，每年学习西洋史之学生，数当逾万，而在大学、中学专任西洋史之教员，数亦过千①。他们在我国世界史的普及和提高方面起了很大的作用。与此同时，他们还编译了大量的外国历史教科书，齐思和先生在1949年"晚清史学的发展"一文中还说，晚清时期，西北史地和外国史地是两项发展十分迅速的学科，"治西北史地以谋筹边，治外国史地以谋制夷"，而对外国史的兴趣，较西北史地为尤甚。晚清编译的西洋史书籍，当不下百种，如广学会出版的《泰西新史揽要》，售出达三万本，私印者还未统计。另外一本《万国通史》，三大卷，三千余页，最为详尽，因为太详细销路反而不好。这些外国史书籍读书人几乎人手一部。齐思和先生同时指出，我国对西北史地，有相当根基，所以这方面的工作是以研究为主；而外洋史，中国几乎毫无根基，只能是介绍性质。可是这些介绍的书籍，依据的都是一些简短课本，没有一本一流的著作。当时严复翻译的外国思想丛书、林纾翻译的小说，依据的大都是名著，产生了很大影响。而世界史的翻译，就只能起教育作用，没有学术的价值②。

民国时期，这些书籍的编译工作仍在进行，质量逐渐有所提高，其中

① 齐思和：《西洋史教学之基本问题》，转引自刘新成主编《历史学百年》，273页，北京，北京出版社，1999。

② 齐思和：《史学概论讲义》，238~245页，天津，天津古籍出版社，2007。

也不乏归国留学生自己编写的各种教材，如何炳松的《中古欧洲史》（商务印书馆，1924），钱端升翻译的《英国史》，① 梁思成、向达翻译的英人韦尔斯的《世界史纲》（商务印书馆，1928），王绳祖的《欧洲近代史》（商务印书馆，1936）等。翻译的历史方法论的书也不少，何炳松除了译出鲁滨孙的《新史学》（商务印书馆，1924）外，还译有其他史学理论和史学史多种②。值得注意的是这时对我国邻近国家历史的宣传与研究却没有同步开展起来，如日本史、印度史。我国留日学生众多，而且也不乏真正的日本通，晚清我们学习的主要对象是日本，我国学科建设许多是从学习日本的有关学科开始的。但不久欧风美雨远远超过日本影响。课程方面只有周一良在清华大学开设过日本通史，张孝年在北大开设过日本近代史，中央大学的沈刚伯讲授过印度史③。日本史著作也很少，其中只有王芸生编的《六十年来中国与日本》（天津大公报社，1932）资料，从1871年起至1931年九一八事变，可谓煌煌巨著，今天尤有其价值。倒是土生土长的史学家陈垣，注意到了这个问题，1931年他慨叹说："日人对吾国历史研究之进步，一日千里，然吾人对日本历史，尚多漠然视之，奇也！"④他还说我国专攻元史者辈出，然而能用汉文翻译蒙古文献者却非常少，而日本人以日文译蒙古史籍却成绩卓著，如不急起直追，将来只有以日文来考蒙古史籍，"宁非学界之耻"⑤。比较容易建立的日本史学研究，在那时没有建立起来，反映当时的学人缺乏这方面的考虑，而困难很大的欧美史学的建立，更不在许多学者的考虑之列了。这反映我们受传统思想的束缚，文化本位主义思想太严重了。

这一时期我国的外国史学，属于草创时期，正如齐思和先生指出的，

①　即英国史学家 G. M. Trevelyan 所著之《英国社会史》，上海，商务印书馆，1933。

②　参看《何炳松论文集》，532 页，北京，商务印书馆，1990。

③　刘新成主编：《历史学百年》，307 页。

④　陈垣：《日本文学博士那珂通世传序》，载《史学丛刊》，1931 年第 1 卷第 1 期，转引自李春雷《留美生与中国历史学》，249 页，天津，南开大学出版社，2009。

⑤　陈垣：《日本文学博士那珂通世传序》，转引自李春雷《留美生与中国历史学》，249 页。

因为我们没有基础，所以只能做介绍的工作。20年代归来的留学生，他们的志趣大都是寻求外国史学的方法，改造中国陈旧的史学，就连后来搞了一段西洋史的陈衡哲，也大声宣布，要用最新的方法，研究中国的历史，写出通史和各种断代史、专业史，中英文的都有，使欧美人知道我们的历史，"洗洗这几十年来让别国人胡乱作书的羞耻"①。而且这些人大都多才多艺，文史兼通，原不以史学为专业。有名的才女陈衡哲，就去做文学家、小说家，放弃做史学了。何炳松做了教育家，任浙江高等师范校长、暨南大学校长等。陈翰笙做了革命家，调查中国农村经济，又活动在第三国际，对中国政治、学术贡献巨大。

到了20世纪三四十年代，我国学者也许意识到世界史研究应该有所进展。可是当时正是国家多难之时，救亡图存是第一要务。政府没有钱支持世界历史的发展，只有北大、燕京、清华等少数学校，还能购买一些外国史的书籍，但进行研究的基本史料是没有的。归国留学生虽然日多，可是"巧妇难为无米之炊"。所以他们中的大多数人，都采取以中国史研究为主要事业，同时在高等学校教西洋史的课程，向学生传播基本知识而已。当然也还有人为推进世界史研究努力奋斗，像杨人楩先生，翻译出版了克鲁泡特金的《法国大革命史》、马蒂埃的《法国革命史》、戈特沙尔克的《法国革命时代史》，特别是出版了他自己的专著《圣鞠斯特》（商务印书馆，1945），其他还有一些法国革命的书籍出版②，为法国革命史的研究打下基础；齐思和先生，虽然主要研究他擅长的先秦史，可是正如他自己所说，对中国史和西洋史"这两门学问都非常爱好"，所以在燕京大学也教授许多西洋史课程，其中最拿手的是世界现代史，并编有英文讲义③。他还用《史学年报》副刊的名义，出版了他自己编写的《美国史书日举要》《英国史书日举要》，周一良的《大日本史之史学》，为进一步研究做打基础的工作。

1949年新中国建立，1952年全国院系调整，我国的教育制度全盘苏

① 转引自李春雷《留美生与中国历史学》，6页。

② 参见刘新成主编《历史学百年》，308页。

③ Chi Szu Ho, *Contemporary Western History：Outlines and Documents*，rev. (ed.)，Yenching University，1940.

化。各大学的历史系都建立了世界通史课程(分上古、中古、近代、现代四段),和中国通史等量齐观。把许多原来的留学生,不管在大学中教什么课程的,都动员来教世界史,成为专职的世界史教员,于是我国的世界史力量大大提高,可以说正式的世界史学科由之成立。到20世纪60年代,更先后在北大、南开、武大,设立了世界史专业,与中国史专业分庭抗礼。这时的世界历史课程,是要用历史唯物主义为指导来讲授的。新中国的整个历史学,无论是中国史和世界史,其教学与研究当然要在历史唯物主义指导下进行,所以我国的历史学家们都要有一个转向的问题。但是这个转向似乎很容易就做到了,除了像个别人陈寅恪宣称不学马列外,大家都接受了马克思主义的指导。个中原因,我想一是共产党领导建立了新中国,使全国人民(包括知识分子)扬眉吐气,心悦诚服,所以相信唯物主义是正确的;二是自五四以来,唯物主义的宣传,在历史学界已经发生了很大的影响。齐思和先生指出:"五四的中心思想是自由主义,是知识分子对于传统束缚的解放运动。北伐后的中心思想是社会主义,是以唯物史观的观点对于中国过去的文化加以清算。……假如《古史辨》运动可以象征五四的史学,那么中国社会史论战便可以象征北伐后的新史学。"①史学家耳濡目染,对历史唯物主义已经熟悉,所以这时的接受也就顺理成章了。

这一时期,大学中世界历史的教学、研究都有了一个好的开始。如编写了许多世界史教材和史料集,特别是举全国学者之力,20世纪60年代出版了由周一良、吴于廑主编的四卷本《世界通史》,成为以后多年通行的高校世界史教材。而这时的世界史,不再是过去的西洋史了,还注意到了对亚洲、非洲、拉丁美洲地区历史的教学和研究。1954年,北京大学成立亚洲史教研室,不久周一良写的《亚洲各国古代史》②出版,以后许多大学都开展了这方面的教学、研究工作。虽然留学欧美的人几乎没有了,可是政府开始派遣留学生到苏联和社会主义兄弟国家学习。20世纪60年代这些留学生陆续回国,于是我们有了对苏联、东欧各国、越南、朝鲜等国家历史熟悉的人才。这一次的留学和以前的有所不同,就是都由国家派遣,

① 转引自桑兵《晚清民国的学人与学术》,43页,北京,中华书局,2008。
② 周一良:《亚洲各国古代史》,北京,高等教育出版社,1958。

而且基本上由国家规定你学习的专业。学习历史的当然也是少数，可是其一大好处是都是学习外国的历史，不再到外国学习本国历史了。不过当时留学生的选拔，太看重政治条件，而对学识重视不够。留学又只是读一个本科，大都没有读研究生。后因为中苏关系交恶，大批留学生回国。回国以后，又没有很好的条件让他们发展，和全国知识分子一道，陷入无穷无尽的政治运动中，所以作用发挥得不够。

1956年"向科学进军"的口号提出，知识分子可说是兴奋莫名，力求在这种早春天气下大显身手。世界史学界也自不例外。杨人楩先生奔走呼号，要求成立世界历史研究所(当时中国科学院有中国古代史一所、二所、近代史所，考古所，唯独没有世界历史研究所)，许多学者制订计划，进行研究。这一时期我国的世界史教学与研究受苏联影响很大，翻译和进口的教材、图书、专著，基本上是来自苏联的，有些学校还直接有苏联专家授课(不过苏联当时没有派出他们一流的专家)。讨论的问题也多和苏联学界的问题相关，如奴隶制的两个阶段论和两种类型说，封建土地所有制形式，农民起义的历史作用，近代史则是围绕着三条主线(资产阶级革命、国际共产主义运动，民族解放运动)进行讨论，如英国革命、法国革命的性质、明治维新的性质；民族解放运动则讨论的多是殖民主义的双重使命问题；1961年适逢巴黎公社90周年，出版了大量的书籍和文章纪念，一时形成高潮。从苏联进口的研究著作、学术期刊等也源源而来。不过因为我国的世界史原来基础薄弱，书刊过少，这时的少量进口远不足以符合研究的要求。何况从英美进口的书刊却几乎中断了。从现在来看，那时的研究、讨论，难免有点放空炮的味道，许多文章、著作史料并不充分，真正够得上研究水平的不多。不过，从我国世界历史学科发展的进程来看，它却是前所未有的。它动员了如此众多的世界史学者，一心为着世界史学科工作(那时的气氛是不许个人转专业的)，努力提高，为本学科的发展打下一定基础。而讨论的理论问题，使我们对世界史学科的整体性有所思考，对学科的以后发展有所助益。这时我国世界史学者对新时期、新任务的认识，可举齐思和先生1956年的文章为代表。他说："世界史在我们的学术部门中，是基础比较薄弱的一个，我们必须加强理论学习，认真学习苏联的先进历史科学，开展对资产阶级唯心主义学术思想的批判，努力学习中国史，将中国史和世界史紧密地联系起来，研究中国在世界史上的地位和中国对于世界史所起的作用。只有这样，我们才有可能在中国建立真正科学的世界史，才有可能在不久的将来，赶上世界先进科学的水平。"①这就是要学习苏联的世界史学科，向根基深厚的中国史学科学习，努力提高中国的世界史学科，以达到世界先进水平。而提出赶上世界先进水平的目标，是我国世界史学科自强意识的觉醒，应该说也是一个飞跃。

20世纪五六十年代是我国世界史学科发展的一个好机会，如果我们能老老实实向苏联学习，也是一个提高的途径。苏联世界史各个学科中，可以说都有一流的专家，都有在世界史坛上首屈一指的人物，像斯徒卢威、贾可诺夫、科斯敏斯基、柳勃林斯卡亚等。如果我们在资料建设和人才培养上向苏联看齐，持之以恒，我国的世界史也能提高一大步。可惜科学的春天转瞬即逝，1957年反右运动使中国知识分子大伤元气，南开大学雷海宗先生即因一篇讨论奴隶社会并不普遍存在的文章而受到批判②；和苏联的学术联系因为中苏关系出现裂痕而几近中断，中国又陷入闭关锁国的境地；政治运动很多，教师与学生进行学习和研究的时间很少。到了"文化大革命"时期，高等学校大都陷入停顿，集"封、资、修"之大成的世界史学科当然更在停顿之列了。杨人楩先生由于要求成立世界历史研究所等而遭到批判，但1958年即要求进行非洲史的研究，开辟了一个新的学科，在逆境下仍然为之奋斗不止，直到"文化大革命"中不幸逝世。他的遗著后来经他的弟子们整理出版③。杨先生毕生为世界史学科奋斗，心无旁骛，值得我们学习、纪念。

改革开放以后，我国的世界史学科得到很大发展，一是由林志纯先生倡导，在东北师范大学建立古典文明研究所，争取到国家的优惠条件，聘请外国专家来当地教学和派遣留学生出国学习，由此我国的埃及学、亚述

①　齐思和：《批判胡适对于世界史的反动唯心观点》，载《历史研究》，1956(6)。

②　雷海宗：《世界史分期与上古中古史中的一些问题》，载《历史教学》，1957(7)。

③　杨人楩：《非洲通史简编》，北京，高等教育出版社，1984。

学、赫梯学和古希腊、罗马等学科建立起来；二是由吴于廑先生提倡的世界史学科宏观体系①和罗荣渠的现代化研究，使世界史的宏观体系研究发展起来；三是派遣留学美、英等国的留学生陆续回国和我国自己的世界史研究生陆续成长，使我国的世界史人才队伍大为繁荣，成为世界史领域的主力军。由于互联网的发达，现在世界史的资料已唾手可得，除了没有公布的档案外，几乎所有资料都可上网查阅；学者出国访问、研究和邀请外国学者来华已十分便捷，不少学校建立了相互交流的渠道。可以说，我国的世界史水平已经大为提高，有些学科可以和国际学界平等对话，互相切磋。

虽然形势大好，可是问题也不少。由于竞争的态势，使世界史的生存和发展环境受到挤压，一些分支学科日显萎缩，像苏俄史，原来有明显的优势，可是现在却大不如前；对亚洲、非洲、拉丁美洲国家的研究，对周边国家的研究都十分不够，不能适合客观需要；整体水平依然比较低，和我国的大国地位很不相称。这些问题的认识和解决，是下次会议要集中研究的，这里就不再多说了。但是，我想我们从我国世界史学科发展路径的管窥中应该吸取的，就是我们一定要建立赶超世界先进水平的目标。虽然学习人家仍然是重要的，但是要建立"青出于蓝"的思想，否则我们就只能做一个老学生了。

（作者为北京大学历史系教授）

---

① 吴于廑：《世界史学科前景杂说》，载《内蒙古大学学报》，1985(4)。

六十年来的美国史研究

李剑鸣

我们常说，中国的美国史研究是一个年轻的学科，而"年轻"则往往意味着不成熟。其实，中国人接触美国史知识的时间并不算晚，只是最初的一些出版物大多属于"编译"的性质。1949 年以后，中国史学界对外国史的重视重度，较以前大为提高；但多数美国史出版物属于"编写"的范畴。1978 年以来，中国步入改革开放的时代，国内(仅指大陆地区)的美国史和其他学科一样，出现了过去不曾有过的发展势头。在最近 30 年里，这个学科逐渐摆脱了政治性意识形态的支配，艰难地突破了"编译"和"编写"的樊篱，正在发展成为一个真正的学术探索的领域。

一 基本趋势和主要成绩

美国史研究的转折性发展，始于 1978－1979 年间。这期间发生了两件大事，为美国史研究的发展提供了契机。随着改革开放的起步，政治环境渐趋宽松，一场"思想解放"运动在政治和学术领域同时兴起。美国史研究也因时顺势地进入了迅速发展的时期。1979 年两国正式建交，结束了长期的敌对和隔绝状态，过去那种以揭露、批判和攻击为取向的美国史写作，开始向学术性和知识性的方向转变。另外，改革开放和中美建交还给美国史研究带来了新的"现实需要"。经济建设、政治改革和社会发展被视为头等大事，美国迅速发展的历史经验引起了中国学者的浓厚兴趣。中美交往增加，需要知己知彼，对当前美国真实状况的了解，有助于制定适当的对美政策。

国际学术交流的开展，对美国史研究也产生了潜移默化的影响。1979年以来，不断有美国学者来华访问讲学，其人次难以精确统计。其中菲利普·方纳、赫伯特·古特曼、迈克尔·坎曼、奥斯卡·汉德林、埃里克·方纳和入江昭等美国史学名家的学术讲演，在中国同行中间产生了良好的反响。另有不少美国史学者作为富布赖特教授在国内大学长期授课，对国内专业人员的培养颇有助益。越来越多的中国学者到美国访学，有机会了解美国社会和学术，并且收集研究所需的材料。青年学生也源源不断地到美国大学攻读学位，他们学成后通过回国讲学、发表中文论著、参加国内学术会议等方式，对国内的美国史研究和教学发挥有益的影响。另外，从1987开始，国内先后举办了至少7次专题性的美国史国际学术会议。译介美国史学著作的工作也一直未曾间断，虽然所译多属一般性著作，而且偏于陈旧，但较之以往仅仅翻译苏联和美国"进步学者"的著作，已经是一种很大的改进。

对于美国史学科的发展来说，另一件至关重要的事情是研究生的培养。1978年以来，国内大学的研究生教育逐步改进，不少学校设立了美国史硕士点，南开大学、东北师范大学和中国社科院还较早开始招收美国史博士生。20世纪90年代中期以后，培养美国史博士生的高校有所增加，目前已达近十所。南开大学的杨生茂教授，不仅较早开始培养美国史研究生，而且对研究生培养方式有比较系统的思考。他特别强调处理好"博"与"约"的关系，用"鉴别吸收""外为中用"的态度对待国外学术成果，采用"讨论班"作为研究生的基本授课方式。① 东北师范大学的丁则民教授，作为国内"杰出的美国史教育家"，亲自指导了13名博士研究生和18名硕士研究生，并对"授人以渔"的教学有独到的经验。② 当前活跃在美国史研究第一线的人员，绝大多数是20世纪80年代以来陆续获得学位的研究生。

---

① 杨生茂：《博与约的关系及其他》，载《世界历史》，1986(4)，见杨生茂《探径集》，270页，北京，中华书局，2002；杨生茂：《读书、思索、对话和创新——关于研究生培养工作的体会》，载《天津高教研究》，1987(1)，见杨生茂《探径集》，289～294页。

② 高嵩：《丁则民教授学术成就和史学思想述评》，见梁茂信主编《探究美国——纪念丁则民先生论文集》，407～408页，长春，东北师范大学出版社，2002。

在最近 30 年里，还陆续成立了不少专门研究机构和学术团体，这对美国史研究也产生了积极的推动。1978 年以前，仅有武汉大学和南开大学设有专门的美国史研究机构，此后有 10 多所高校设立了类似机构或美国研究中心。① 机构一旦成立，编制和经费随之而至，使美国史研究和教学的专业队伍得以形成，并能保持基本的规模。此外，中国美国史研究会、中华美国学会相继成立，除了举办学术会议、交流学术信息等常规工作外，前者组织编纂了迄今为止规模最大的一部美国通史，后者则运作实施了由福特基金会赞助的出版补贴计划，帮助出版了数十种美国史专著。

目前，国内绝大数美国史研究人员都是中国美国史研究会的会员。这个民间学术团体的创建者，是新中国第一代美国史专家。他们出生于 20 世纪最初 20 年，大多有留美的经历，在 1949 年以前就已学成，到 1978 年已是知名学者。他们在 1978 年以后虽进入晚年，但老当益壮，不断发表新著，在相当艰难的条件下，使美国史研究和教学走上了正轨，培养了一大批新生代的研究人员。② 20 世纪三四十年代出生的一代人，大多在 1966 年以前毕业于国内的大学，1978 年时正当盛年，在研究和教学中充当骨干力量。目前正处在学术高产期的第三代人，大多出生于 20 世纪五六十年代，多数是经第一、第二代学者指导而毕业的研究生。20 世纪 70 年代以后出生的一代新人也在成长，并开始崭露头角。严格地说，这四代研究人员只是一种基于年龄和教育背景的划分，他们在学术历程上则多有重合。2008 年 5 月，在武汉举行了中国美国史研究会第十二届年会，少长咸集，数代同堂，呈现出代代相传、后继有人的可喜局面。

经过几代研究人员的努力，以往 30 年里产生了一批数量颇为可观的论著。就论文而言，1979—1989 年有 820 余篇；1989—2000 年有 1500 余篇；

---

① 关于美国史及美国学研究机构的设立情况，可参见杨生茂、杜耀光《中国美国史研究四十年(1949—1989)》，见杨生茂《探径集》，106 页。

② 刘绪贻：《20 世纪 30 年代以来美国史论丛·序》，见杨生茂《探径集》，1 页。

2001 年以来的数目尚无可靠统计，估计不会少于 1000 篇。① 美国史图书（不含译著）的数量，在 1978－1988 年间为 17 种，1989－2000 年间为 80 余种，② 2001 年以来有七八十种。③ 仅就数量而论，1978 年以来取得的成绩不可谓不大。

但数量只是一个相对次要的指标，更重要的是学术质量。长期担任《美国历史杂志》特约编辑的黄安年教授，多年来对中国美国史论著的情况进行跟踪观察和统计，他在 1998 年大陆发表的美国研究论文中，发现"极大部分属于普及性质的，真正有质量的文章并不算很多"，以至在向《美国历史杂志》推荐"高质量文章"时"选择余地显得不大"。④ 把这种观察推广到整个 30 年的美国史研究，也大体是中肯的。以讨论林肯对奴隶制的态度的文章为例，1978－2008 年间发表于各种学术期刊的这类"论文"接近 30 篇，但所依据的材料大多来自于相同的几种中英文书籍，内容重复，持论泛泛，30 年间看不出什么进步。

在 30 年来美国史研究的领域大有拓展，课题不断扩充和更新，论著的整体质量逐步上升，其中有些达到了较高的学术水准。在整个 20 世纪 80 年代，政治史、外交史、劳工史和西部史是美国史研究的主要领域；20 世

① 1979－1989 年的论文数量，据杨玉圣、胡玉坤编《中国美国学论文综目（1979—1989）》（沈阳，辽宁大学出版社，1990）所列篇目统计。1989－2000 的论文数量据李剑鸣《1989 年以来中国的美国史研究》（见胡国成主编《透视美国：近年来中国的美国研究》，北京，中国社会科学出版社，2002）和王晓德《1989 年以来中国的美国外交史研究》（见胡国成主编《透视美国：近年来中国的美国研究》）中的相关数据计算。另据"中国学术期刊全文数据"的检索结果，2001—2005 年的美国史论文达到 600 篇。

② 李剑鸣：《1989 年以来中国的美国史研究》，见胡国成主编《透视美国：近年来中国的美国研究》，8 页；王晓德：《1989 年以来中国的美国外交史研究》，见胡国成主编《透视美国：近年来中国的美国研究》，95 页。

③ 据黄安年《1990—1995 年中国美国史研究的成果及其国际比较》（载《世界历史》，1997 年第 3 期）介绍，1979—1989 年大陆地区出版的美国史著作 170 部，平均每年 15 部；1990—1995 年大陆出版的美国史著作 144 部，平均每年 24 部。这两个数字与笔者的估算出入甚大，可能是选取的标准不同所致。本文所说的"美国史论著"是指中国学者写作的严格意义上的美国历史书籍和论文，而不是与美国相关的所有图书和论文。

④ 黄安年：《改革开放与中国美国学的发展——以 1998 年发表的文章为个案分析对象》，见《学术界》，226 页，2000（2）。

纪 90 年代初以来，经济史、城市史、现代化、法律史、文化史、宗教史、环境史等领域，逐渐受到重视。特别是城市史研究，在这 30 年间从无到有，发展迅速，目前已经是一个比较成熟、水准较高的领域。环境史是一个新兴的领域；经济史、法律史、宗教史等领域都有待进一步发展。① 在政治史和外交史这些传统的领域，也出现一些新的气象，如政治文化研究、意识形态与外交政策研究、文化外交研究，都萌生了良好的苗头。劳工史则在 20 世纪 90 年代初以来急剧衰落，多年来没有产生有影响的研究成果。

正是由于 30 年间美国史研究发生了很大的变化，因而对不同时期的论著不宜采用同一种标准来衡量。如果以每十年为一个时段，从中找出能代表各时段研究水平的论著，或许可以比较准确地反映 30 年中美国史研究取得的成绩。

在通史的编纂方面，黄绍湘的《美国通史简编》(人民出版社，1979)，杨生茂、陆镜生的《美国史新编》(中国人民大学出版社，1990)，刘绪贻、杨生茂主编的六卷本《美国通史》(人民出版社，2002)，分别是三个时段的代表作。

在专题论文方面，第一个十年可以举出刘祚昌的《略论托马斯·杰弗逊的民主思想》(《历史研究》，1980 年第 4 期)、冯承柏的《美国工厂制确立年代质疑》(《历史研究》，1984 年第 6 期)；第二个十年有何顺果的《略论美国的立国精神》(《历史研究》，1993 年第 2 期)、满运龙《马萨诸塞政治体制的确立》(《历史研究》，1992 年第 5 期)；最近十年有杨生茂的《论乔治·班克拉夫特史学——兼释"鉴别吸收"和"学以致用"》(《历史研究》，1999 年第 2 期)、崔丕的《美国经济遏制战略与高新技术转让限制》(《历史研究》，2000 年第 1 期)和王立新的《意识形态与美国对华政策：以艾奇逊和"承认问题"为中心的再研究》(《中国社会科学》，2005 年第 3 期)。

在专著方面，1978—1988 年间数量有限，仅可列举刘祚昌的《美国内战史》(人民出版社，1978)、刘绪贻主编的《当代美国总统与社会》(湖北人

---

① 韩铁教授近年来发表的法律史和经济史论著，提升了国内这两个领域的研究水平。

民出版社，1987)和资中筠的《美国对华政策的缘起和发展1945－1950》(重庆出版社1987年版)。1989—1998年间，可选的著作明显增加，其中影响较大者有时殷弘的《美国在越南的干涉和战争》(世界知识出版社，1993)、刘祚昌《杰斐逊传》(中国社会科学出版社，1990)、杨生茂主编《美国外交政策史》(人民出版社，1991)。1999年以来，高质量的专著更趋增多。王旭的《美国城市史》(中国社会科学出版社，2000)、王晓德的《美国文化与外交》(世界知识出版社，2000)、齐文颖主编的《美国史探研》(中国社会科学出版社，2001)、陶文钊的《中美关系史》(上海人民出版社，2004)、梁茂信的《美国人力培训与就业政策》(人民出版社，2006)、王金虎的《南部奴隶主与美国内战》(人民出版社，2006)和王立新的《意识形态与美国外交政策》(北京大学出版社，2007年版)等书，在出版后都得到了好评。

二 问题来源与意义指向

在改革开放的最初十余年里，中国学者研究美国史的问题意识，主要产生于对中国现实和美国现状的关切与思考。这种透过现实来介入历史的研究路径，一度被当做美国史研究的正途。在1978年以后，研究人员最初大多从政治的角度思考问题，以政治意义来界定学术价值。当时美国史研究中最为迫切的需要，并不是如何在理论、材料、方法和观点的层面来实现突破，以取得原创性的成果(以当时的研究条件而论，似乎也不可能关注这类问题)，而是要转变对美国历史的基本态度，即承认美国有"自己立国的特长"，承认美国历史并非都是黑暗面，要"从历史的实际出发，全面地、一分为二地、实事求是地去进行研究"。① 这一方面反映了此前政治权力和意识形态对学术研究的损害是如何之深重，另一方面也预示着此后美国史研究的困难是如何之艰巨。

如果说"实事求是""拨乱反正"提出的要求，主要是从政治的角度重新审视美国历史问题，那么探索美国迅速发展的经验以服务于中国的现代化

---

① 罗荣渠：《美洲史论》，17页、21页，北京，中国社会科学出版社，1997。

建设，则是一种更为实际的现实需要。在党和政府把工作重点转向经济建设以后，中国面临一个尽快发展的问题，而美国经济高速发展的原因和条件，一度成为中国学者关注和思考的热点，有关论著纷纷面世。① 进入 20 世纪 90 年代以后，美国现代化的历史经验开始进入研究的视野。1993 年 8 月在山东威海举行了第一次美国史国际学术会议，其主题是"美国现代化的历史经验"。据会议论文集的"编者说明"称，"有所裨益于中国的现代化事业"，乃是编选这部论文集的"更为远大的目标"，因为美国现代化的历史经验，可以作为"'攻'中国现代化之'玉'的'他山之石'"。② 在此前后还产生了一批关于美国现代化的专题研究成果。③ 在中国实施"西部大开发"战略以后，又出现了关注美国西部史和"中美西部开发比较研究"的兴趣，仅 2000 年一年，报刊上发表的这类文章就有近 40 篇。

中国学者在选择研究课题时，还受到了美国史学界相关研究的启发，带有填补国内研究空白的意图。中国的美国史研究起步较晚，积累单薄，因而没有涉及的领域和课题比比皆是。所谓"研究空白"，通常是参照国内的研究状况来界定的：任何一个问题，不论美国史学界已有多少研究成果，只要中国学者没有涉猎，或者美国学者的观点和价值取向不合中国的需要，就被作为"空白"对待。

对于许多学者来说，"现实关怀"的最终指向，乃是为政府的相关决策提供参考或施加影响，如黄安年教授谈到研究美国社会福利保障制度的意义时，明确表示要为中国的分配制度和社会保障制度改革提供参考和借鉴。④ 王崇兴博士研究内战后美国南部社会的变迁，认为真正对中国的西

---

① 具体情况参见张友伦《美国史研究百年回顾》，载《历史研究》，157～158 页。1997(30)。

② 中国美国史研究会编：《美国现代化历史经验》，2 页，北京，东方出版社，1994 。

③ 洪朝辉：《社会经济变迁的主题：美国现代化进程新论》，杭州，杭州大学出版社，1994；李庆余、周桂银等：《美国现代化道路》，北京，人民出版社，1994；张少华：《美国早期现代化的两条道路之争》，北京，北京大学出版社，1996。

④ 黄安年：《当代美国的社会保障政策》，2 页、508～509 页，北京，中国社会科学出版社，1998。他在结束语中还就如何在借鉴"西方国家的经验和教训"的基础上进行中国的社会福利保障体制建设，提出了 10 条建议。见该书 533～535 页。

部开发具有借鉴意义的不是美国西部史，而是南部开发和发展的经验。①陈奕平教授研究美国当代人口问题，其主要着眼点在于理解当今美国社会，为中国的相关决策提供参考。② 有时候，社会对某些美国史论著的现实意义的诠释，可能出乎作者本人的意料之外，如资中筠研究员谈到，她在撰写关于美国公益基金会的著作时，"并没有想到在当下有现实的借鉴意义"；但书出版后，"不但在学术界，而且在广泛的社会各界也引起了注意"。这一情况促使她在再版时补写了一个长篇后记，着重阐述了研究美国基金会对于中国慈善事业的"他山之石"的功效。③

不过，强烈的现实关怀有时也是一把"双刃剑"。其正面意义是现实关怀"是使中国的外国史研究具有中国特点，并因此在国际学术界产生影响的前提"④。但另一方面，现实关怀也可能带来"借史议论"的消极后果，"不仅使历史研究偏离了学术规范，而且由于缺乏坚实的实证研究，所发议论也多流于泛泛，甚至谬以千里"。⑤ 这显然不利于研究水平的提升。

三 理论取向与方法探索

1949 年以后，在整个史学，甚至在所有离不开价值判断和道德判断的知识领域，都形成了某种具有时代特征的政治性意识形态⑥话语；而在美国史领域，除了政治性意识形态的支配性影响外，中美之间的敌对以及冷战的格局，使得研究工作不可能成为一种纯学术的活动，而在本质上是一

① 王崇兴：《制度变迁与美国南部的崛起》，271～274 页，杭州，浙江人民出版社，2002。

② 陈奕平：《人口变迁与当代美国社会》，1～2 页，北京，世界知识出版社，2006。

③ 资中筠：《财富的归宿：美国现代公益基金会述评》，1～3 页、321～350 页，上海，上海人民出版社，2006。

④ 王立新：《现实关怀、中国特色与美国史研究》，载《史学月刊》，6 页，2003(9)。

⑤ 李剑鸣：《民主的考验和考验中的民主》，载《读书》，26 页，1999(2)。

⑥ 在任何政治社会和文化系统中，都有某种意识形态；而且通常有不同的表现形式，如政治性的、文化性的、官方的、民间的、社会性的等。此处用"政治性意识形态"来指由某种政治权力塑造、以有利于该政治权力运作的意识形态。

种政治行为。这种政治性意识形态化的美国史写作，在 1949 年以后开始形成，在"文化大革命"后期趋于登峰造极，至今似乎还没有完全绝迹。在 1978 年以后的一个时期，美国史研究中的一个最为艰巨的任务，就是摆脱政治性意识形态的束缚，摈弃把政治话语当做学术话语的做法，在尊重美国历史语境的前提下，构建新的话语系统和表述方式。

在美国史写作中，政治性意识形态化的表述方式，主要来自以下几个方面：一是经过过度政治化解读的马克思主义理论，特别是经过苏联人复述的马克思和列宁的思想；二是中国政治领导人的言论和政治性报刊的社论；三是美国"进步史学家"，如威廉·福斯特、菲利普·方纳、赫伯特·阿普特克等人著作中的材料和论点；四是苏联的美国史和世界史论著。在当时的政治权力的作用下，前两个来源渗透到了所有的人文知识领域；而美国"进步史家"的论著，则主要是一个材料、史实和具体论点的来源。对中国的美国史基本框架影响最为深巨的因素，无疑是苏联史学。在 1978 年以后，随着中国社会所发生的巨大而深刻的变动，政治性意识形态的内涵随之变化，它对学术的支配性影响也逐渐减弱。同时，整个学术风气也出现了许多新的特点。这一切都对美国史研究的思想理论取向发生了明显的影响。多数研究者开始摒除对马克思主义理论的教条主义态度，自觉或不自觉地摆脱了政治性意识形态的支配，对美国历史问题的处理方式和表述话语都发生了巨大的变化，可以说经历了一个"去意识形态化"的过程。

理论的多样化也是一个突出的特点。自 20 世纪 80 年代中期以来，吸收社会科学的相关理论，并运用于具体课题的研究当中，愈益成为年轻一代学者的自觉意识。王旭教授在自己的著作中提到，他在采用"传统治史方法"的同时，借鉴了"经济学和地理学方面的有关理论与方法"。① 戴超武教授力图在自己的博士论文中"运用社会学、经济学、地理学和人口统计学的理论和方法进行多学科的全面研究"。② 王立新教授借助人类学、社会学、政治学中的"想象""他者""国家构建""国家身份"等理论和概念，解析

---

① 王旭：《美国西海岸大城市研究》，3 页，长春，东北师范大学出版社，1994。

② 戴超武：《美国移民政策与亚洲移民 1849－1996·前言》，4 页，北京，中国社会科学出版社，1999。

了美国不同历史时期各界精英对中国的认识，阐释了这些关于中国的想象在美国国家身份构建中的意义和作用。① 不过，中国缺乏成熟的本土理论和研究范例，因而中国学者取法的对象主要是欧美学者，如王立新教授承认写《意识形态与美国外交政策》时从文化的视角考察美国外交史是受了入江昭的启发。②

从方法论的角度说，美国史研究中长期存在的一个欠缺，就是历史主义意识淡薄。所谓"历史主义意识"，是指把具体的人和事放在具体的历史时空中看待，从具体的历史语境出发来理解史实的本来意义。在1978年以后相当长一个时期，许多研究人员对于史学著述与政论时评的界限没有清晰的意识，把"借史议论"当成了治史的正途，在讨论问题时忽视具体的历史时空条件。最近十余年来，美国史研究和其他史学领域一样，出现了历史主义方法论的回归。也就是强调历史学的学科主体性，重申历史研究的基本范式，坚持用第一手材料进行实证研究，遵循"有一分材料说一分话"的基本守则，分析问题时考虑具体的历史时空条件，不再沉溺于浮泛而过度的议论。③

四　史料利用和资源积累

基于丰富的原始材料进行实证研究，乃是治史的基本要求，但在美国史研究中，由于资料匮乏，加以研究者长期奉守"不和外国学者拼史料"的信条，这种实证研究就始终无法开展起来。这并不说我们的研究人员不愿意利用第一手材料。主要是因为在改革开放以后相当长一个时期，研究条件十分有限，可以找到的原始资料寥寥无几，如果强调只有基于原始材料才能进行研究和写作，那么许多人就只能放弃研究工作。对于多数研究人

---

① 王立新：《在龙的映衬下：对中国的想象与美国国家身份的建构》，载《中国社会科学》，156～173页，2008(3)。

② 王立新：《意识形态与美国外交政策》，29～30页，北京，北京大学出版社，2007。

③ 这方面的代表性论著，有王金虎的《南部奴隶主与美国内战》(北京，人民出版社，2006)和王立新的《意识形态与美国外交政策》(北京，北京大学出版社，2007)。

员说，能够引用英文的二手甚至三手材料，就是难能可贵的了。

另一方面，有些研究人员长期没有意识到原始材料的重要性，反而相信中国学者以先进的理论来指导美国史研究，这比片面注重史料的美国学者更有优势。这种观念妨碍了对原始资料的搜求和利用。有一些研究者试图以所谓的理论优势来掩盖材料的贫乏，借助一套不同于美国史学的话语和概念，对美国学者阐释过的史实加以筛选，或重新排列，或另作诠释，甚至还把这种做法说成是中国人研究美国史的一个特色。20 世纪 80 年代以来，获得各种资助到美国从事研究的学者越来越多，但许多人回国以后所发表的论著，在材料方面并没有显示出重大的变化，所引用的仍然是一般性著作，不仅原始文献甚少，即使对二手文献的质量也未加甄别，夹杂许多过时而平庸的书籍。从 20 世纪 90 年代中期开始，在国内获取原始资料的条件大为改善，但许多论著却远远没有穷尽国内所能找到的相关材料，甚至连一些许多图书馆都有收藏的基本史料，也没有加以利用。例如，有的论著在讨论美国宪法的制定时，不去参考麦迪逊的记录以及批准宪法的各种文献，而主要依靠一般性的资料选集或通论性的书籍。其实，在最近十来年里，在国家图书馆、北京大学、南开大学和南京大学，都可以找到不少关于美国制宪的基本材料。

在利用原始材料方面引领风气的是研究美国外交史的学者。早在 20 世纪 60 年代初期，罗荣渠教授在论述门罗主义的起源和实质的文章中，就引用了不少原始文献。[1] 到 20 世纪 80 年代中期，时殷弘教授的《尼克松主义》提供了一个更好的范本。这是一本只有 100 页的小册子，而引用政府公文和外交文件集 13 种，当事人回忆录和著述 8 种，当时的报纸和期刊 13 种。[2] 这种对原始文献的重视和大量利用，在当时是相当少见的。进入 20 世纪 90 年代，《美国外交文件集》以及其他政府公文，在美国外交史论著的注释中出现的频率越来越高。其中，崔丕教授在 2000 年出版的《美国的冷战战略与巴黎统筹委员会、中国委员会（1945－1994）》一书，引用了

---

[1] 罗荣渠：《门罗主义的起源和实质——美国早期扩张主义思想的发展》，载《历史研究》，1963(6)。

[2] 时殷弘：《尼克松主义》，武汉，武汉大学出版社，1984。

多种当时已经解密的美国和日本的外交档案、已刊外交文件和其他政府公文，并对不同来源的原始文件加以比对和鉴别，还在书后附有国家安全委员会文件的分类目录，以利于其他学者的使用。① 这些论著所利用的主要是公开出版的外交文件和缩微胶卷，而直接到有关档案馆进行研究而取得成就的学者，当首推华庆昭教授。他为了写作《从雅尔塔到板门店》一书，不仅利用了公开出版的原始文献集、回忆录、日记和报刊，而且用了一年多的时间，专门到美国和英国的档案馆从事研究，广泛收罗了杜鲁门图书馆、美国国家档案馆、美国国会图书馆、英国国家档案馆以及相关大学图书馆所藏官方资料和个人文件。② 在这种风气的带动下，最近几年出版的美国外交史博士论文，在第一手文献的利用方面都有长足的进步。③

相形之下，在美国史其他领域，对原始文献的利用就显得相当滞后。在 1978 年以后的近 20 年里，这种情况并不是个别现象。直到 21 世纪初，局面才出现了较大的改观。造成这一重大变化的主要因素，首先是获取原始材料的途径变得愈益宽广。近年来，最具革命性意义的是网络资源的急剧增加。美国在网络技术发展和数字化资料开发方面，一直引领潮流，尤其是着力于历史文献的整理和发布，美国以外的研究人员也得以分享这些便利。最近几年，有若干高校和研究机构购置了一些原始文献数据库，常见的有 Early English Books Online（EEBO）、Eighteenth Century Collection Online（ECCO）、Early American Imprints、American Historical Newspapers、Declassified Documents References System（DDRS）等。此外，免费的网上资源也越来越丰富，获取越来越便捷。如美国国会图书馆的免费数据库、archive. org、liberty online 等。有些大学还建有专题性史料数据库，也可以免费获取。对于网络技术所带来的研究条件的极大改善，许多

① 崔丕：《美国的冷战战略与巴黎统筹委员会、中国委员会（1945—1994）》，长春，东北师范大学出版社，2000（中华书局 2005 年再版）。
② 华庆昭：《从雅尔塔到板门店》，249～254 页，北京，中国社会科学出版社，1992。
③ 刘国柱：《美国文化的新边疆——冷战时期的和平队研究》，302～309 页，北京，中国社会科学出版社，2005；罗宣：《在梦想与现实之间——鲁斯与中国》，430～451 页，北京，人民出版社，2005；杨卫东：《扩张与孤立：约翰·昆西·亚当斯外交思想研究》，350～361 页，北京，中国社会科学出版社，2006。

学者都表现了高度的敏感和炽热的兴趣。

研究人员的史料意识也普遍增强。特别是年轻一代学者，由于接受了比较正规的史学训练，大多重视原始材料的收集和利用。王金虎教授在写作《南部奴隶主与美国内战》时，使用了北卡罗来纳大学在网上发布的"美国南部史文献"以及美国国会图书馆相关数据库中的《南部邦联国会日志》。在其他课题上，使用原始材料的状况也有很大的变化。例如，梁茂信教授的《都市化时代》(东北师范大学出版社，2002)所列原始资料有72种，他的《美国人力培训与就业政策》(人民出版社，2006)书后所列政府文献更多达100种。又如，陈奕平教授的《人口变迁与当代美国社会》(世界知识出版社，2006)一书，主要依据从网络获取的人口统计数据和分析报告写成。更值得一提是韩铁教授的《福特基金会与美国的中国学》(中国社会科学出版社，2004)。这部著作完全依据原始材料写成，其中包括福特基金会档案、口述史材料、政府公文以及多种手稿。作者在美国接受过系统的学术训练，这本书就是在博士论文的基础上翻译整理而成的。这表明，只要条件具备，而且肯于钻研，中国学者完全可以利用具体而翔实的原始材料，写出具有新意的论著。

不过，上面列举的著作，在近年的美国史研究中仍属凤毛麟角。就原始材料在研究中的意义和作用而言，可以分为点缀性利用和实质性利用两种情况。所谓"点缀性"使用原始资料，是指原始资料仅仅作为二手材料的补充，或仅用于讨论枝节问题，对于主旨的阐述并不起关键的作用。另外，引用原始材料来复述已经清楚的史实，或者论证前人提出的结论，也属于这一范畴。所谓"实质性"使用原始资料，是指研究的问题来自原始材料，并通过深入钻研原始材料而提出新的结论。迄今为止，已发表的美国史论著大多属于第一类。在美国史研究的起步阶段，能点缀性地使用原始材料已属不易；但长期停留于这种地步，就难以取得原创性的成果。此外，在美国史写作中还长期存在一种现象，就是在专著和论文中引用美国史教科书，甚至国内出版的世界通史教科书中的材料。

还有一个值得一提的变化是，研究人员对待第二手文献的态度也发生了改变。在20世纪90年代以前，一般作者涉及二手文献，目的仅在于转引其中的材料，而对其主旨、论点和方法则不够重视，也很少就课题进行学术史梳理。最近20年来，研究人员开始重视课题的学术史，越来越多论著在前言或注释中评介以往的研究，借以明确自己探讨的方向和重点。如时殷弘教授就在《尼克松主义》一书中，用注释的形式就"美国著作界对尼克松主义的研究"进行评述①，刘祚昌教授在《杰斐逊传》的"自序"中，对于美国学者整理杰斐逊文献以及撰写杰斐逊传的情况，作了细致的介绍和评论，指出了其中的局限和缺点，进而提出了自己的研究思路和写作构想②，石庆环的《二十世纪美国文官制度与官僚政治》在序言中详细列举相关书目，并对重要的论著进行评介③，王崇兴《制度变迁与美国南部的崛起》对美国南部史的大致脉络进行了梳理④，梁茂信的《美国人力培训与就业政策》在前言中对相关重点著作进行评述，指出其长短利钝，并说明了自己的研究思路。⑤

经过几十年的积累，美国史研究已经具备了初步的基础。由于材料、方法、理论和视角等方面的限制，有些论著同美国史学界早出的同类成果相比，并没有多少新意，但它们作为中国美国史研究发展中一个阶段的见证和记录，已经成为中国美国史学的学术积累的一部分。随着这种积累的不断增厚，美国史研究中就可能产生具有原创性的成果。

五　最新动向与前景展望

综观以往30年的美国史研究，其最大的局限表现为选题过于宏阔，材料过于浮泛，缺乏专深的研究，热衷于讨论长时段、大范围的问题。对这种欠缺，一位曾在中国任教的美国学者也有所观察，并提出了善意的批评。⑥

---

① 时殷弘：《尼克松主义》，第2页及各章注释。

② 刘祚昌：《杰斐逊传》，4～11页。

③ 石庆环：《二十世纪美国文官制度与官僚政治》，4～12页，长春，东北师范大学出版社，2003。

④ 王崇兴：《制度变迁与美国南部的崛起》，15～18页。

⑤ 梁茂信：《美国人力培训与就业政策》，15～24页，北京，人民出版社，2006。

⑥ 阿伦·库利科夫：《中国学者在美国早期史研究中即将做出的贡献》，载《史学月刊》，13页，2008(2)。

中美两国史学的发展经验都表明，一个领域要进步，就必须从一个一个具体的课题着手，进行深入而彻底的研究。美国史学在19世纪末进入专业化的阶段，那时正是专题研究兴起的时期。在中国史学开始向现代转型之际，也有学者倡导开展"窄而深的研究"。当然，选题的规模要适度，要切合中国美国史学的实际。题目过大，论述难免浮泛，不能保证学术质量；题目太小，又无法找到足够的资料，同样不易操作。比较可取的策略是，长期致力于一个具体的领域，从中选择条件成熟的问题做深入而精微的研究。做好小题目并不是一件容易的事，需要有大的视野，要做到"小题大做""因小见大"，这样才能取得专精的成果。许多专精的成果汇聚起来，就会从根本上改变美国史研究的面貌。

做好专题研究，需要具备敏锐而独到的问题意识，要以问题来引导论述。一篇论文如果缺乏问题意识的支持，或没有理论的观照，提不出有思想冲击力的新见解，就难免沦为"始末记"。在中国研究美国史，如果要求单纯地进行"史实复原"的工作，的确是强人所难；就目前的研究条件而言，比较成功的例证是借助新的问题意识，从新的视角来探讨老课题，从而取得富有新意的成果。美国史研究要不断进步，还需要补充新的研究人员，而他们必须通过完善的研究生训练体制来培养。因此，进一步改进研究生培养不仅十分重要，而且是当务之急。一位了解中国研究生教学欠缺的美国学者认为，采用经欧美经验证明是行之有效的"研讨班"教学方式，是提高研究生培养质量的必由之路。① 除了教学形式和方法的改革外，还应当强化相关学科的训练，使研究生具备较为宽阔的理论视野，形成具有洞察力和创造性的理论思维能力。在"全球化"的语境中，学术和理论的民族性趋于淡化，更加具备"天下公器"的特性，中国学者可以借用各种来自域外的理论资源，滋养和支撑自己的学术思维。但是，如果完全依靠外来理论，中国学术如何能够在视角、方法和解释框架上形成自己的特色呢？说到底，中国的美国史研究的进步，有赖于中国学术的整体发展。

当前学术共同体越来越具有国际性质，中国学者不能闭门造车，而必

---

① 阿伦·库利科夫：《中国学者在美国早期史研究中即将做出的贡献》，载《史学月刊》，13～14页，2008(2)。

须关注国际史学的新趋向，积极参与国际学术对话。但是，参与国际学术对话，争取成为国际学术共同体的成员，是否与我们一直以来关注的"本土化"形成冲突呢？从表面看，"国际化"和"本土化"之间的确存在张力，但两者是属于不同层面的问题："国际化"更多地涉及学术的操作，而"本土化"则关系到学术的品质。中国人研究外国史，"本土化"是一个无法回避的问题。我们的外国史研究，必须是中国史学的组成部分，而不是研究对象国史学的补充。就美国史研究而言，我们的材料来自美国，在问题的提出、解释的构建、论点的形成各个环节上，都难免受到美国史学的影响，很容易步人后尘，人云亦云，如果没有"本土化"的意识，我们可能会完全失去学术身份。"本土化"的关键在于，一方面要深入探讨美国历史，另一方面则要依托中国史学的整体积累。我们要关注中国社会和思想学术的状况，留意中国史研究的动向，勤于向中国史同行请益和取法。当前，中国社会史、地方史和环境史的研究颇有进展，民间史料受到重视，内外因素的互动、基层社会、制度变迁成为重要的研究视角。这些变化对于我们研究美国史都是具有启发的。中国学者研究美国史，既要深入美国历史语境，又要体现本位文化意识。如果中国史学不能在研究范式、理论取向、研究方法和问题指向等方面取得突破性进展，不能在国际学术界取得一席之地，中国的外国史研究，包括美国史研究，也就难以形成真正的学术品格，无法产生广泛的学术影响。

总的来说，改革开放以来的30年，是中国美国史研究快速成长、不断进步30年。它已成为一个富有生气、蓬勃向上的领域，尤其是最近几年的进展，一代学术新人正在成长。他们大多是最近几年毕业的研究生，在学期间获得了比较系统的学术训练，尤其在博士论文的研究和写作中，他们在导师的指导下，从选题、文献阅读、史料收集和解读，到论文的写作和修改，在研究流程的各个环节都接受了系统的训练，掌握了基本的研究方法和学术规范。较之二三十年前的一代人，他们的学术起点无疑要高得多，而且他们还赶上了一个政治环境愈益宽松、经济持续增长、研究条件不断改善的时代，待到他们在学术上成熟的时候，中国的美国史研究应当呈现真正的欣欣向荣的景象。

（作者为北京大学历史系教授）

史学学派小议

张岂之

一

新中国建立 60 年来，我国大学在史学教学与研究上取得的成绩令人振奋。展望未来，再过 40 年，到新中国百年华诞时，可以看到，我国史学界已出现被国内外公认的史学学派，他们代表着中国史学研究的特色和水平，在全球史学论坛上将赢得充分的话语权。这个展望并非盲目乐观，而是基于对我国在世界上的地位以及史学界学术实力的估量而作出的。

我国历史学学科建设与发展，在总目标上和哲学社会科学的所有学科相同，这就是："大力推进学术观点创新、学术体系创新和科研方法创新，努力建设具有中国特色、中国风格、中国气派的哲学社会科学。"

史学是我国传统学科中的一种，它有着悠久的历史传统。春秋末期，孔子把鲁国史官所作的《春秋》删削而成为有独特思想的历史著作，标志着我国古代史学的正式开端。战国至两汉是中国古代史学的定型期，魏晋南北朝至明末是它的发展和鼎盛时期，明末清初至 1840 年鸦片战争前是它的总结和转化时期。综观中国古代史学，它有这样的特点：它重视国家兴衰治乱的研究，总结这方面的经验教训，世代相传，使史学成为历代统治者治国理政的借鉴；它重视社会与自然关系的研究，认为这是社会稳定的基础，虽然其中夹杂着天人感应之类的神秘主义杂质，但它朴素地认识到人类史与自然史有不可分割的关系。还有，中国古代史学家认为，无论从事历史研究还是撰述史著，史学家必须具备高尚的人品和史学的基本技能，这样，才有可能写出优秀的史学著作。

中国古代史学史是中华学术史中的重要部分。中华学术史向人们展示的是：在学术上不是一种声音，而是"和而不同"多种声音的协调组合。中国古代的思想家们几乎同时也是史学家，他们善于相互辩论又相互吸收，逐渐形成了不同的学派。所谓学派是指在史学研究中逐渐形成的关于史学理论、史学方法与史学传承方面的综合表现。这种学派性历来受到思想家们的重视，清初思想家、史学家黄宗羲在《明儒学案·发凡》中有这样的话：不同学派有"相反之论，学者于其不同处，正宜着眼理会，所谓一本而万殊也。以水济水，岂是学问!"我国近代史学大家梁启超在《清代学术概论》一书中对于学派有深刻的论述。

中国近代史学，伴随着"新史学"的开始和取得重要的研究成果，形成了一些史学学派。在此基础上，20世纪20年代中期至30年代初，产生了中国马克思主义史学。马克思主义史学家的代表如郭沫若、吕振羽、范文澜、翦伯赞、侯外庐，被人们称为"史学五老"，他们都坚持用辩证唯物论与历史唯物论作为指导，来研究中国社会史、政治史、民族史、学术史、思想史等，虽然指导思想一样，但是在具体的学术观点上却有所不同，而文字的表述也各有特色。这表明，辩证唯物论与历史唯物论不是简单的公式，只要按照这个公式计算，就会得出完全相同的结论。事实并非如此。辩证唯物论与历史唯物论是指史学研究在理论上和方法上的指导，当它被运用于史学研究中的具体问题，面对浩瀚的史料和复杂的历史社会关系，必然有不同的理解，出现不同的观点(众所皆知，郭老与范老在中国古代社会分期问题上就有不同的观点)。不同学术观点的相互讨论和学术批评，会有助于达到新的更高层次的认识。因此，中国马克思主义史学中产生学派，这并不奇怪。这种现象可以理解为中国古代史学学派精神的传承和发展，也可以说是马克思主义史学理论创新和方法创新的必然结果。

学派的形成，不取决于著述的多少和人数的多寡，而在于研究成果的科学性，即学术的广度和深度，以及研究者精神的自得。在我国当代马克思主义史学中有所谓"侯外庐学派"之称，侯外庐主攻中国社会史与中国思想史，他在回忆录《韧的追求》中有这样的表述："在学术史研究上重视独立自得的精神，是我治学所一贯秉持的。我认为，解决疑难只有在现象的背隐处去发掘，个人之自得愈深刻，则本质的意义愈能表露。故自得亦即所谓'资之深，取之左右而逢其源'者是。"①可见，"自得"是研究者的主观与研究对象相符的一种精神境界。

二

史学学派是史学学术繁荣的标志，它不是由课题"招标"而形成，也不是由专家"评审"而成立，而是由于史学家在学术上的创造精神及其成果得到了史学界和社会的公认。因此，学派不能一蹴而就，要经过史学家的长期研究、积累，才能开花结果，也就是说，其形成既要有主观条件，也要有客观条件。鲁迅先生在《未有天才之前》一文中说，如果希望有天才出现，先去培养天才的土壤。这是千真万确的，史学学派的出现，在大学需要创造一个适合于学术发展和学派形成的良好文化环境。从目前情况看，我国大学，甚至是最好的大学在这方面也还有不足。

那么，问题在哪里？已有许多教育专家指出，高等教育的行政化，可能就是当前我国大学的主要弊端，其种种表现在网络上和媒体上已有不少评述，这里我不想重复。就我自己在大学工作的体验来说，我感觉到，当前大学的行政权力越来越大，而学术研究的空间并不开阔。这就引出了一个问题：这与大学精神是否相符？我这里虽然只说了短短的一句话，但是它包含的内容并不少。我只想指出这么一点：大学行政权力过大，如果缺乏强有力的监督，肯定会造成学术不端和经济犯罪，而且直接间接地削弱着学术的生命力，这已有一些事实证明，并非危言耸听。针对这种弊端，有的大学正在进行改革。我从媒体上看到，吉林大学不久前进行学术委员会和学位委员会改组，有些与学术无关的校行政领导人员退出学术委员会，由在第一线的教授们独立自主地去解决学术本身问题。这本来是天经地义的事，可是在今天却要从头做起，不过，这毕竟是一个好的起点，我

---

① 侯外庐：《韧的追求》，269 页，北京，生活·读书·新知三联书店，1985。

希望吉大取得成功。

至于我国哲学社会科学的评估体系亟须改革，几乎成为大学文科教师的共同愿望。可惜的是，这方面的进展太慢。当前我国大学哲学社会科学的评估方式，尚未完全摆脱"量化"的框架，片面追求论文数量的状况普遍存在，而这些论文有没有科学价值似乎并不重要。有了论文的数量就能评职称，可以和个人利益挂起钩来。这方面的弊端已影响到哲学社会科学人才的培养，是到了非彻底改革不可的地步了。

还要指出，各大学关于硕士生、博士生在论文答辩前必须在"核心期刊"或"权威期刊"上发表文章的规定，从教育部所发关于研究生培养和学位条例的文件中找不到来源，据说"始作俑者"是某名校。若干年来辗转相传，好像没有这一条就是不注意研究生培养似的，于是今日我国所有大学、所有硕士和博士授予点都有这么一条规定。由于学科繁多，各有特色，我不敢说这种规定不适合自然科学和哲学社会科学的所有学科，但是我敢于负责任地说，它完全不适合史学人才的培养。如果有同志有兴趣，请你们估算一下，我国当今可以发表史学论文的"核心期刊"有多少，每年可以发表多少篇史学论文，再算一下我国目前在读的史学硕士生和博士生有多少，如果要求他们每人发表 2～3 篇论文，有没有那么大的篇幅？这是一个简单的算学问题，不难得出应有的结论。面对这种情况，硕士生、博士生不得不请老师"帮忙"，而且他们自己不得不走非学术化的道路，千方百计地使自己的文章立即发表，等等。而不少学报和刊物恰好瞄准这个机会，向硕士生、博士生收取所谓"版面费"……更加重要的是，对于史学博士生的培养，其科学研究水平的提高，主要应当看他们的博士论文，使他们在写博士论文的整个过程中受到严格的科学研究训练，何必分心费神地离开学术主旨而去寻找发表两三篇文章的版面呢？

上述规定也受到外国评论家的批评，例如，新加坡国立大学东亚研究所所长郑永年，今年 5 月 19 日在《新加坡联合早报》上发表的一篇论述中国教育改革的文章，其中有这样的话："……中国教育评估体系就是这样，把世界上的东西拼凑在一起。尽管是向西方学习，在西方学校也会鼓励博士生去发表文章，但绝对没有像中国那样硬性规定博士生要在特定的刊物上去发表文章才能毕业。类似的荒唐不堪的例子数不胜数。名目繁多的学术恶性腐败也因此而产生。"①这位外国评论家的话说得有些重，但不无参考价值。

关于史学人才的选拔，这是有关史学前景的重要问题，不能不议。当前许多大学都有这样的规定，博士生进大学做教师，有若干条件，其中之一是：他读的本科是哪一类的大学？如果本科不是"211"大学，也不是"985"大学，那就免进。我担心把这样的条件作为"制度"，弄不好就会导致错失人才的结果。我的看法是：人才的创造力与发展潜力，与他本科毕业的院校并没有必然的联系，决不意味着一个名牌大学本科毕业的学生，就一定会成为优秀人才；反过来，那些普通大学毕业的学生，甚至没有任何学位的人，其中不乏真正的人才，在适当的机遇下，经过他们自身的努力，也会做出很大的贡献。因此，对于人才问题不可以用一种简单的方式来对待。2009 年 4 月 23 日，复旦大学经过专家考核和招生领导小组讨论，把 38 岁只有高中学历的蔡伟列入这一年博士生录取名单（专业是古文字学），在全国高校引起关注，认为这样做很好。总之，大学引进人才，其人事部门制定相关的规定是有必要的，但是在实践中不能硬性执行，要认识到，制度的设计是为选拔人才服务，目的在于选择优秀人才，在具体运作的过程中应多听学者专家的意见（向复旦大学学习，他们录取蔡伟，充分征求了古文字学家裘锡圭教授的意见），不要使制度成为选拔引进人才的障碍。

从以上论述，我认为，我国大学史学繁荣与史学学派的建立，至今尚缺少理想的学术环境。人们热切地期望：通过深化改革，使我国大学成为培养优秀综合素质人才、传承与创新学术的场所，这样我国史学未来的展望才能真正实现。

三

长期以来，由于多种原因，我国大学关于史学学派的观念已经淡化，甚至被人们忘却，这十分可惜。在我国一些著名的综合大学，原本是有史

---

① 见《参考消息·海外视角》，2009-05-21。

学学派的，这种情况至今还深印在我国老年史学学术工作者的头脑中。对此，我想举一个例子：2009年5月8日，北京师范大学历史学院主办"白寿彝先生百年诞辰学术研讨会"，史学界许多老同志都去了，大家公认，在北师大史学园地里有两位史学学派的开创者，一位是陈垣先生，他的史源学堪称为学派；还有一位是白寿彝先生，他的中国史学史研究无疑具有学派特色。在很长一段时间里，学者们没有从"学派"的角度去研究他们的史学遗产，因而其传承与发展或许会受到一定的影响。今天史学家们把他们与学派联系起来，可以肯定，这会有助于进一步认识陈垣先生和白寿彝先生对于史学研究的贡献。

历史机遇十分重要。我国在国际上的和平崛起，中华文化走向世界，这已经不是一个前景问题，而成为当前必须加以实践的任务。无疑的，在中华文化中不仅有古代优秀文化，而且包含有20世纪以来中国近代和当代的学术文化成果，这些在世界上或许会受到更多人们的关注，因为人们想了解经济建设上的"中国模式"，必然会关注其政治、文化等与经济的相互关系。总之，中华文化走向世界的客观需要，会提高我国史学家们的学术自觉性和学派自觉性。从这个意义上说，我们有幸遇到了一个千载难逢的时机。

从2009年10月举行的教育部社会科学委员会史学学部的学术研讨会上可以看到，史学家们的发言有不少与学派问题有关。例如，葛剑雄教授在《中国历史地理学研究与学术国际化》的发言中，强调说："中国历史地理学如果要贡献于全人类，要为国际学术界所承认，必须走向世界。"这就必须论及谭其骧先生在复旦大学开创的历史地理学派（还有陕西师范大学以史念海先生为代表的历史地理学的另一个学派）及其发展。还有，马克垚先生在《我国世界史学科发展路径管窥》的发言中，呼吁："30年来，世界史学科得到了前所未有的发展，现在的问题是如何才能建立我们自己的学科体系，争取世界史论坛上的话语权。"马先生所说"中国自己的世界史学科体系"，就包含有建立世界史中国学派的内容。由此看来，我国史学面向世界，不能不谈学派问题。随着我国大学深化改革的进展，以及大学学术精神的提升，加上我国史学家们的学术创造，可以肯定地说，中国史学走向世界一定会实现。

（作者为清华大学历史系、西北大学中国思想文化研究所教授）

关于历史知识社会化的几个问题

瞿林东

一 优良的传统

在中国史学上，有重视历史知识社会化的传统，至晚在明代，史学获得了更加丰富的通俗形式。大致说来，明代学人在使史学取得通俗形式方面所做的工作，是对前人历史撰着的节选、摘录、重编，由此而产生出来的节本、选本、摘抄本、类编本、重撰本等，名目繁多。

关于节选旧史，有通史和史论。马维铭撰《史书纂略》220 卷，取"二十一史"本纪、列传，各撮取大略，依通史体例，汇成一书。姚允明撰《史书》10 卷，自三皇迄于元代，采集史文，节缩成书。关于史论，有项笃寿的《全史论赞》82 卷；有彭以明的《二十一史论赞辑要》和沈国元的《二十一史论赞》，各 36 卷，都是节选历代正史史论会辑成书。这一类书，未可作为著作看待，它们的产生，都是因旧史分量繁重欲求其简。从这一点看，它们还是反映了社会的需要。

关于摘抄旧史。明人的史钞，既多且杂，摘抄的内容大多因人而异，也有一些史钞，是反映了摘抄者的兴趣和目的。如茅坤的《史记钞》91 卷，是删削《史记》之文并略施评点，反映出摘抄者对于古文的兴趣。杨以任的《读史集》4 卷，是摘录、编辑诸史中事迹之可快、可恨、有胆、有识者，分为 4 集，每条之下略缀评语。有龚一柱序，称："古今记载皆史也，要皆出于喜怒哀乐之自然者也。夫是，则率性是史，又何俟读？读史者，古人先我而明其性，我后古人而鉴其性也。"①这大致写出了编录者的目的。这一类书中，对传播完整的史事起不了什么作用，但毕竟还是扩大了史书的社会影响。

明代学人也有不少改编旧史之作，虽然总的面貌并不突出，但也往往有创造性的因素。其中，按编年体写成的，如丘浚所撰《世史正纲》32卷，起秦始皇二十六年，迄明洪武元年，以着世变事始之所由，并随事附论，全书用意在于专明正统。还有是按类书形式改编的，如唐顺之撰《史纂左编》124卷，以历代正史所载君臣事迹类辑成编，全书分君、相、名臣、谋臣、后、公主、戚、储、宗、宦、幸、奸、篡、乱、莽、镇、夷、儒、隐逸、独行、烈妇、方技、释、道共24门，而意在取千古治乱兴衰之大者，着重着其所以。这书所介绍的只是一些片断的历史知识；不过它立意还是可取的，历史教育也需要这样的书。

明代史学的通俗形式，有一些是属于蒙学、乡塾读本。顾锡畴撰《纲鉴正史约》和梁梦龙编《史要编》二书，是这类书中较有特色的。《纲鉴正史约》36卷，编年纪事，大致反映出历代历史梗概。"纲鉴"，是分别取《资治通鉴纲目》和《资治通鉴》二书各一字为书名。后来清人吴乘权等撰《纲鉴易知录》，或许是受了这书的影响。《史要编》10卷，作者杂采诸史之文，为正史3卷、编年3卷、杂史3卷、史评1卷。其自序称："全史罕睹，启惟北方？是编也，上下数千载，盛衰得失之迹，大凡具在。"②这书的编者，有两个意图，一是传播简要的历史知识，二是希望读者粗知史学的表现形式。编者的这一用意，在今天看来仍是可取的。明代还有一本蒙学读物，是在当时和后来直至近世都产生了很大影响的，这就是程登吉编的《幼学琼林》。这是关于中国历史文化知识的极通俗的读本，它用对偶句子写成，大致也能押韵，读来朗朗上口，饶有兴味；既能识字，又能增长知识。这种蒙学读本的形式，在今天仍可借鉴。

---

① 龚一柱：《叙读史四集》，见杨以任《读史集》卷首，《四库全书存目》史部第148册，济南，齐鲁书社，1996。

② 梁梦龙：《史要编叙》，见《史要编》卷首，《四库全书存目》史部第138册，济南，齐鲁书社，1996。

总的来看，在史学的通俗化方面，明代学人是作出了努力的。这些用比较通俗的形式写出来的史书、读本，对史学自身的发展很少有直接的意义，但对史学跟社会的结合确有一定的积极作用。

清人吴乘权编纂的《纲鉴易知录》也是当时较好的一部通史性质的通俗读本。

新中国建立以后，史学工作者致力于历史知识的社会化，做了大量工作。其中影响最大的当是吴晗主编的《中国历史小丛书》和《外国历史小丛书》，至"文化大革命"前，各出版了百余种。这两套"小丛书"旨趣严肃、健康，形式活泼，定价便宜，深受大学生、中学教师和广大史学爱好者的欢迎，至今使人难以忘怀。当时参与这两套小丛书编委会的史学工作者，可谓极一时之选，名家占了绝大部分，也有少数青年才俊参与工作，从而受到锻炼，后来也纷纷成为名家。这是有益社会、有益史学工作、有益培养人才一举三得的史学工程。其活动宗旨、工作形式、社会效益，在今天都值得借鉴。笔者希望有这种能力的部门，聘请或委托有关学者，把这一有益于社会的工作加以继承和发展，使历史知识社会化和历史教育工作符合当今时代的要求。此外，中国青年出版社出版的《中国历史常识》，也是很好的通俗读物，受到广大读者欢迎。

改革开放以来，在历史知识社会化方面，有关部门也曾做了不少努力，如20世纪80年代关于"祖国丛书"的编写，作出了一些成绩，但未能产生更大的社会影响。一是工程浩大，二是有赶任务的性质，三是组织工作没有跟上等原因所致。其中有经验，也有教训。我个人认为，像"祖国丛书"这样的工程，做好了是很有意义的。又如任继愈先生主编的《中国文化史知识丛书》（商务印书馆，20世纪90年代初出版），选题很活泼，也有不少名家参与撰写，每册五六万字，用四号字排印，长条小32开本，极便于携带，适合于大众阅读。可惜此书未得到广泛介绍、宣传，影响受到很大限制。笔者建议，可否在适当时候，由出版社出面请作者们稍作修改（不增加篇幅），一次性推向市场，亦不失为一件盛事。

此外，还有一些严肃而又通俗的历史知识社会化的读物，这里就不一一列举了。

二 面临的问题

自 20 世纪 90 年代以来，我国的历史知识社会化问题，一方面仍有不少健康的作品面世，另一方面则出现了步入误区以至歧路的倾向，成为许多史学工作者为之忧虑的一个现实问题。

误区之一，是部帙越来越大。有的插图本通俗历史读物，16 开精装，一部书动辄三四册，过于"厚重"，不用说不便随身携带，即便坐观，也很不方便。这同吴晗主编的两套小丛书，每册一两万字，二三十页，小 32 开本比较起来，差别太大了。就是任继愈主编的《中国文化史知识丛书》，每册也只有五六万字，极便于携带、阅读。时下这种追求"厚重"的"豪华"本的通俗历史读物形式，是不可取的。

误区之二，是宗旨的模糊。历史知识社会化，或者说历史知识的普及，其主要的宗旨是什么？这是一个带有根本性的问题。一般说来，历史知识的社会化，其宗旨是为了使广大公众了解历史知识及其所包含的经验、智慧，从而提高自身的修养，以积极的态度参与当前的历史运动和社会创造活动。此即古人所总结的那样："君子以多识前言往行以畜其德"①，是为了"彰往而察来"②。古今历史条件不同，对历史内容的理解也不尽一致，但其宗旨都是为了提高人们的精神品质和综合素质。对于当今的现实来说，促进全民族的民族素质的提高和对历史前途的认识当是历史知识社会化的重要目的所在。因此，其社会效益是基本出发点而不应有所模糊。当然，由于市场经济成为当前价值取向的主要标尺，而这标尺不可避免地用来衡量历史知识社会化的各种产品，从而"经济效益"的标尺起着越来越突出的作用，以至于超出了甚至取代了社会效益的作用。这样一来，历史知识社会化的通俗读物本是"以人为本"便蜕变为"以钱为本"了。对于这一现实，不论是学术界、出版界、读书界以至于各种传媒，都是无可讳言的事情。总之，对于历史知识社会化主要宗旨的模糊，实为当前历史知识社

① 《周易·大序》，见阮元《十三经注疏》上册，40 页，北京，中华书局，1980。
② 《周易系辞下》，见阮元《十三经注疏》上册，89 页。

会化的一个重大误区。

然而，比误区更为严峻的问题，是一些所谓通俗"历史读物"正步入歧路，其危害更甚于我们所说的误区。

歧路之一：不尊重历史

中国历史是中华民族世世代代所创造的业绩与辉煌，是中华文明发展的步履与行程。江泽民指出：

> 以史为鉴，可以知兴替。中华民族历来重视治史。世界几大古代文明，只有中华文明没有中断地延续下来，这同我们这个民族始终注重治史有直接的关系。几千年来，中华文明得以不断传承和光大，一个重要原因就是我们的先人懂得从总结历史中不断开拓前进。我国的历史，浩森博大，蕴含着丰富的治国安邦的历史经验，也记载了先人们在追求社会进步中遭遇的种种曲折和苦痛。对这个历史宝库，我们应该运用历史唯物主义的观点不断加以发掘，在前人研究的基础上不断作出新的总结。这对我们推进今天祖国的建设事业，更好地迈向未来，具有重要的意义。①

对于这样的历史，任何有责任感和有正确态度的中国人，都应对它表示尊重，因为只有尊重，才能从中获益，才能负责任地把这些教益传递给后人。这应当是我们遵循的基本原则。

近日读到复旦大学出版社总编辑贺圣遂先生一篇文章《了解吾国吾民的普及文本》，文中写道：

> 作为中国人，如果只能从《明朝那些事儿》、《两宋风云》这类普及性阅读文本中了解国人的历史、文化和情感，我觉得是很可悲的！
>
> 一个民族的生存、发展、壮大，离不开最基本的民族精神的记忆与凝聚。

---

① 《江泽民给白寿彝同志的信》(1999-04-25)，载《史学史研究》，1999(3)。

一个民族的文化精华与民族情感，只有在从古到今的不断承续中才能发扬光大。

一个民族的成员，只有经常重温有关本民族的基本信息，才能对本民族的文化有更深的理解、认同和尊重，增强历史责任感，自信地与异质文明和文化平等交流，从而得以自尊地立足于世界民族之林。

我们有很多准确表述中国的著作，但遗憾的是，这些著作或由于语言文字(古文)问题，或因为篇幅过大，使置身于当前快节奏生活中的人们无暇顾及。广大的读者，更多的是从电视、电影等不太认真和不太客观准确的艺术作品中了解中国的历史与现状，这对于传承中华民族的优秀文化、塑造中国人的灵魂与思想是极为不利的。①

读了这些文字，引起笔者的强烈的共鸣。作者是为推荐"我们的国家"丛书而撰写此文的。但我认为这不仅仅是一种介绍性的文字，而是反映了一个出版家的民族责任感。日前和学生们逛书店，发现不仅是《明朝那些事儿》，就连历朝历代的"那些事儿"也都赫然映入眼帘。可见"英雄所见略同"，而"那些事儿"写起来也真容易，至于其宗旨，则可以心照不宣。

大约半年前，同一些同仁研讨"二十四史"的有关问题。中国社会科学院的一位研究员针对《明朝那些事儿》的书名，大发感慨，说是对待祖国的历史，怎么能够以这种极不严肃的态度和口气说话。我想，要是这位研究员见到《历史是个什么玩意儿》这本书，不知他会愤慨到什么程度。

毋庸置疑的是，对于祖国历史采取这种极不严肃、极不尊敬的态度和说法，甚至带有嘲弄与轻蔑的态度和口吻的，远不止这些。可见，这种把历史知识社会化引上歧途的现象，已经到了十分严重的程度了。

因此，我认为，问题并不在于"普及性阅读文本"本身，而是在于用什么态度、什么宗旨来撰写这些"普及性阅读文本"。同样毋庸置疑的是：在我们这样一个人口众多、教育并不十分发达的国家，严肃、活泼的历史普及读物给国民带来的益处之多，和不认真的、不准确的甚至是有太多错误

---

① 《中华读书报》第23版，2010-04-23。

的"普及性阅读文本"给国民带来的危害之大，这种不同的效果都是值得关注和深思的。我们不应苛求任何学术研究产品同普及读物文本没有一点错误，那是难以做到的；问题在于作者的态度和"心术"，在于作者所遵循的宗旨。

歧路之二：是曲解历史，编造历史

怎样讲述历史？这是历史知识社会化不能回避的问题。一般说来，从宏观方面看，讲历史上的治乱兴衰，讲社会历史的"进化"，讲历史发展的规律。当然，这一类问题不容易讲，因为这不仅需要具备正确的历史观和方法论，还要具备丰富的历史知识和"通古今之变"能力。但是，如果这一类问题讲得好，对读者的启发是很重要的。从微观方面看，讲历史人物和历史事件，不论是历史人物的功过是非，以及历史事件的始末原委，还是人与事的结合，都比较具体，容易把握，可以把人物讲得栩栩如生，也可以把事件讲得跌宕起伏，因而是普及读物文本最为常见的内容。

在这方面，一些"普及读物文本"出现的歧路有种种表现：一是把历史的进程讲成是阴谋与奸诈争斗的历史、私欲与争宠较量的历史、秘闻与怪异汇集的历史，等等。二是脱离特定的历史背景和政治形势，针对具体的人和事作"翻案"文章，以是为非，指非作是，混淆视听，把原本大致明了、清晰甚至已成定论的历史事实，说得模棱两可、黑白难辨，使许多受众迷惑不解，以至于对历史产生错误的认识。三是编造历史，随意妄说，甚至把传说中的"历史人物"加以"现代化"，并饰以连同绯闻在内的种种故事，从而在编造历史、糟蹋历史的歧路上走得太远了。

歧路之三：是原则性的错误

中国自古是一个多民族国家，而自秦以后则是一个不断发展的统一的多民族国家，尽管中间也出现过分裂局面，但统一的多民族国家的历史趋势是没有改变的。这一点，稍有历史知识的人都是知道的。然而，有一本号称是"开启全民学史新潮流"的"历史书"，竟然把明朝称为"最后的汉王朝"，把清朝称为"异族终结者"①。这是不是要表明明朝是"汉族"的历史或

---

① 袁腾飞：《历史是个什么玩意儿》，195 页、217 页，上海，上海锦绣文章出版社，2009。

"汉族"的王朝，清朝是"异族"的历史或异族的王朝？中国历史发展到今天，人们对中国历史的认识也随着时代的进步而在不断地提高，这本"开启全民学史新潮流"的"历史书"，在民族关系问题认识上和朝代历史问题认识上，居然对明、清两朝的历史或朝代做这样的表述，不能不说是一个原则性的错误。书中还把蒙古族的兴起说成是"又一匹来自北方的狼"，把元曲《窦娥冤》中的唱词"你不分好歹何为地，你错勘贤愚枉做天"说成是"外国语骂街"①，等等，都是这种极其错误的民族观的反映。至于此书中的刻意古今混淆、中外混淆的文字游戏，可谓俯拾即是。如果我国的"全民"果真以此书作"教材"形成"学史新潮流"的话，那就只有一个前途：不知历史为何物，更谈不上为什么要学习历史，以及中国历史的价值何在。

三 几点建议

在简略地阐述了优良的传统和面临的问题的基础上，我想提出几点建议供有关领导部门和学界同仁参考。

第一，建议把历史知识社会化问题或者说历史知识的普及问题，纳入有关部委和全国社科基金资助项目，进行全面的和深入的研究，并大力推广和宣传这些研究所得的优秀成果，使它们在社会上产生应有的广泛影响。

第二，建议史学界同仁关注这方面的问题，结合专业开展这方面的研究，举办与此有关的研讨会，相互交流，不断促进我们自身认识的提高，同时也促进媒体对这个问题的重视，以有助形成正确对待历史知识社会化的良好氛围。

第三，建议省部级及国家各种图书评奖活动，增设或加重通俗历史读物的比例，鼓励专业的和业余的作者撰写的优秀通俗历史读物。

以上三点，如能在"十二五"期间予以实施，则历史知识社会化的局面将有可能大为改观。

---

① 袁腾飞：《历史是个什么玩意儿》，179 页、192 页。

第四，专业工作者和业余爱好者，更多地开展评论：对优秀的历史普及读物，评论其优点何在，还有什么可以改进的地方。对历史普及读物中在学术观点上有歧异的地方，可以在评论中进行商榷，使评论者和被评论者以及读者都有收获。对学术观点存在严重错误的历史普及读物或影视媒体上的演讲，有必要提出严肃的和说理的批评，指出其错误之所在，以减少以至杜绝谬误流传、贻害公众，也使当事者知错改错，接受教训。所有这些评论，都应是善意的和严肃的。例如：

前不久《中华读书报》发表一篇题为《〈易中天品读汉代风云人物〉误解误译举例》的文章①，从"古代的常用词语和常见的文化现象"，指出易著中的许多错误，言辞平和，态度诚恳，读来颇有启发。

又如：《群言》杂志 2009 年第 5 期，在"文化漫笔"栏目中，发表了陆昕的一篇短文《史学与八卦》。此文所评论的对象颇有代表性，不妨作一些引证，其起首两段文字是：

> 报载，明星学者纪连海在某电视台讲大禹三过家门而不入是因为婚外情，甚至连大禹的婚外情人送给他的定情物是什么，大禹编造了什么谎言来欺骗妻子等都考证了出来。奇怪的是，我国有文字记载的历史是从西周开始，最早的文字甲骨文，也只是商代。而大禹的时代远在这两个时代之前，并且大禹也只是神话传说中的人物，纪先生根据什么文献资料考证得如此周详，不禁令人生疑。

> 我怀疑这又是八卦史学的表演，如此说并非空穴来风。纪先生在百家讲坛某次讲学中谈到乾隆时向天下藏书家征求书籍，谕旨中有句话"付之梨枣"。纪先生解释这句话是，赏这些藏书家们点小钱，买点梨呀枣的吃食去。

这里，作者的第一段文字，是批评杜撰历史的无稽之谈；第二段文字，是批评文字解读上的讹误。我想，作者的评论当有所据，而不愿让自己的文

---

① 李蓬勃：《〈易中天品读汉代风云人物〉误解误译举例》，《中华读书报》第 10 版，2010-02-03。

章被人反讥为"八卦文章"的。

作者对"八卦史学"的批评不止于此，他继续写道：

> 如今，八卦史学越演越烈，什么孔子是私生子，关公本性好色，李白有许多古惑仔的癖好，李清照好赌好酒好色——被考证、推断、研究出来，并被标以"通俗史学"，仿佛只要如此一标，便可对古人无论怎样考证皆能畅通无阻。
>
> 这是通俗史学？还是恶搞史学？

应当指出的是，作者所举出的这些"八卦史学"之例，有些并非出于史学工作者之手，因为史学工作者（包括擅长于考据的史学工作者），多数人都没有这样的"胆量"和"气魄"。但是作者提出的两个问题："这是通俗史学？还是恶搞史学？"这的确会使史学工作者感到困惑和震撼。因为"八卦史学"种种，时时都会有一件"史学"的外衣。正因为如此，为了捍卫史学的尊严，评论就成为非常必要的了。

（作者为北京师范大学史学理论与史学史研究中心教授）

时代变迁与中国古代官僚政治制度研究

阎步克

　　历史研究的主题、视角与方法，并不仅仅是学术自身推进的结果，往往与时代变迁相关。两千年帝制崩溃前后，中国在与西方的历史竞争中处于全面劣势。在相当一段时间中，"传统—现代"视角是中国史研究主导视角，人们把大量努力，投入到最能体现进化与变革的"分期研究"之上，以服务于进化与变革的时代需要，而且，各种分期模式异彩纷呈。日本学者内藤湖南、宫崎市定等参考西方历史，采用文化史观，把中国史分为古代、中世、近世三大段；郭沫若为代表的中国马克思主义史学家，则在唯物史观的指导下，运用原始社会、奴隶社会、封建社会等概念为中国古代分期。面对各个阶段，人们也在努力凸现其时代特殊性。诸多重大问题，由此被揭示处理。宫崎市定曾经说过，对历史最好的理解，往往产生于历史分期问题讨论的开始和终结。这一番话，可谓对 20 世纪"分期论""变革论"的一个精彩评价。

　　在 20 世纪，变革图强的历史需要，深刻影响了中国传统官僚政治研究的态度与视角。对皇帝专制与传统官僚政治的否定越彻底、批判越尖锐，就越能凸现变革的必要性与迫切性。一位先生曾承认，他在 1949 年前的著作中谴责秦始皇，含有影射蒋介石独裁的目的。"文化大革命"结束后，人们随即将之视为一场"政治灾难"，并把它与"封建专制"的历史传统联系起来。1981 年中国共产党的《关于建国以来党的若干历史问题的决议》："长期封建专制主义在思想政治方面的遗毒仍然不是很容易肃清的。"邓小平也承认："旧中国留给我们的，封建专制传统比较多，民主法制传统很少。"此后又有一批著作，以批判"封建专制主义的遗毒"为宗旨，来阐述中国传统政治制度。

当然在 20 世纪，也有像钱穆先生这样的学者，怀着"温情与敬意"。力辩传统中国政治不算专制政治，至少明清以前不算，甚至还是一种"中国式之民主政治"，因为有相权、有科举、有完善的政治制度，等等。本来，在古希腊学者那里，"民主"与"专制"各有利弊，不必定谁优于谁。然而在近现代民主化潮流中，"专制"（despotism）被赋予了浓厚贬义。钱穆力驳"中国专制说"，就以"褒"来对抗"贬"。近年随"中国的崛起"和国人文化自信心的增强，又有若干学者，提出把两千年帝制称为"专制"，来自西方人对中国历史文化的贬低，认为"中国专制说"并没有经过事实验证。

认为帝制时代的中国政治是专制的，而且是应加谴责的，或者认为帝制时代的中国政治不是专制的，而是理性、明智的，都含有强烈的价值判断，及政治的、文化的甚至感情的考虑。正如学者所论，中国思想文化的特点之一，就是"同真善"。这对中国史研究也产生了深刻的影响。学术研究的目的，被认为是促进社会进步。诸子百家著书立说，其目的就是"俱欲为治者也"。人们在作出每一个"真伪"判断之时，几乎立竿见影地同时就进入了"善恶"判断。"事实如何"的思考与阐述，跟"应该如何"的思考与阐述，如影随形。

为变革的需要而"贬"，或为"弘扬"的需要而"褒"，提供了两种不同色调的传统政治图景。当然也存在另一种"真善两分"的思考方式。这不是说史学家只管"真伪"不管"善恶"，而是说"事实如何"与"应该如何"的问题，清晰区分开来比较好。在我们工作过程中，至少要有一个"价值中立"或"价值无涉"的阶段，在这个阶段，无褒无贬而仅仅求真。在这个阶段完成之后，再考虑别的。"真"与"善"离则双美，合则两伤。

就"专制"问题而言，我认为并不是一个"事实验证"的问题，而是一个理论问题，即政体类型学的问题。传统中国政治如何定性，一百年的研究所揭示的事实，其实已足够充分了。问题在于，在人类史上的各种政体中，是否可以划分出一种"专制政体"，其特征是权力的高度集中化，并且君主有权支配臣民的人身？进而，把帝制中国划入这种政体类型，是否便利于凸现不同政体的特点？如果中国皇帝这样的巨大集中化权力不算专制，那么人类史上的专制政体就不会有太多了。已有学者提出，"专制"不一定含有贬义，它只是人类历史上出现过的一种政体类型。虽然孟德斯鸠用"为所欲为"与"恐怖"来定义"专制"，包括"中国专制"。但魁奈对"中国专制"的理解，就不相同，并不是"为所欲为"与"恐怖"。黑格尔强调了中国专制的家长主义性质，马克思的看法与之类似。家长主义（Paternalism）体现了"政府强制性的爱"，"家长主义立法"的出发点，就是"这样做是为了你好"。就"父爱"而言，"专制"就不一定是暴政、暴君的同义词，它也可能是温情脉脉的. 一位"为民父母"的君主，有可能仍是专制君主，但不是暴君。此外，钱穆提出的相权问题、士人问题、科举问题，在认识"中国专制"时，也都是非常值得深入讨论的，虽然钱穆本人对"专制"的理解相当粗糙贫乏。不过问题的关键还在于，历史认识从来就不仅仅来自学术的内部推进，而且在宏观上受制于时代政治、文化、心理与感情的变迁。可以推测，随"中华民族的伟大复兴"，愿意使用"专制"一词描述帝制中国的青年学人，将越来越少。

21 世纪以来，"中国崛起"已成为一个可以展望的历史前景。中华文明在近现代之交的百年历史低谷，即将成为过去. 就四千年的文明而言，一百年历史并不算长。目前正在"中国特色"的独特政治体制之下，沿着自己的道路成功崛起，走向繁荣强大，并将进入世界强国的行列。对这个体制的独特性与经济增长的重大相关性，经济学家、社会学家已提出了各种解释①。国外学者也关注中国历史发展的内在逻辑，并预言中国将拥有一个不同于西方的未来。他们的评述，都凸现了中国国家政治体制在塑造社会面貌、支配社会变迁的巨大能动性。进而在回首历史时，对两千年政治体制和政治传统的现象影响如何认识，时代的变迁也推动人们新的思考。在谷底中反观中国史，与 21 世纪反观中国史，就有很多新的感受。20 世纪曾有一种看法，认为中国古代发达的集权官僚体制是有现代性的，但这反

---

① 最近的讨论，不妨参看《十学者纵论中国道路》，载《中国社会科学报》A2 版，2009-07-01；北京大学中国与世界研究中心：《"人民共和国 60 年与中国模式"学术研讨会综述》，载《观察与交流》第 21 期，2009-05-15。对中国崛起过程中政府与政治体制的巨大作用，学者给予了充分强调。

而阻碍了中国的民主化与现代化。然而到21世纪初我们看到，改革的成就证明了中国式的集权政治体制，在推动现代化上也展示了强大能力，尽管曾历经曲折与探索。

西方教科书中通行着一种对中国史的基本认识：即大一统的连贯性和周而复始性。甚至以"王朝循环"为出发点，来叙述中国现代史。当然这遭到了新中国学者的批评，他们认为，新中国"宣告了'王朝循环论'的历史终结，开创了中国历史的新篇章"。但现代中国国家，与传统中国国家，是否完全没有历史的联系？中国历史的连续性是举世无双的，这也包括其独特政治制度传统的连续性。伊佩霞的《剑桥插图中国史》宣称将"试图着重勾画一两个有关中国的最紧要的问题：它的巨大和历史连续性"；余英时先生提出："中国文化的延续性是很高的。我们可从商周，下溯至明清，以至今日，在中国的土地上，一直存在着一个独特的政治传统。这个传统在秦以后便表现为大一统的政府。"

在今天，关注"连续性"有什么意义呢？历史学的主题，往往根植于时代主题之中。随"中国的崛起"，"中国特色"问题逐渐成了新的时代主题。拥有世界1/5人口、巨大幅员和数千年文明的中国，其在近代的"历史断裂"，多大程度上是一般现代化进程的一部分，多大程度上又将依其自身的历史逻辑前行呢？尽管经历了巨大"断裂"，但数千年的独特政治传统，是否仍不动声色地发挥着同样巨大的历史惯性呢？其发展的结果，将在多大程度上以西方现代国家为归宿，又将在多大程度上维持着"中国特色"呢？

所谓"连续性"，必然是就一个主体而言的。除了疆域和民族发展连续性，中国历史连续性的主体，就是它独特的政治体制与文化传统。假如把夏、商、周国家看成中国国家的1.0版，把秦以下的帝制看成中国国家的2.0版，那么近现代以来的巨大历史转型，也就是中国国家3.0版的形成过程。在这个过程中，中国国家体制的性能将全面提升，焕发出更大活力，但仍将保持"中国特色"，成为同一版本的升级换代。例如，解析两千年的政治等级体制，就能看到它以"品级、等级与阶级的更大一致性"为特点。这个体制塑造了一个金字塔式的社会形态，它是一元化的，又是复式的。王朝的品秩位阶在决定社会分层、塑造社会结构、引导社会流动、实施社会激励、分配社会利益、构建社会认知、沟通社会交流上，发挥了巨大作用。同时中国社会学家的研究显示，行政级别与行政设置，在决定当代中国的社会分层与社会流动上，同样发挥着巨大作用。在中国历史上，政治系统在塑造社会面貌上的权重特别大，为此在经济史观、文化史观之外，不妨尝试一种"制度史观"。我确信，中国古代的经济、文化、社会、民族等问题，最终都无法在旁置了政治体制的情况下，而得到合理解释。

20世纪中国史研究的主要方法之一，就是"分期论"。但进入21世纪之后，时代变迁提示人们，不妨把较多思考置于"连续性"之上；而政治体制，就是"连续性"的主体之一。这种提法也许会招致某种基于"本质主义"的批评，强调社会主义中国的政治体制与传统中国政治体制，在"本质上"是判然不同的，不得混为一谈。但在这里，更新思维方式也许是必要的。两千年的中国政治，并不都是一团漆黑、落后腐败；观察现实、未来与历史传统的相关性，是一个学术问题。可以先把弘扬、批判放在一边，而客观地、中性地看待这一问题。罗素有句名言："但是中国总是一切规律的例外。"果真会如此吗？我们尚不能确知。余英时先生说："史学虽不能预言，但史学家却无法不时时刻刻以未来为念。多一分对过去的了解，终可以使我们在判断将来的发展方面，多一分根据。"而我们是反过来看这个问题的：多一分对现实和未来的关怀，可以使历史研究多一些观察与思考之点。经济学家、社会学家对"中国道路""中国经验""中国特色""中国国情"的关注，是着眼于未来的。但历史的观察者也可以从中得到启迪。因为史学的主题，往往是与时代主题相关的；观察历史的方法与视角，往往是时代变迁所推动的。

（作者为北京大学历史系教授）

社会思潮与近代社会发展

——从中国近代社会发展看社会思潮的历史作用

茅家琦

中国近代面临的基本任务是克服落后、推翻封建主义统治、战胜帝国主义侵略、将国家推向富强。当年洪仁玕曾经提出"革故鼎新"的口号。我认为这个口号，用当时通用的语言，概括了上述基本任务的内容。本文拟从认识论的角度，对近代中国克服落后，走向富强的过程进行考察，讨论三个问题：(1)人的认识与社会发展；(2)晚清以来中国人民的认识与社会改革实践的发展过程；(3)两个值得思考的问题。

一 人的认识与社会发展

毛泽东在《实践论》中说："人们要想得到工作的胜利即得到预想的结果，一定要使自己的思想合于客观外界的规律性，如果不合，就会在实践中失败。人们经过失败之后，也就从失败取得教训，改正自己的思想使之适合于外界的规律性，人们就能变失败为胜利，所谓'失败者成功之母'，'吃一堑长一智'，就是这个道理。"①"国之情势，外察世界之潮流，兼收众长，益以新创"，就是这个意思。"内审中国之情势"，就是总结自己国家的历史经验；"外察世界之潮流"，就是接受他国的历史经验。这就是中国的一句古话："以史为鉴可以知兴替。"当年姚鼐说过：做学问，义理、考据、词章缺一不可。现在看来，还要加上一条——史鉴。研究学问，义理、考

① 毛泽东：《毛泽东选集》第1卷，284页，北京，人民出版社，1991。

103

据、史鉴、词章，缺一不可。

由于人总结直接历史经验和间接历史经验有一个过程，在这个过程中，往往受到若干主客观因素的干扰，因而有一个由不正确的认识到正确的认识的发展过程。与此相适应，人们改造客观世界的社会实践也有一个从不正确到正确的发展过程。由此可见，人的认识具有历史的相对真理性质；人按照自己的认识改造客观世界的历史也具有历史的相对真理性质。

这里所说的影响到社会实践的人的认识，不是指一两个人的认识。一两位先进人士的先进思想是很有价值的，但还不能形成一种改造社会的力量。当某种先进思想观念越出少数人的范围，获得多数人的接受，就形成一股社会思潮；当某种先进的社会思潮得到政治家们的赞同，并据此制定政策并付诸实践的时候，才形成一股改造社会的力量，从而克服落后，推动社会进步。本文所说的人的"改造社会的认识"指的就是这种社会思潮。在一定的历史时期以内，不一定只有一种社会思潮，可能有两种或多种社会思潮。由于各种因素的影响，最终有一种社会思潮成为人们社会实践的指导。

认识，准确地说，社会思潮主导着人类的社会实践。下面举两个例子。一个是中国古代的历史；另一个是西欧的历史。

在中国古代，历史发展可以验证上述观点。自从汤武革命开始，在中国各界人士中就产生一种根深蒂固的认识，并形成一种社会思潮——"改朝换代"。下层人士遭受沉重的压迫和剥削，进行反抗，要求换一个好皇帝。领导下层人士进行反抗斗争的上层政治家，往往乘机利用这种观念，主导人民群众的力量，推翻旧政权，自己登上皇帝宝座，实现改朝换代。在中国历史上，虽然有不少先进思想家批评皇帝专制制度，但是始终没有形成有力的废除皇帝专制制度的社会思潮。改朝换代了，人民仍然贫穷、痛苦，人们又将愤怒集中到贪官污吏身上，要求惩办贪官污吏，改革"吏治"。

在西欧，历史发展的进程比中国快得多。西欧国家历史发展的转折点是文艺复兴。在中世纪，专制王权与宗教信仰，严重束缚人们的思想观念。由于城市商品经济的发展，资本主义生产关系在欧洲封建制度内部逐步发展起来。与此相应，在文化上出现了摆脱专制王权和宗教信仰两重束缚的社会思潮，导致了文艺复兴，从而解放了人们的思想，弘扬了人们的理性。王权与神权的螺壳再也罩不住人们的思想观念，人生价值和尊严得到尊重，人性得到丰富多彩的发扬，"再向前去"代替了"休再向前"。

正是在这场解放思想、发扬个性运动的基础上，出现了批判重农主义与重商主义限制政策的束缚，建立自由经济理论体系的需要。亚当·斯密适应了这个历史需要，在1776年出版了《国民财富的性质和原因的研究》一书。正如王亚南所说："此书出版以后，不但对于英国资本主义的发展直接产生了重大的促进作用，而且对世界资本主义的发展来说，恐怕也没有过任何其他一部资产阶级的经济学著作曾产生那么广泛的影响。"①西方国家市场经济发展的历史，还向人们展示了一幅值得重视的画面：市场经济创造了巨大的物质财富，同时创造了一个强有力的资产阶级；资产阶级又培养了自己的政治家、科学家、思想家、教育家，提高了社会的民主、科学和道德水平，这就为建立民主宪政国家奠定了基础。

可以说，文艺复兴，思想解放，改变了人的观念，提供了人的认识，在西方出现了新的社会思潮。新的社会思潮促进市场经济的发展，西方国家因而走上富强的道路。

这些外国历史经验，长期以来，中国人民，从上到下，都是茫然无知的。

这样，既不能从中国本身的直接历史实践中总结出新的历史经验，又不能从其他国家的历史实践中吸取间接的历史经验，直到龚自珍时代，中国的政治改革仍然是"药方只贩古时丹"。这也就是人们通常说的中国历史发展"怪圈"形成的思想认识上的原因。

在西方，19世纪以后的历史同样证明正确的认识指导社会实践的重要作用。自1825年周期性的经济危机出现以后，暴露了自由放任的市场经济的严重缺陷。西方学者总结教训，逐步形成国家干预与市场经济相结合的方式，改变自由放任的市场经济。观念改变了，并且成为一股新的社会思

---

① 亚当·斯密：《国民财富的性质和原因的研究》改订译本序言，王亚南、郭大力译，北京，商务印书馆，1974。

潮。在这种思想指导下，美国总统罗斯福改变观念，实行"新政"，以对付20世纪30年代的全球性的经济危机。新的社会思潮的实践，取得了成就。《剑桥美国经济史》中，有下列两段论述："新政主要由三个部分组成：银行体系的改革、增加政府对生产的控制、开始建立社会'安全网'。前两项都始于著名的1933年'百日新政'。1933年第二季度，罗斯福向国会提交了大量的法案。这些法案开启了经济复苏，并重塑了美国经济。建立社会'安全网'的工作则在罗斯福的第二个任期开始。'第二次新政'则致力于将经济复苏带来的好处扩大到整个社会"；"20世纪30年代的大萧条和两次世界大战导致政府在经济中的职能范围大大扩张了。财政和货币机构类型的扩张、对计划政策控制手段的更多运用以及对公司和私人行为管制的加强，都是该世纪最显著的变化。它们使得2000年的美国经济与1900年有了很大的差别。"①这些历史事实也说明观念改变对历史发展的推动作用是不容忽视的。

人的主观认识是客观社会实践的反映和总结；人的认识有一个从不完整到完整、从相对真理向绝对真理发展的过程，因此，人们根据已经获得的认识进行改造社会的实践，也只具有相对真理的性质。这不是唯心主义的观念论，而是唯物主义的反映论、辩证唯物主义的反映论。

二 晚清以来中国人民的认识与社会改革实践的发展过程

1840—1842年鸦片战争以前，先进思想家已经认识到社会沦落到一个"衰世"。鸦片战争以后，更多的人认识到当时中国人民的主要任务就是克服贫穷落后、推动国家富强。但是如何克服贫穷落后、推动国家富强，却经历了一个长期探索和选择的过程，大体上有三个阶段。

第一阶段是"师夷""师夷长技以制夷"的认识得到实践，出现了拜上帝的太平天国农民战争和清朝洋务派官员发动的"洋务运动"。

第一次鸦片战争失败，先进的思想家提高了思想认识：中华大国闭关

---

① 恩格尔曼、高尔曼主编：《剑桥美国经济史》，高德步、王珏总译校，第3卷230页、"前言"1页，北京，中国人民大学出版社，2008。

锁国，已经远远落后于西方的英国。为寻找中国失败的原因，迫切需要了解英国、了解世界。林则徐主编《四洲志》、魏源主编《海国图志》、梁廷枏主编《海国四说》都适应了这种需要。《海国图志》提出"师夷""师夷长技以制夷"的思想，得到先进人士的首肯。

"师夷""师夷长技以制夷"思想的提出，意味着承认中国已经落后于西方；为了国家的富强，需要吸取西方富强的历史经验。这是认识上的一次飞跃。但是，这样的认识，一开始并没有被多数人接受。在鸦片战争后的20年间里，大多数人的认识仍然停留在官僚腐败、皇帝昏庸是社会落后的原因的水平。如刘蓉，还认为只要慎择将帅、选练精兵就可以战胜英兵。他猛烈抨击横征暴敛，官吏腐败。曾国藩也多次上书皇帝反映赋税沉重、民生困苦。19世纪50年代以前，人们改造世界的药方仍然停滞在"古时丹"的水平。

1851年洪秀全发动太平天国革命。这是一次反抗专制王朝的、改朝换代的农民战争，但是，它已经带有"师夷"的性质。

在洪秀全那个年代，西方基督教传教士在香港、广东一带的传教活动十分活跃。洪秀全从一部宣传基督教、宣传"独一真神唯上帝"的小册子《劝世良言》中得到启示。他根据儒家经书，验证了《劝世良言》中的观点，并由此得出结论：西洋富强的原因是崇拜皇上帝，不拜其他偶像，中国则反是。自秦始皇以后，中国历代皇帝妄自称"皇"称"帝"，又崇拜各种偶像，遭到上帝惩罚，因而中国落后。在洪秀全的宣传下，这种认识逐步在广西地区形成一股有力的社会思潮。在这种社会思潮主导下，发动了太平天国农民起义。洪秀全自称天王，拜上帝和传统崇拜的各种偶像遭到毁灭性的打击。可见，太平天国是一次农民战争，但是，它又是洪秀全总结中外历史经验教训、改变认识、推动中国进步的产物。洪秀全的总结错了，他对西方富强原因的认识错了、"师夷"的内容错了。但是在当时，这种思想认识的确指导着洪秀全的实践活动。进入南京以后，他深居宫中，"言天说地""不问政事"。李秀成向他提意见，他却对李秀成说："朕奉上帝圣旨，天兄耶稣圣旨下凡，作天下万国独一真主，何惧之有？……朕铁桶江山，尔不扶，有人扶．尔说无兵，朕之天兵多过于水，何惧曾妖者乎？"洪秀全这些言行完全是在拜上帝思想观念主导下的产物。以错误的认识指导社会实践，必然导致社会实践的失败。

太平天国后期的洪仁玕和晚清官员曾、左、李对西方国家的富强原因有了进一步的了解，对"师夷"的内容有了进一步的认识。

洪仁玕在香港前后七年，与外国传教士广泛交游，对世界形势和各国政治、经济及社会情况，有比较深入的认识。1859 年到达天京以后，他向洪秀全提出以《资政新篇》为主的一系列"革故鼎新"，建立"富强之邦"的方案。罗尔纲在《太平天国史》中写道：《资政新篇》"详细阐述了当时西方国家的历史和现状，指出当时世界上最先进的国家是英、美、法。……英吉利……于今称为最强之邦，由法善也。""它还指出世界上有一些国家昧于大势，守旧不变，因而国势衰颓，挨打受欺。"[①]《资政新篇》是吸取西方富强的历史经验，针对中国落后提出来的。"国家以法制为先"是针对"金口玉言""文字狱"的；"文以记实"是针对"八股文"的；学习西方"富强之邦"是针对"不可用夷变夏"的；自由贸易，"与番人并雄"是针对闭关自守的；鼓励工商业是针对"重农抑商"的。《资政新篇》传到清朝统治地区以后，得到有识之士的赞赏。赵烈文将它推荐给曾国藩，并对曾国藩说："其中所言，颇有见识"，"其长处颇能变通用之"，"观此一书，则贼中不为无人。志云：知己知彼，百战百胜，有志之士，尚无忽诸。"过了五个月，赵烈文又上书曾国藩说："夫夷人非异人也，术非异术也，反其所为而用之，其效必可也"，"用夷之道，还施于彼，其事亦易，非甚难为也。"

这时，在中国北方，英法联军打败清朝僧格林沁指挥的王牌部队。在上海地区，用洋枪洋炮武装起来的军队又乘机进攻苏南地区，攻下太平军固守的大城市——苏州和常州，将太平军赶出苏浙富庶之区，断绝了天京的粮饷来源。这些事实再一次显示了洋枪洋炮的威力。越来越多的晚清政府高层人士和知识界人士，包括汉人和满人，提高了认识，迫切需要洋枪洋炮。"自强以练兵为要，以制造为先"，已成为一种主要的社会思潮。1862 年 9 月湘军从太平军手中夺取安庆以后，曾国藩就创办了内军械所，

---

① 罗尔纲：《太平天国史》(二)，851 页、852 页，北京，中华书局，1991。

并委派容闳去美国购买机器。创办军火工厂需要经费,又促进"求富"观念的发展和赚钱的民用工业的创办。学习西方技艺需要人才,和西方往来接触也需要人才。这样,在 19 世纪 60—90 年代,在中国出现了以追求"富强"为目标,以创办近代军火工业、民用工业,建立近代海军,派遣留学生并和西方国家建立外交关系为主要内容的"洋务运动"。

《资政新篇》是"师夷"的产物,洋务运动也是"师夷"的产物。洋务运动的内容没有超过《资政新篇》所有的内容,所以,吴雁南说:"《资政新篇》在某种意义上推动了晚清洋务运动的产生,其历史价值应得到充分肯定。"①

《资政新篇》和洋务运动是由两个对立政权提出来的,但是,从它们的思想内容看,则具有共同性和一致性。洋务运动的实践,也是《资政新篇》与洪仁玕思想的实践。有些内容,洪仁玕说了,但是洋务运动并没有触及,如"国家以法制为先,法制以遵循为要"。

《洋务运动》的成败是检验洋务思想的标准;同样,也是检验《资政新篇》和洪仁玕思想的标准。准确地认识洋务运动的是非功过,是很有意义的。北洋海军覆灭是事实,但是,由此判定整个洋务运动彻底失败,则是值得商榷的。建设北洋舰队是洋务运动的一项内容,也是一项主要内容,但并不是全部内容。洋务运动毕竟取得以下几方面的成就。在经济方面,推动了近代工业的出现。除近代军火工业外,近代民用工业也出现了,并得到初步发展。据杜恂诚研究,中国产业资本的发生,始自洋务运动。据他的统计,从 1874—1893 年共创办工矿企业 136 家。② 当然,其中大部分是轮船和工矿业,因为这些企业容易赚钱。在军事方面,在洋务运动时期发生过三次反侵略战争。反击阿古柏和他的支持者沙俄帝国主义的战争,取得完全的胜利。在中法战争中,中国军队英勇抗敌,打败法国侵略军。在中日甲午战争中,中国海军中下级军官和广大水兵表现得十分英勇,给

---

① 吴雁南、冯祖贻、苏中立、郭汉民主编:《中国近代社会思潮》(一),121 页,长沙,湖南教育出版社,1998。

② 杜恂诚:《民族资本主义与旧中国政府(1840—1937)》,29~30 页,上海,上海社会科学院出版社,1991。

日本海军舰队以沉重的打击。中国军队在这三场反侵略战争中的英勇表现，在过去的两次鸦片战争中都是罕见的。学者们早已指出，中法战争订立不平等条约是清政府"乘胜而收"的错误政策的结果。甲午海战失败是由于错误的国防战略思想、倏和倏战的决策、腐败的军事指挥与后勤供应，并指出这些错误并不是创办海军造成的，而是专制制度的产物。反过来说，如果没有洋务运动及其取得的成果——洋枪洋炮、近代军火工业、北洋海军，这两次反侵略战争还会出现更加困难、更加屈辱的结果。

洋务运动更深远的影响还在于对外开放，包括派遣留学生、驻外使节，扩大对外文化学术交流，大量翻译外国科学文化著作，导致近代先进的思想文化进入中国，开拓了人们的视野，启迪了人们的智慧，提高了人们的认识，出现了众多的，如王韬、郑观应、马建忠、薛福成、陈炽、何启、胡礼垣、康有为、谭嗣同、严复、梁启超等先进思想家，这对以后的改革维新和武装革命都起着重要的启蒙作用。

洪仁玕和洋务派人士对西方国家富强和中国落后原因的历史总结，得到的认识，虽然比洪秀全进步，但还是初步的，这种认识主导下的社会实践有成功的方面，也有失败的方面。

第二阶段"师夷"，从技艺、制造层次进入政治制度、经济、文化层次。

"洋务运动"没有涉及政治制度改革。当时虽然已有先进人士，从西洋近代历史发展经验中得到启示，提出政治制度改革问题。1887年何启发表了《书曾袭侯"中国先睡后醒论"后》一文。曾纪泽认为洋务运动期间，购战舰、筑炮台，表明清政府"昔睡而今醒"了。何启反对这种观点。何启认为，要使中国从昏睡中醒来，关键的问题是"军民相维，上下一德，更张丕变，咸与维新"。①何启的认识，很显然，是他深入研究世界历史和清代历史以后得到的。但在当时，政治制度需要进行改革，还没有被多数人理解。

甲午战争前后，或在海外亲眼看到西方发达国家的情况，或从书本上

---

① 郑大华点校：《新政真诠——何启、胡礼垣集》，102页，沈阳，辽宁人民出版社，1994。

了解到西方发达国家的历史，越来越多的人加深了对西方历史发展进程的了解。洋务运动没有使中国富强，中国落后和战败的原因究竟在哪里？众多思想家发现问题出在政治制度上。人们开始考虑政治制度改革课题。这样，克服落后，走向富强的认识进入第二个阶段，即从政治制度层面上考虑落后的原因和推向富强的方案，逐步形成了两大社会思潮。

一种社会思潮，也是激进的社会思潮，认为首要的任务是发动武装起义，推翻专制王朝，实行民主政治。在这种思潮推动下，形成了以孙中山为首的民主革命运动。这种武装革命，既吸取中国传统的农民战争的经验，又与中国传统的农民战争不一样。按照当时革命家的说法，发动革命的方法，主要是依靠少数革命家领导以会党为主的力量，在城市发动起义。"一处起义，各省响应，奠定大局。"这实际上吸取了西方若干资产阶级民主革命的历史经验。

另一种社会思潮，则是在不推翻清王朝统治的前提下，实行自上而下的社会改革，出现了戊戌变法运动。这种社会思潮明显的是吸取了中国历史上多次出现的，封建王朝主动发动政治维新、变法的经验，但是在内容方面它又带有时代的特点，即带有西方资产阶级民主政治的若干性质。康有为在"上清帝第四书"中就提出"设议院以通下情"。

戊戌变法被慈禧太后镇压。但是，主张维新的人士仍然在经济、文化等方面进行向西方学习的活动。在八国联军侵略的刺激下，在"实业救国"和"教育救国"的社会思潮推动下，慈禧太后也被迫宣布实行"新政"，即实行资本主义性质的社会改革，在向西方经验学习方面迈开了一步。众多主张变法维新的人士投身到新政改革，首先是发展近代实业和近代教育，随后又进入政治制度改革——立宪运动。随着新政的发展，一步一步地开了"民智"，培养了"新民"，中国社会的面貌发生了显著的变化。民族资本成为产业资本的主导成分。企业利润丰厚，新厂不断出现。1910年中国历史上第一次商品博览会——南洋劝业会在南京举行，吸引中外客商10万多人与会，中外参展商品达100万件。馆内人山人海，"为数千年未有之创举"。展览持续了6个月，评出金牌、银牌等优质商品5269件，极大地推动了中国产品的升级。各级学校纷纷建立，出国留学生逐年增加，各种学会大量成立。文化繁荣，学派林立，学说纷呈。革命力量与立宪运动力量越来越壮大。

在民主革命派和以绅商为主体的立宪派的合作下，推翻了封建王朝，建立了民主共和国。中华民国建立是政权和政治制度的重大变革，是历史的一大进步。但是新的问题出现了。清王朝被推翻，"破"了，中华民国如何"立"？仍然没有显著成效，中国社会仍然没有走向富强。从推动中国走向富强的目标来看，政权和政治制度的变革仍然收效甚微。

第三阶段"师夷"则是从政治制度、经济、文化层面发展到人的思想、观念层面。

研究西方社会及思想文化的学者、官员越来越多，对西方历史的了解越来越深入，对中国社会落后原因的认识也越来越深入，这样，在中国很快又形成一种广泛认识：中国落后，长期没有走向富强的根本原因，在于"民智"未开。

这种认识有一个发展过程。

戊戌变法时期，先进人士就已经意识到转变人的思想观念对国家富强起着关键作用。1895 年 2 月 4—5 日，严复在天津《直报》上发表了《论世变之亟》一文，随后又发表了《原强》《辟韩》《原强续篇》《救亡决论》等文章。严复阐述了他对西方历史与现状的认识，介绍了许多科学著作；同时，又对中国历史和传统文化作出深刻的反思，提出了"鼓民力、开民智、新民德"是改变中国落后、走向富强的根本任务。"开民智"主要是提倡西学，增加人们知识，提高人们智慧，转变人们的思想观念。严复又认为，三个任务之中最重要的是"开民智"，他说："民智不开，则守旧、维新两无一可。"[1] 他批判传统宋学，空谈性理，"高于西学而无实"；传统汉学，埋首考据，"繁于西学而无用"。他批判"八股"制度"锢智慧，坏心术、滋游手"。[2] 严复特别批判传统学术在思想方法上的不足，即不了解归纳（内籀）和演绎（外籀）方法的运用。梁启超发展了严复的《开民智》思想，提出了"新民说"。梁启超怎样界定"新民"的面貌呢？他在《新民说》中写道："我

---

①　王栻主编：《严复集》第 3 册，525 页，北京，中华书局，1986。

②　王栻主编：《严复集》第 1 册，44 页。

有耳目，我物我格。我有心思，我理我穷。高高山顶立，深深海底行。其于古人也，吾时而师之，时而友之，时而敌之，无容心焉，以公理为衡而已。"

在当时，"开民智"推动了"实业救国"和"教育救国"两股社会实践。张謇更把这两者结合起来，提出了"父教育，母实业"的思想。张謇思想的重要意义，在于他已经发现克服中国贫穷落后，走向富强的道路，用现代的话说，这条道路就是：发展市场经济以及发展教育、科学、技术。

袁世凯复辟帝制，民主政治可望而不可即。越来越多的先进人士进一步看出"开民智"、培养"新民"的重要意义，终于形成了新文化运动——中国近代思想启蒙运动。如何理解新文化运动的基本精神？陈独秀有两段话说："解放云者，脱离夫奴隶之羁绊，以完其自主自由之人格之谓也。我有手足，自谋温饱；我有口舌，自陈好恶；我有心思，自崇所信，绝不认他人之越俎，亦不应主我而奴他人。盖自认为独立自主之人格以上，一切操行，一切权利，一切信仰，唯有听命各自固有之智能，断无盲从隶属他人之理"，"使人间之思想云为，一尊理性，而迷信斩焉，而无知妄作之风息焉。"[1]可见，陈独秀非常明确地说出新文化运动的两点基本精神：个性解放和理性弘扬。这两点基本精神中，个性解放又是基本的。耿云志在一篇文章中说："个性主义既是人的精神能力解放的结果，又是进一步解放人的精神能力的推动力。"[2]人的个性、人的思想观念从皇权专制和种种迷信的束缚中解放出来以后，又如何进行思考呢？这就需要弘扬理性，即遵守理性的原则。理性思考必须依靠民主与科学——"德""赛"两位先生。

新文化运动标志着主导中国社会改革的主要社会思潮达到"师夷"第三个阶段的高峰。

北洋军阀在中国的统治，从总体上看，政权是腐败的。但是，由于思想解放运动更新了广大人民和一部分开明政府官员的思想观念，提高了他们的认识水平，从而也推动了中国社会在经济、文化、对外关系等方面的

---

[1]　任建树主编：《陈独秀著作选编》第 1 卷，157 页、162 页，上海，上海人民出版社，2009。

[2]　《耿云志文集》，236 页，上海，上海辞书出版社，2005。

发展，出现了前所未有的新气象。

在近代经济方面，据杜恂诚研究："辛亥革命以后，中国民族资本主义的发展进入了一个新的时期。""从1840年到1911年的72年中，中国历年所设创办资本额在1万元以上的工矿企业总共约953家，创办资本额总计203805千元，而从1912年到1927年的16年中，中国历年所设创办资本额在1万元以上的工矿企业约达1984家，创办资本总额约为458955千元。无论就创办企业家数或创办资本总额而言，这后16年都超过了前72年的一倍以上。这样对比所反映的当然不是停滞不前的景象。"①随着近代企业的逐步发展，资产阶级和无产阶级的逐步壮大，反军阀、反侵略的学生罢课、工人罢工、商人罢市，也不断发生。

在政治和国际政治方面。袁世凯在北京签订所谓"中日条约"和"换文"，承认原"二十一条"中的大部分内容，激起中国人民和部分进步官员的强烈反对。正由于包括部分官员在内的广大中国人民的反对，才迫使袁世凯政府事后发表声明：此项条约是由日本政府最后通牒而被迫同意的。此后历届北洋政府也始终没有承认条约有效。第一次世界大战结束，1919年在法国巴黎举行和平会议，中国北京政府派出代表5人出席会议，在会议上提出废除各种不平等条约、收回山东主权等问题。日本代表提出继承德国在中国山东的权业。1月28日，中国代表顾维钧在会上义正词严地抨击日本代表的侵略言论。经过长期斗争，由于与会各帝国主义国家之间的利益牵制，4月30日英、美、法三国最后裁决：德国在山东的一切权益均让与日本；会议文件中也没有提及日本须将山东交还给中国。中国代表团在大会上提出正式抗议，中国人民又发动五四爱国运动。在广大人民群众的压力以及统治集团内部各种不同的利益集团的牵制下，中国代表团和中国政府拒绝在对德和约上签字。在李新、李宗一写的《中华民国史》中说："拒签对德和约在近代中国外交史上是一个重要的里程碑，其重要意义在于，他标志中国外交开始冲破近代以来'始争终让'的惯例，开创了一个敢于抗争的先例。"1921年11月开始，在华盛顿举行美、英、法、日、意、

---

① 杜恂诚：《民族资本主义与旧中国政府(1840—1937)》，104页、106页。

中、比、荷、葡九国会议。中国政府派施肇基、顾维钧、王宠惠出席会议。在美英的介入下，经过代表团的努力，中日两国的代表进行会谈，并于1922年2月4日签署了《解决山东悬案条约》。条约规定：日本应将胶州德国旧租借地交还中国；将胶州德国旧租借地内所有公产移交中国政府、中国将胶济铁路收回自办；中国政府亦声明将胶州德国租借地全部开放为商埠。

在思想文化方面，思想解放、学术自由、百家争鸣，青年人才辈出，这对中国社会的发展是十分有利的。

北洋政府是腐败的，但是，以上的新气象、新变化，无疑是人的思想解放、认识提高以后，带来的社会实践的新的成果。

到20世纪20年代以后，人们的思想观念、对社会落后原因的认识以及对社会实践的方针政策又发展到一个新的阶段。

1914—1918年爆发第一次世界大战。第一次世界大战的惨痛历史，使不少人对资本主义市场经济制度感到失望。1917年俄国爆发十月革命，推翻沙皇统治，走社会主义道路，又使不少人发现了希望。1920年6月列宁为共产国际第二次代表大会草拟了《民族和殖民地问题提纲初稿》，加强了对东方落后国家包括中国在内的工作。这样，在中国出现了"以俄为师""走十月革命道路"的社会思潮。正是在这种社会思潮的主导下，出现了中国共产党，出现了中国国民党的改组和第一次国共合作，取得了北伐战争的胜利。

1927年以后，社会思潮又有了发展。中国国民党蒋介石集团背叛革命，实行军事统治、以党治国、领袖独裁。以毛泽东为首的中国共产党人则总结中外历史经验，提出民主革命的"三大法宝"，即"统一战线""武装斗争"和"党的建设"。"党的建设"主要是吸取了苏联的经验；"武装斗争"主要是吸取中国历代农民战争的经验。毛泽东说："中国共产党的武装斗争，就是在无产阶级领导之下的农民战争。"[1]"统一战线"则是中国民主革命经验和教训的总结。

---

① 毛泽东：《毛泽东选集》第2卷，609页。

在中国还有多种流行的社会思潮，其中最为主要的就是在新文化运动时期发展起来的自由主义。20世纪20年代末30年代初，在国民党政府实行"以党治国"，共产党发动农民运动的历史条件下，在中国出现了一个"人权派"，发动了一场"人权运动"。人权运动提倡"人权至上"；主张民主政治、专家政治；要求思想言论自由。1941年1月，美国总统罗斯福在国情咨文中提出"四大自由"的主张，认为人类应拥有四项基本自由，即言论及发表意见的自由；个人以不同形式崇拜上帝的自由；不虞匮乏的自由；不虞恐惧的自由。稍后华莱士提出"和平、自由与充分就业"三项口号。这些思想在全世界范围内产生了影响，在中国也出现了一批信仰者。

到20世纪40年代中期，国共两党分别发布了指导思想完全不同的政治纲领。1943年中国国民党以蒋介石名义发表了《中国之命运》，说"中国国民党是革命的唯一政党""最高指导组织"；抨击"自由主义和共产主义"、确定"三民主义是国家的灵魂"。1945年4月，毛泽东发表了《论联合政府》，宣布"废止国民党一党专政，建立民主的联合政府"；"在日本侵略者被打倒之后，在全部国土上，进行自由的、无拘束的选举，产生民主的国民大会，成立统一的正式的联合政府"；"人民的言论、出版、集会、结社、思想、信仰和身体这几项自由，是最重要的自由"。① 这两份被毛泽东称之为"两个中国之命运"的文件②体现了两种截然相反的思想认识和社会思潮。《中国之命运》既公开反对共产主义，又公开反对自由主义，实际上就是实行封建独裁的专制统治，走"药方只贩古时丹"的老路。《论联合政府》则宣布在战争胜利以后，实施自由的、民主的政治。这两个文件的发布，宣告中国国民党在国内外失去了人心，疏远了朋友；相反，中国共产党则在国内外赢得了人心，得到了朋友。信仰自由主义的国内第三种政治势力，很快转变政治立场，支持中国共产党，并与中国共产党合作反对中国国民党。国共两党大决战胜负已判。1949中华人民共和国的建立是中国人民正确地总结中外历史经验，提高认识，形成"三大法宝"和"联合政府"思想，并付诸社会实践的巨大成果。

---

① 毛泽东：《毛泽东选集》第3卷，1067页、1070页。
② 毛泽东：《毛泽东选集》第3卷，1025页。

以上就是从鸦片战争到中华人民共和国成立的 110 年的历史中，中国人民研究国内和全世界历史经验教训，探索国家落后的症结，并根据各种认识，革故鼎新，最终推翻封建主义统治和战胜帝国主义侵略的社会实践的发展、演变过程。

三 两个值得思考的问题

从上面的叙述中，我们可以发现，下列两个认识问题值得进一步思考。

第一个认识问题，"革故"与"鼎新"的关系问题。

这也就是"破"与"立"的关系问题。有一种观点认为，清封建王朝已经腐朽，它不能抵抗外国资本主义的侵略，也不能将中国推向富强；外国侵略者也不允许中国富强，因此首先的任务是革命、是"革故"，也就是说，首先要推翻封建王朝，赶走外国侵略者，然后才能进行社会近代化的建设。从上面的叙述可以看出：这种观点就是先"破"后"立"，先进行"革命"，后进行"近代化建设"。这种观点的失误在于：它忽视了一个基本事实，即没有近代工业，没有近代社会科学、自然科学与技术，没有近代教育，何来资产阶级与无产阶级以及它们的思想家、政治家、革命家？又何来资产阶级革命和无产阶级革命？在没有进行近代化的社会中进行推翻清封建专制王朝的武装革命，只能出现太平天国式的农民革命，其结果不是被消灭，就是出现"改朝换代"，不可能取得预想的结果。

由此可见，在资产阶级尚未登上历史舞台的社会条件下，在封建专制旧政治制度内部，开明政治家出于长远利益考虑，发动改革维新，首先在经济、教育文化领域内进行变革，也可能在政治领域内进行君主立宪制度的改革，发展近代产业、发展近代科学文化教育，培育思想家、科学家、文学家，提高人民群众科学文化水平，其结果必然有利于抵抗外国侵略，逐步改变社会面貌。实际上这种改革也就培养了封建专制制度的掘墓人——资产阶级、无产阶级以及拥护废除封建专制制度的各阶层、各界人士。人们不能不注意到下列事实：在 1911 年武昌起义推翻清封建王朝过程中，新军、出国留学生和立宪派人士都起了很大的作用。这些力量都是晚清新政的产物。在培养出封建专制政治制度掘墓人的同时，开明政治家自己也得到"解放"——从封建旧官僚、旧绅商，"羽化"为资产阶级活动家、立宪派政治家，走向时代的前面。

对洋务运动、维新运动、晚清十年新政都应该作如是观。

第二个问题，干扰人的认识和社会实践过程的最大因素是人的贪欲。

人们总结和研究历史经验以及进行改革社会的实践有一个从不完整到完整、从肤浅到深入的发展过程。也就是说人的认识总是相对真理，人的社会实践也总是相对真理。在认识过程和实践过程中，存在的干扰因素是多方面的，包括当事人的历史知识不足、思辨能力不强等。这些因素都是可以逐步克服的。最难克服也是最主要的干扰因素则是人的贪欲。

要深入了解贪欲对认识的干扰，也有必要回顾一下历史。从中国历史看，最大的贪欲，在上层是帝王思想，在中、下层则是各级官员的升官发财思想。每一次农民战争，在起义开始，参加的农民群众是为了争取自己的生存权利，改善自己的生活环境；起义的领导人则怀有帝王野心。朱元璋在濠州参加红军时，当然不存在帝王思想，但是，当他在农民军中的地位上升到"吴王"，沉死小明王，他的帝王思想就暴露无遗了。新皇帝登位以后的追求不外两条：一是消除隐患，巩固自己的权力和地位；二是搜括天下财富满足自己享乐的需要。嗜杀、暴敛、腐败成为皇帝的共同特点。在赵翼的著作《廿二史札记》中有丰富的记载。皇帝为了满足自己的贪欲，需要选拔一大批官员为他奔走，一大批官员为了满足自己升官发财的贪欲，也必须投靠皇帝、效忠皇帝。这样，在相互满足贪欲的基础之上，专制皇帝与腐败官吏在贪欲的基础之上结合起来，统治了广大人民群众。在古代社会历史上，所谓"吏治问题"也就永远得不到解决。在近代，为了维护、巩固自己的权力，慈禧太后幽禁了光绪皇帝。为了保卫爱新觉罗的皇位，载沣镇压了立宪运动。为了过"皇帝"瘾，袁世凯也改年号"洪宪"。袁世凯死后，北洋军阀争权夺地，战斗不已，也是在贪欲驱使下出现的。钱穆在《国史大纲》一书中有一段很生动的叙述："不断的兵变和内乱，遂为民国以来唯一最常见的事态（或人统计民国十一年以前各地兵变，共达179

次)而此辈军阀之私生活，尤属不堪言状。（有一人而纳姬妾四五十人之多者。其私产业大抵无可訾省。……官场气息之腐败，乃较逊清犹远过)……专就政治情态之腐败黑暗而论，唐末、五代殆不过是。"①在他们的头脑中，如何认识中国社会落后的根源、如何实践才能使国家富强等思想观念是不存在的，更谈不上实践。帝王思想和升官发财思想在 20 世纪 20 年代末到 40 年代末的中国又出现了一个大泛滥时期。蒋介石专制独裁，做终身"皇帝"，官员们在反侵略战争中丧失人性，大发"国难财"，在反侵略战争胜利后又巧取豪夺，大发"胜利财"。这种社会思潮和实践的结果，则是 1949 年下半年的经济大崩溃。贪欲成为人们发扬理性，正确地总结历史经验、推动历史前进的最大的干扰因素。

贪欲是从欲望发展起来的，是欲望的极度膨胀。欲望，从它对社会所起的作用看，具有两重性。欲望极度膨胀所造成的恶果是欲望的消极的一面。欲望也有积极的一面，它对人类社会的进步起着积极的重要的作用；它是社会在文化、经济、政治等方面发展进步的动力。失去了欲望，中国古代文明不会出现；世界各地文明也不会出现。黑格尔说过一句很深刻的话："没有情欲，世界上任何伟大事业都不会成功。"

出路在那里？历史已经证明，仅仅靠法治的力量是不够的，还需要有道德的节制。以道德的力量，将欲望控制在不出极端的专制独裁和极端的升官发财的追求，即不出极端的损人利己行为的范围以内。

（作者为南京大学历史系教授）

---

① 钱穆：《国史大纲》（修订本），下册，908～909 页，北京，商务印书馆，1994。

晚近中国研究的史料与史学

桑　兵

一　现状与问题

1. 史学围城

整体而言，中国近年来历史学的状况有些微妙。外面的人要冲进来，里面的人想突出去，形成"围城"现象。20 世纪 80 年代以来，史学由长期占据的学术中心退居次要，有学人发出"史学危机"的呼声。随后一些社会科学日益成为社会关注的焦点，史学的地位进一步动摇，昔日的显学，在一些人看来已成"死学"。然而，形成鲜明反差的是，史学似乎不仅未被遗忘，反而引起越来越多的关注，其他学科的学人纷纷将目光转向史学领域，历史题材的影视作品扮演着当代大众文化的要角，全社会对中国历史文化的重视和肯定程度，为近代以来所罕见。这种相反相成的现象，不妨称之为"史学围城"。

（1）别科学人的进入。其他学科的成名学人将重心转向史学，至少从 20 世纪 90 年代倡行学术史研究已经开始。后来相继有一些在各自专攻的领域有所成就的学人着力于此，尤其以文学研究者居多。大都是临时客串，也有的转型较为彻底。有学人曾说：学术史表明，有的时候，有人忽然闯进一个陌生的领域，倒是会发现一些那个领域待很久的人没有发现的问题。大胆跨学科的学人，一方面有超越本学科甚至一般学科畛域的抱负，另一方面也往往怀着对所欲进入的那一学科的研究状况的不满。不过，分科治学虽然导致知识的琐碎，其长期积累形成的行规却应当遵守，尽管有人反对由此产生的学术霸权（其实学术霸权往往不由学术，而真正的学术权威则很难轻易动摇），要想进入其他学科，仅仅熟悉行规就绝非轻而易举。有的费了很大气力，仍然难以回到历史现场，了解把握所要探究的那些时代人们的观念行为，往往重蹈六经注我的覆辙，强古人以就我而不自觉。所以这类影响广泛的公众著作，史学界往往不大认可。所讨论的一些关键概念（如科学），若能全面梳理文献，从无到有地探究来龙去脉，上下左右比较千差万别，而不是按照自己的观念倒述，则更有可能发现历史的内在联系，不必煞费苦心地编制自己心中的历史。

与之观念不尽相同的别科学人，同样试图进入史学领域。2002 年纪念梁启超提出新史学百年，除史学界的新锐之外，不少学科的学人踊跃参与。2004 年发刊的一份《新史学》杂志，编委中许多人并非史家，却不乏相关社会人文学科的成名学者。他们所针对的，大都是教科书以下的观念，武器则多是稗贩而来的洋货，或各自学科的法宝。若要取法乎上，应对既有的史学研究深入认识，以便追随前贤大家的学问取径，领悟其高深境界并发扬光大。如果一味瞄准浅学末流，对于青年或有发聋振聩的一时之效，学术上却不易有所建树，反而暴露自己的身段不高。

成名后努力进入相对冷清的史学，为近代以来学术界的常见现象。其原因并不复杂，经史为中国固有学问的大道，不通经史，很难深入认识中国的文化与社会。自西学东来，新学大盛，学问之道，由和而分，但即使按照泰西近代的学术理念，史学仍然是各学科之总汇，因此近代学人多以经史为根基正途。一些新进学人开始不循此路，为学必先颠覆前人，横逸斜出，努力使附庸蔚为大国，待到知识与年龄增长，还是不约而同地返璞归真（当然也有一直勇往直前者）。近年来此类现象重现，背后仍是自我深化的自觉。

（2）社会关注程度提高。历史题材的影视文学以及电视讲坛等大众文化普遍流行，一方面重新引起公众对于中国历史文化的高度兴趣，一方面也引发了不少争议。这种现象表面看来是现实关怀的差异，背后则反映出国家发展到一定程度时民族自信心的恢复和增强，不再简单地用进化论的观念观照历史文化。按照一般规律，随着综合国力的增长，社会关注的目光将逐渐由世界排序转向自我认同，因此人们对于固有历史文化的兴趣还将不断提升。由此带来的负面影响则可能干扰学术的判断，尤其是青年的取向。史学是要求精深与广博兼备的高成本学问，前期需要投入大量的精力物力，在登堂入室之前，不易把握和自律。而媒体和出版界同时面对专家与一般受众，难以平衡。史学既要严格遵守学科戒律，又须提高社会影响力，这对于专业化的学人而言，无疑是一大考验。

（3）史学突围。与外面的人试图冲进来的情况形成明显反差，史学界内部有不少人努力突出去。有学人概括分析目前中国高校历史系的状况，仅从名称看，为了应对社会需求，有的改为社会发展学院，抹杀历史的痕迹；有的改为历史文化学院、历史旅游学院等，虽保留历史，却尽量与热门专业挂钩，以改善生存状况；能够完全保留历史学本色的院系为数不多。而且改变的程度与学校的地位往往成反比，越是一般院校，改得越彻底，敢于保持本色的，多为重点院校。名称变化是内容变化的表征，一些院系的课程与专业设置，已在很大程度上脱离了史学的范围。

改名只是去其形，一些对史学现状不满、或是缺乏兴趣和成就感的学人，试图凭借跨学科而获得新的发展空间。与那些不愿受分科束缚的学人努力超越学科界限有所不同，其目的与其说是发展史学，不如说是脱离史学更加恰当。这种视所属学科为负累的极端看法，与史学界整体的动荡不无联系。除了外力挤迫，求变的主要内因还是对于教学科研现状的不满。于是有了目标各异的探索和调整。

2. 探索与调整

（1）范式转换。社会转型，往往伴随着学术范式转换，这在近现代中国的学术发展史上屡见不鲜。近30年来，一些曾经视为天经地义、毋庸置疑的理论、观点和方法，引起普遍不满，要求突破创新的呼声和努力一直持续。这些努力被一些学人概括为研究范式的转换，并引发了一些争论。要求转换研究范式，显然意在改变现状。一般学人或许不受这些争议的影响，但以往的一些框架，也不再束缚学人的眼界和思维。一方面，对于既有体系不作教条式理解，具体研究超越了分期、属性等界限，充分拓展空间；另一方面，研究观念、视角和方法不断调整。这些变化，不一定意味着对原有成果的否定，史无定法与具体问题具体分析，本来一致。在继承前人的基础上丰富与发展，正是学术薪火相传的正道和当代学人的使命。

(2)跨学科。受自然科学、新兴学科和社会科学的影响，跨学科成为一些学人试图创新发展的重要途径。无论走出去还是引进来，都是想扩张学科界限，借用其他学科的理论、观念和方法，改善史学研究的格局。治史本来无所谓分科，按照科学系统重建近代学术，改变了中国学术的面貌，也造成一些人为的局限。因此，在不同学科的框架下研究专门学问的同时，各学科之间的相互影响和借鉴始终不曾停止。在历史学范围内，相关专业互相影响，如考古学的地下实物与历史学的地上文献互证；而文献学和历史地理学，更是史家必备的基本功夫。至于其他社会人文学科，则作为史学的辅助学科而贯彻到教学系统之中，其中社会学和经济学对中国史学的影响尤为显著。不过，与跨学科的本意颇为矛盾，这一取向反而导致各种专史的兴起与流行，细分化的趋势进一步加剧。一些新文化史与新社会史的尝试者，几乎忘记所治专题在历史整体中的位置，因而难以恰当地把握具体。

(3)温故知新与瞄准国际。要想推进史学，大体有两条路径：一是回到过去，以复古为创新；二是瞄准国际，借鉴外国的经验和成功模式。研究国学和学术史，是要接续前缘，温故而知新；瞄准国际，则旨在融入世界，争取对话的权利。旧书重版与译著热卖，也隐含这样的意思。这两种取向，看似相对，实则相反相成，即前贤所说："其真能于思想上自成系统，有所创获者，必须一方面吸收输入外来之学说，一方面不忘本来民族之地位。"①因此要彼此沟通融汇，不可误认为相互排斥。防止因回顾而泥古，没有调整变化，或是为接轨而求奇，盲目生搬硬套。当然，两方面都有如何生根的问题。

3. 趋势与问题

(1)重心下移。研究的时段和层面下移，是20世纪以来国际史学界普遍的趋势，这与史学研究的重心往往随着史料的发现或重新认识而转移有

① 陈寅恪：《冯友兰中国哲学史下册审查报告》，见《陈寅恪史学论文选集》，512页，上海，上海古籍出版社，1992。

着密切关系。中国历史悠久，文献典籍浩如烟海，尤其史料愈近愈繁，近代资料大大超过历代的总和。这不仅开辟了众多的研究领域，而且为许多新的研究方法提供了试验场所。20世纪20年代以来，古代史研究的重心由上古而中古再移到近世，直到90年代后期，还有学人指出，海峡两岸史学界有一共相，"即古代史的研究人员要比近现代史的多（但正日益接近中），而古代史的整体研究水准因积累厚的缘故也相对高于近现代史（这一点许多近现代史的研究者或未必同意）"。① 这种情形，至少量的方面变化不小。进入21世纪，中国大陆学界发表出版的中国近现代史论文著作，已经分别占整个历史学的一半，学术会议的比例大抵相同。

研究层面的下移也日趋普遍。建立民史，本是近代新史学努力的一大方向，社会经济史的盛行进一步推动了这种趋势。近年来，受国际学术新潮的影响，各种各样的专史大都将目光由精英移向民间，注意研究一般民众的日常生活及其思维行为。社会史、文化史、观念史、城市史、宗教史、移民史、比较史、女性史、生活史、环境史、疾病史、社会转型及族群问题等引起越来越多的关注。即使在传统的政治史、经济史、军事史、思想史、国际关系史领域，重心也下移到一般社会成员的常态思维行为层面。如思想史的研究不仅关注经典作者及其文本，更着重于受众、流行思潮、阅读史以及与社会的互动。一些学人由此对以往自上而下的历史观念提出新的解释，重新理解国家与社会的关系。当然，也有学人一味寻求各种反文化的偏题，或是将仅仅分割空间的地方史当做社会史。如何在史学的见异与社会科学的求同之间取舍平衡，是对这一学术取向的考验。

无论时段还是层面下移，相对于原来中国史学的重心而言，在文献的把握、方法的运用，以及问题的设定方面，仍然存在差距。近现代史的著作数量虽多，真正有贡献的专著反而不及古代史，整体上要想达到后者的水准，还要持续努力。

(2)学风趋实与浮躁。质的方面，近年来史学界的学风逐渐朝着征实的方向发展。尤其是高层次的专业刊物，发表的论文一般不作大而空的泛

---

① 罗志田：《前瞻与开放的尝试：〈新史学〉七年(1990—1996)》，见《二十世纪的中国思想与学术掠影》，392页，广州，广东教育出版社，2001。

论。相比之下，高校学报和一些综合性学术刊物的史学论文，仍然存在空泛的通病，大话套话不少，经得起时间和学术检验的佳作不多。从研究者所属单位看，资料等研究条件越差，选题反而越大。客观条件的限制以外，学术标准的差异无疑有重要的导向作用。

学风趋实，并非仅仅以考据和史料等具体微观为旨畈，忽视理论与宏观。史学须才、学、识俱长，兼有义理、考据、词章，为历来学人追求的境界。其高下当否，因人而异，至少不能就事论事。史学的所谓理论方法，主要不是提供叙述的架构，便于任意取舍填充材料，而是运用于研究过程之中。一些佳作，或背后有中国与世界、国家与地方、政府与社会、精英与大众（当然也有将政府与国家、基层与地方相混淆）等理念，与史实的爬梳求证密切配合；或跳出一般的分期分界，将同类事物的来龙去脉梳理贯通，展示其发展变化的渊源脉络；高明者更能从纷繁复杂的表象透视背后的因缘，揭示内在的联系，并由具体而一般，显示博通与精深的相辅相成。只是这样的具体研究，背后那一套宏大叙事框架的深浅高下，不能一目了然，对于读者的鉴赏力和判断力也是一种考验。

学风趋实使得研究者各守专攻，彼此缺少交集，从而形成"无热点"的研究态势。这在追求学院化的学人看来本是学术研究的常态，高深的学问很难引起普遍的兴趣。但一方面降低了史学对于全社会的吸引力；另一方面，过度狭窄的专门化使得学人畛域自囿，无力超越具体来讨论问题，史学界因而缺乏共同关注点（这种共同性不以降低水准来获得），一些习惯或热衷于讨论重大问题的学人甚至感到不大适应。史学毕竟与社会关系密切，担负着民族性传承的社会功能，如何协调两面，既保证学术的高深严谨，又能影响作用于社会发展，学人任重而道远。

（3）整体史的缺失。中国史学，素重通史，而欧洲强调整体史，二者主旨一致，通是中外史学共同推崇的至高境界。只是有限的人力难以掌握驾驭无涯的知识，才有分科分段分类治学。近代学人强调断代史，已经备受争议。中国的史学现状，划分过窄，彼此缺乏沟通联系，各守一隅，以狭隘为专精，局限更加明显。本来提倡跨学科的用意之一，是打破分界所造成的束缚和限制，可是实际进行至少有取径各异的四种类型：一是借鉴其他学科的理论方法研究史学，尤以各种社会人文学科为主，直接借助自然科学的，效果反应往往不佳。二是不同学科的科际整合，运用各个学科的资源和方法，从不同的角度和途径，互相配合，优势互补，共同解决重大难题。此法成本极高，需要各相关学科的长期积累，以中国学术界目前的条件和学科发展不平衡的状况，普遍实行尚有难度。三是将各学科的相关研究重新归类组合，不过要避免简单拼凑。四是借跨学科之名凸显个人感兴趣的方向或主题，横向细分为众多的专门领域，这样不仅不能打破条块分割的壁垒，还会更加缩小史学的界域和学人的视野。可惜迄今为止的跨学科，除简单拼凑外，多是后一类型。如果不能超越史学内部的分界，站在狭窄的专业甚至专题的立场去跨学科，必然适得其反，导致史学研究边缘化和侏儒化，削弱原创能力。等而下之者，成为趋易避难的取巧捷径，不过造成一二转瞬即逝的新名词而已。现在学术界前不见古人、后不见来者的情形相当普遍，如果再将视野遮蔽，左右不顾，就很难有超越的胸怀，对久远复杂的历史产生深刻认识。研究领域过于偏僻狭窄和整体史的严重缺失，已经成为制约史学发展，导致大量低水平重复的症结。

与此相关联，缺乏经过长期积累并经得起检验，具有前瞻性、权威性、原创性，能够产生重大影响的学术成果。整体史对学人的素养要求甚高，缺少具有高品位、宽视野和厚积累的一流人才，优良的研究环境与合理的评估体系，很难产生高水平的成果。有的大型成果只是部头大，字数多，内容则参差不齐，有拼凑之嫌。而由各种渠道设立的重大项目，不同程度地存在因人设题、周期短、研究队伍只能就近组织等局限，有价值的学术理念大都还处于主张和诉求阶段，无法以学术成果的形式来展现。至少到目前为止，尚未产生具有持续影响力和长期导向作用的论著。在可以预见的期限内，要想产生这样的著作，还须艰苦努力，包括对现行科研和评估机制进行必要的调整。否则，非但不能促成高水平的成果，还会误导后人。须知高明不是能够人为培养，天分、勤奋和机缘，缺一不可，应尽可能创造有利于其生长的条件。中国学术能否再创新高，关键在此。

治学必须后来居上，不过何为创新，如何创新，有所分别。学术发展有先因后创与不破不立两种取径，至少史学必须先继承然后才能前进。如此，则求新与固本不仅并行不悖，而且相辅相成。今日治学，压力过大，功底不深，容易浮躁，植根表浅，基盘不稳，随风而倒。根本不固，而一味趋新，结果只能以不知为无有，所谓创新，或前人唾余，或小儿涂鸦，或痴人说梦。中国学术，经过中西融汇，根本不止一端，中学之根在于古，要想还原，诚非易事；西学之根在于外，欲图把握，更加困难。中西学均有大道，有旁支，有万变不离其宗，有今是而昨非。根本不固，则无从区分。尤其在与国际接轨的大趋势之下，西学的根在外面，越是表浅越显得新奇，越是新奇越以为容易。若以稗贩陈言为输入新知，只能蒙蔽喧嚣于一时。由于近代教育和学术文化经历大转型，基本框架几乎为西学所垄断，虽经几次本土化努力，仍无法改变现状，这是后发展国家和民族普遍面对的难题。如果学人对于所使用的概念、理论和方法，与所研究的对象能否适用的问题，缺乏必要的自觉，而又努力与国际接轨对话，结果扩展视野的努力，终究难免落入俗套，不过证明别人先验的正确和高明，充其量只能取得成为学生的资格，无法为世界的多元文化提供别样性的原创新知。即使中国固有的学术文化，如果不能领会古人真意，甚至强古人以就我，则难免格义附会，误读错解。中西学的根都不深，学术创新，就是空洞的口号，很难产生留得下去的成果。因此，今日中国史学求新必先固本，根本巩固，才能行大道，成正果。

研究的时段和层面下移，应确实扩张与发展学术，而不以牺牲已有积累为代价。如果说坚持史学的学术价值已有些奢侈，那么坚持史学的基本方法和基本路径就更加困难。在瞄准学术前沿和与国际对话成为时髦目标的背景下，不要将他人的扬长避短误认为学术的正途大道，一味追仿，舍己从人。随着关于经学退出历史舞台的再探讨，重新认识经学之于中国历史文化的纲领地位，可能成为自信重建的重要表征。

史学固本，深植中西学之根，首先须做足史学的基础功夫，从目录入手，阅读基本书籍，探究了解典籍的内在理路，重视典章制度的渊源流变和章程条文与社会常情及变态的关系，掌握历史地理，把握时空联系，这些重要的规则必须坚守。在史学的界域内尽力沟通不同专业，尽可能全面地掌握国内外已有的学术成果，了解研究取径、方法的异同和变化发展的渊源脉络。同时重视资料建设，大力推动资料的收集整理和编辑出版，加强阅读各类文献的基本训练，避免以新方法代替资料的收集、解读和运用，纠正简单地用先入为主的解释框架填充和肢解材料，或一味寻求新史料而不看基本书的偏向，改变越是重要的文献，会用的人反而越少的异常状况。其次，不应视其他学科为不学而能，在与别科学人有效合作的前提下，学习和借鉴相关的理论方法，严格遵守必须的戒律，并对其中的不适用性充分自觉，防止生搬硬套，更不能在不同学科之间跳来跳去。在充分占有史料的基础上，努力消除各种弊端，以期产生真正具有原创性的学术成果。

二　晚近史料的边际与史学

1. 史料的类型与规模

历史研究的史料边际，首先是整体的规模、范围与系统。近代史料的大端，有图书、报刊、档案等类。中国古代典籍号称汗牛充栋，浩如烟海，可是与晚近比较，相当有限。四库全书共收书 3500 余种，存目 6800 余种，禁毁书 3100 余种，合计不过 13000 余种。其中相当部分为乾隆以前的清人著述（仅存目书即十居四五）。《清史稿·艺文志》和武作成编述《清史稿·艺文志补编》，共收录清人著述 20000 余种，王绍曾主编的《清史稿·艺文志拾遗》，在两书之外，著录清代著述 54000 余种。而据李灵年、杨忠主编《清人别集总目》和柯愈春《清人诗文集总目提要》，仅诗文集一项，即达 40000 余种。除去乾隆以前重合部分，已经超出修四库前中国书籍的一倍。考虑到著录遗漏等因素，清代典籍总数当在 10 万种左右，大大超过历代的总和。①

文献的激增，与印刷技术、出版机构的改进普及密切相关。晚清 70 年，时间占清代的四分之一，文献数量的比例远过于此。民国以后，扩张

---

① 参见戴逸：《国家清史编纂委员会·文献丛刊总序》；辛德勇：《谈清人著述的目录与版本》，《中国图书评论》，33～35 页，2005(8)；蒋寅：《一部清代文史研究必备的工具书——〈清人别集总目〉评介》，载《中国典籍与文化》，97～100 页，2001(3)。

的速度更快，北京图书馆(今国家图书馆)据北京、上海、重庆三家图书馆的藏书编辑的《民国时期总书目》(北京，书目文献出版社，1986－1995)，共收录37年间出版的各类中文平装图书124000余种，超过整个清代文献的总和。

令人惊异的是，这些数量庞大的典籍，只占整个近代文献的一小部分。中国大陆档案馆系统收藏的清代档案共2000余万件(册)，其中50%存于中国第一历史档案馆，其余散置于各地方档案馆。这还不包括私家收藏以及图书馆、博物馆系统所藏的档案(其实档案只是存放资料方式的类型，而不是资料的类型。档案中的函电、官文书等，很难与其他机构或私人的收藏区分。如清季谘议局文件，在各地即分别入藏档案馆或图书馆)。中国台湾，以及欧美、日本等国，也分别收藏了数量不等的清朝档案，总数达数十万件。① 据《全国民国档案通览》(北京，中国档案出版社，2005)编委会的不完全统计，全国1000多家各级档案馆共收藏民国档案1400万卷，即使平均一卷只有10件，也是明清档案的7倍。全国总目亦在编辑之中的中共档案，数量同样庞大。

报刊为近代史料的又一大类。明以前也有一些勉强可算报刊的文献。清季以来，报刊数量激增，内容极为丰富，反映社会各个层面。据统计，自1815年中国的近代报刊创刊，至1911年，海内外共出版中文报刊1753种，在中国出版的外文报刊136种。② 实际还不止此数。受体制和立场的局限，清季报刊道听途说与一面之词不在少数，若将不同背景的报刊相互比勘，并与其他资料彼此参证，可以补充连续性活动和复杂细节的不足，测量社会的反应。更为重要的是，通过阅报，能够回到历史现场，感同身受，从而对当时的人与事具有了解之同情。民国时报刊增长惊人，截至1949年，中文报刊总数达40000种以上(其中报4000余种，刊36000余种)，为清季报刊的20余倍。

---

① 冯尔康：《清史史料学》(沈阳出版社，2004)第四章"档案史料"；见邹爱莲《清代档案与清史修撰》，载《清史研究》，1～10页，2002(3)。

② 史和、姚福中、叶翠娣编：《中国近代报刊名录》"前言"，1页，福州，福建人民出版社，1991。

各种形式的民间文书，数量极多，仅各大图书馆藏家谱就有 20000 余种，以清代居多。这类材料，以前一般不为学人所注意，五四以后，才开始收集。除个别类型外，各公私图书馆少有收藏。近年来，随着研究层面的下移，这类资料越来越为学界所重视，但与存留的数量相比，收集工作的规模进度，相当滞后。

上述还有不少遗漏。如晚近人物的日记、函札、诗文集，未刊者甚多，仅日记已知的就有千余种。各大图书馆的未刊稿本抄本，往往未经系统整理，连收藏单位也不知其详。翻译书和教科书，为晚近新有，前者关系中外，后者乃社会化凭借，均为主要知识载体，重要性不言而喻，一般目录较少著录，迄今为止，连确切数目也不能掌握。目前海内外学人关注者甚多，渐成研究热点，而所见明显不足，仓促立论，未能至当。

此外，晚清以来，中外交通频繁，各国公私档案（包括政府的外交、殖民、移民、军事、商务部门，教会、公司、传媒、团体组织等机构，以及相关个人的文书），大量涉及对华关系。陈寅恪曾批评民初撰修清史过于草率，特别指出："自海通以还，一切档案，牵涉海外，非由外交部向各国外交当局调阅不可，此岂私人所能为者也？边疆史料，不详于中国载籍，而外人著述却多精到之记载，非征译海外著述不可。"①若计入海外各类档案著述，史料的数量还将大幅度扩增。

目前已知的近代史料已经不胜其繁，而扩张的速度幅度又极快极大。《清史稿·艺文志拾遗》著录书 54880 种，编撰者仍坦承"未见书目尚多"②。况且，各书目大都依据前人编目，并未核对各馆库藏原书。而有书无目或有目无书的现象不在少数。非公共性的公家图书馆，既不对外开放，管理人员又缺乏专业训练，编目更难完善。而博物馆系统，限于体制，所藏文献均作为文物，内部人员也难得一见庐山真面目。至于私家收藏，秘不示人，尚有许多信息未曾公开。如近人的函札、日记、著述等未刊稿本，

① 陈守实：《学术日录》，见《中国文化研究集刊》第 1 辑，422 页，上海，复旦大学出版社，1984。

② 王绍曾：《清史稿·艺文志拾遗·前言》，见《清史稿·艺文志拾遗》上，22 页，北京，中华书局，2000。

"躲在深闺人未识"的为数不少。

《民国时期总书目》的编辑原则是必须见书，因而有目无书的就只能阙如。线装书、少数民族文字和外文图书暂未收录。中小学教材仅收录人民教育出版社图书馆和北京师范大学图书馆的部分藏书，未及上海辞书出版社及全国其他馆藏。少年儿童读物，则三家图书馆漏藏或不入藏者较多。台湾、香港及边远省份出版的图书收藏也不全。此外，民国时期还有不少书籍因为政治、道德等原因遭到禁毁，其中既有政府行为，也有行业（如书业公会）自律，尤其是后一种情况，销毁相当彻底，海内外公私收藏甚少。这些都影响了收录的完整性。加之书目的编辑未兼收全国其他图书馆的藏书，虽然后来调查认为遗漏不多，只有 10％左右。可是基数太大，10％就是 12000 种，相当于清以前历代图书总和的一半！

报刊方面，据中国 50 个省市级以上图书馆所藏，仅 1833—1949 年 9 月以前的中文期刊，三次编目，均有不同幅度的增加。1961 年首版未收录中国共产党各时期的党刊、抗日民主根据地和建国前解放区出版的期刊，以及国统区出版的部分进步刊物。1981 年增订本加入上述部分，共收中文期刊近 20000 种。据"编例"，"仅收录比较有参考价值的品种。县级以下的期刊和有关中小学与儿童教育的期刊，酌量选收。至于纯属反动宣传、诲淫诲盗以及反动宗教会道门等毫无学术史料参考价值的期刊，不予收录。伪满、伪华北、汪伪等汉奸军政机关出版的期刊，除自然科学方面的期刊酌收外，其他的不予收录"。① 以今日的眼光看，这些刊物的学术参考价值当然不言而喻。所以，从 1985 年底起，由国家图书馆和上海图书馆共同主持，全国 56 个省、市、大专院校图书馆参加，编辑了一本补充目录，共补收期刊 16400 余种，其"编辑说明"特意强调："其中包括：珍贵革命刊物，国民党党、政、军刊物，抗日战争时期敌伪刊物，中小学教育刊物，儿童刊物，文艺刊物等。"②目前国家图书馆缩微中心以全国各图书馆藏为底本

① 全国第一中心图书馆委员会全国图书联合目录编辑组编：《1833—1949 全国中文期刊联合目录（增订本）》，2 页，北京，书目文献出版社，1981。

② 国家图书馆、上海图书馆主编：《1833—1949 全国中文期刊联合目录（补充本）》，1 页，北京，中央民族大学出版社，2000。

制作成缩微胶卷的报已达 2900 种，刊 10000 余种。晚清民国号称史料大发现的时代，所重主要还在古史，而各类新发现的古史资料相加，与近代史料扩增的速度幅度相比，可谓九牛一毛。

2. 史料规模对史学的制约

如此大量的资料，任何一类，已经超过中国历代文献的总和，叠加在一起，令人不堪重负。再具体的题目，要想穷尽材料，也戛戛乎其难。一般学人能力或有不及，而最重史料功夫的史学二陈，不免也会望洋兴叹。"淹博为近日学术界上首屈一指之人物"的陈寅恪①，尤其讲究史料与史学的关系，他比较上古、中古、近代的史料多寡决定史学的差异，认为："上古去今太远，无文字记载，有之亦仅三言两语，语焉不详，无从印证。加之地下考古发掘不多，遽难据以定案。画人画鬼，见仁见智，曰朱曰墨，言人人殊，证据不足，孰能定之？中古以降则反是，文献足征，地面地下实物见证时有发见，足资考订，易于著笔，不难有所发明前进。至于近现代史，文献档册，汗牛充栋，虽皓首穷经，迄无终了之一日，加以地下地面历史遗物，日有新发现，史料过于繁多，几于无所措手足。"②1940年陈寅恪为陈垣《明季滇黔佛教考》作序，就史料一点感叹道："寅恪颇喜读内典，又旅居滇地，而于先生是书征引之资料，所未见者，殆十之七八。其搜罗之勤，闻见之博若是。"③由此可见遍读晚近文献之难。

晚近历史的研究相对后起，整体水准以往不及古史。但史料繁多，在给学人造成巨大压力的同时，也提供了超越古史研究的可能。近代史家一般认为，晚近史资料搜集不难，判断也相对简单，因而容易立论。胡适就说："秦、汉时代材料太少，不是初学所能整理，可让成熟的学者去工作。材料少则有许多地方须用大胆的假设，而证实甚难。非有丰富的经验，最精密的方法，不能有功。晚代历史，材料较多，初看去似甚难，其实较易

① 陈守实：《学术日录》，见《中国文化研究集刊》第 1 辑，422 页。

② 王锺翰：《陈寅恪先生杂忆》，见纪念陈寅恪教授国际学术讨论会秘书组编《纪念陈寅恪教授国际学术讨论会文集》，52 页，广州，中山大学出版社，1989。

③ 陈寅恪：《陈垣〈明季滇黔佛教考〉序》，见陈美延编《陈寅恪集·金明馆丛稿二编》，272 页，北京，生活·读书·新知三联书店，2001。

整理，因为处处脚踏实地，但肯勤劳，自然有功。凡立一说，进一解，皆容易证实，最可以训练方法。"①他劝罗尔纲治近代史，理由便是"近代史的史料比较丰富，也比较易于鉴别真伪"。② 甚至陈寅恪也一度认为："近代史不难在搜辑材料，事之确定者多，但难在得其全。"③揆诸事实，不能不说这些意见多少低估了相关领域史料制约史学的复杂性，也轻视了由此带来的考验和提升学人创造力的可能性。胡适晚年穷究《水经注》案，陈寅恪则以盲目膑足之身费十年之功撰写《柳如是别传》，分别印证此前的判断，只是效果大相径庭。

由于晚近史资料边际模糊，引证、论述与评判，往往主观随意，见仁见智成为信口开河的托辞。与古代史尤其是唐以前的研究相比，这样的指责的确无可否认，尽管宋以后已有类似问题，而且训练不够的学人在新材料逐渐减少的情况下，也出现一味用旧材料重新解释的偏蔽。可是晚近史问题更为突出。治古史的学人好以自圆其说为立论的起码准则，以求大体贯穿解释相关资料史事。而晚近史料繁多，边际不定，难以穷尽，看朱成碧，亦可言之有据，甚至捕风捉影也能取证。无论正反，均不易验证。最为典型的事例，当为陈寅恪《柳如是别传》因不信官书，而作关于钱谦益两次被捕时间的长篇考证，居然成说。④ 至于当今学人普遍采用的因果论证与条件判断，割裂材料与史事的时空内在联系，任意拼凑组装，穿凿附会，形成观点，看似各有论据，非但不能贯通所有材料与史事，甚至不得不故意扭曲史事，强解材料，导致有争议无意义。如此论证，稍微涉猎文献，就可以轻而易举地提出多种相异相反的观点，并且都能找出论据，则立说不难，却无助于解决问题，推进研究，反而淆乱视听。

材料繁多可以深入扩展研究的层面，也加大了掌控史料与研究关系的难度。古代史多重制度文化，晚近则首重人事。人为历史主体，最为复

---

① 耿云志、欧阳哲生编：《胡适书信集》上册，557页，北京，北京大学出版社，1996。

② 罗尔纲：《师门五年记》，28页，北京，生活·读书·新知三联书店，1995。

③ 杨联陞：《陈寅恪先生隋唐史第一讲笔记》，载《传记文学》第16卷第3期，56页。

④ 何龄修：《〈柳如是别传〉读后》，见纪念陈寅恪教授国际学术讨论会秘书组编：《纪念陈寅恪教授国际学术讨论会文集》，634～638页。

杂，而材料繁复又难得其全，导致人的研究不易驾驭把握。处理史料与史学的关系，需要更加精细而具可操作性的办法。在古史领域，所谓直接材料与间接材料、主料与辅料、一手材料与二手材料等分别，于史事真伪的判定相当关键。一般而言，这样的判断固然不错，不过比照材料与事实的复杂性，还嫌表浅。近代学人强调有几分材料出几分货，而材料不会直接说明事实。或者说，材料只会展现记录人所知和所以为的事实。当事人的记录，除了最简单的真伪是否之外，如何才是真的问题相当复杂。梁启超即认为："不能谓近代便多史料，不能谓愈近代之史料即愈近真。"并指出近代史料存在"真迹放大"和记载错误的现象，① 不易征信近真。

所谓第一手资料的真与是，也是相对而言。历史记录，由于当事人角度、关系、层面各异，以及利害有别，往往异同互见，千差万别，横看成岭侧成峰的原因，在于立足点的远近高低各不同，罗生门的现象因而相当普遍。前贤所谓以汉还汉，只能剔除后来的迭加，不能区分当时的异见。就此而论，所谓真至少有两个层次，即史事的真与记述史事的真。史事的真只有一种，而人们必须根据各种记述来还原史事，即使亲历者的记述也各不相同，甚至牴牾矛盾，间接材料的差异往往由此敷衍而来。当事人记述有别，间有放大或掩饰的故意，却不一定是有意作伪，不仅所记大都是真（当然也有不同程度的失真），更重要的是，他们如此这般或那般记载，同样是真。前者是他们的眼见为实，后者则是不同层面真实心境的写照反映。研究历史，一方面通过比较不同的记述以近真；另一方面则要探究当事人何以记述各异，为何这样而非那样记述。史事的真与心路历程的真相辅相成，只有更多地了解所有当事人的心路历程，才能接近所记事件的真实。

古史材料遗存有限，仅凭断简残编，很难深入这一层面。陈寅恪评冯友兰《中国哲学史》上册称："凡著中国古代哲学史者，其对于古人之学说，应具了解之同情，方可下笔。盖古人著书立说，皆有所为而发。故其所处之环境，所受之背景，非完全明了，则其学说不易评论。而古代哲学家去今数千年，其时代之真相，极难推知。吾人今日可依据之材料，仅为当时

---

① 梁启超：《中国历史研究法》《中国历史研究法（补编）》，见《饮冰室专集》第 1 册，31 页、91 页、6 页、80 页，台北，中华书局，1972。

所遗存最小之一部，欲借此残余断片，以窥测其全部结构，必须备艺术家欣赏古代绘画雕刻之眼光及精神，然后古人立说之用意与对象，始可以真了解。所谓真了解者，必神游冥想，与立说之古人，处于同一境界，而对于其持论所以不得不如是之苦心孤诣，表一种之同情，始能批评其学说之是非得失，而无隔阂肤廓之论。否则数千年前之陈言旧说，与今日之情势迥殊，何一不可以可笑可怪目之乎？"

以往学界多注意上述文字，而忽略紧接下来的这段话："但此种同情之态度，最易流于穿凿附会之恶习。因今日所得见之古代材料，或散佚而仅存，或晦涩而难解，非经过解释及排比之程序，绝无哲学史之可言。然若加以联贯综合之搜集及统系条理之整理，则著者有意无意之间，往往依其自身所遭际之时代，所居处之环境，所薰染之学说，以推测解释古人之意志。由此之故，今日之谈中国古代哲学者，大抵即谈其今日自身之哲学者也。所著之中国哲学史者，即其今日自身之哲学史者也。其言论愈有条理统系，则去古人学说之真相愈远。"

晚近史料遗存的丰富详尽，使得学人不必依据残编断简神游冥想，但数量过多，边际模糊，形成雾里看花，仍然难免穿凿附会的流弊。有鉴于此，处理史料与史学关系的办法，也须较研治古史深入一层。具体而言，既然当事人的记述各异，不可能与事实完全重合，但又并非伪，而是部分真，则所谓第一手资料的属性其实难以断定，至少难以区分其中可信的程度与层面。能够用第一手资料直接证明的问题，只是时、地、人、大体过程等比较简单的部分，至于更为复杂的思维盘算、人际关系以及相关作用的详情究竟如何，很难以哪一位当事人的记述为准。所以，各类资料都只能部分地反映真实，只有尽可能完整全面地掌握相关记述，并且四面看山地比较异同，即俱舍宗式地前后左右了解语境，理解文本，把握错综复杂的相互联系，才能逐渐接近事实的真相。史实永远不可能完全还原，但是，随着对相关史料的掌握逐渐增多以及了解记述差异的潜因逐渐深入，史实可以多层面地逐渐呈现。

就此而论，治史仍然既是科学又是艺术，缺一不可。一再强调要将历史学的研究生物学地质学化的傅斯年不得不承认："凡事之不便直说，而作者偏又不能忘情不说者，则用隐喻以暗示后人。有时后人神经过敏，多想了许多，这是常见的事。或者古人有意设一迷阵，以欺后人，而恶作剧，也是可能的事。这真是史学中最危险的地域啊!"①正因为如此，高明的史家重建史实，其实是再现历史场景、人物关系以及各自的心理活动，所有历史人物原景实地再度复活，如演戏般重新演历一番。不过再现的途径是严谨的考证，以实证虚，由碎立通，而非文学的创想。

3. 分科治学与专题研究

主张治史要将史料竭泽而渔的陈垣，同样苦于近代史料的漫无边际。他说："史料愈近愈繁。凡道光以来一切档案、碑传、文集、笔记、报章、杂志，皆为史料。如此搜集，颇不容易。"于是主张："宜分类研究，收缩范围，按外交、政治、教育、学术、文学、美术、宗教思想、社会经济、商工业等，逐类研究，较有把握。且既认定门类，搜集材料亦较易。"②这与近代西学影响下分科治学的时趋相一致。清季学人如刘师培等即将中国既有学问附会西学分支，胡适、梁启超等人的整理国故，也着重提倡专史研究。影响之下，专史或专题研究形成风气，对此后学人的学术取向制约深远。

研治晚近历史遭遇资料易得而难求其全的尴尬，引发一系列令人困惑的难题，直接关系到研究的高下优劣，得失成败。分门别类旨在缩小范围，穷尽材料。所以高明者治专题而非专家，目的仍是贯通。后来学人畛域自囿，读书亦画地为牢，做什么只看什么。流弊所及，史学在失去整体性的同时，并不能消除史料边际模糊带来的困惑。起于晚清的分科治学用西洋系统条理中国材料，一度被认为是建立新的学术典范。可是用分科的观念看待此前的史料史事，难免强分疆界，隔义附会。而缩短战线，固然一定程度上有助于解决史料繁多，无法尽阅的难题，也带来不少偏蔽。其最大问题，当在割裂史学的整体性。由于书多读不完，不可能读完书再做研究，亦不问执简御繁之道，学人所有知识也收缩分类，等于将整体肢解为互不关联的部分，不仅学问的格局不能大，无法通，更使得窄而深的局

① 傅斯年：《史学方法导论》，见欧阳哲生主编《傅斯年全集》第 2 卷，341 页。
② 陈智超编注：《陈垣来往书信集》，380 页，上海，上海古籍出版社，1990。

部研究扭曲变形。具体表现为：

其一，治学不识大体。"学问必先通晓前人之大体，必当知前人所已知，必先对此门类之知识有宽博成系统之认识。然后可以进而为窄而深之研讨，可以继续发现前人所未知"①。如今只由教科书接受一些常识套话，就进入细小的专题研究，不知前人大体和已知，守成尚且力有不逮，又急于创新超越，凭借翻译介绍的域外义理或讲座讲坛等耳学零碎，追逐新奇，道听途说，横逸斜出。所谓创新，难免无知者无畏。面对数量庞大，系统混乱，无法把握的史料状态，研究者的确很难做到胸有成竹。更为严重的是，由于史料繁多，目录不全，学人反而不注意由目录入手，把握整体，探察系统。不要说用辨章学术，考镜源流态度看学术的渊源流变，作为索引的功能也未予以足够重视。各校研究生，不少人博士毕业，还不知道多种目录书的存在，更谈不上利用。何况目录不能仅仅作为查询的索引。而细分化并不能解决史料边际无从把握的困惑，再小的题目，也难以穷尽史料。以索引找资料，则会遗漏大量从题目、关键词不可见的重要史料，并且因为不知研究对象的关联范围，也就难以把握主题的史料边际究竟何在。由此出现相反相同的两种情形，或找不到材料（往往视而不见），或材料太多不能驾驭。犹如秉烛夜行，灯下黑与不远见均不可免。于是研究一个题目的材料究竟要掌握到何种程度方可出手，而且能够保证大体不错，将来材料进一步发掘披露，可以补充，可以局部调整，甚至可以个别细节正误，但基本判断和方向正确，后续研究只是加强，而不至于颠覆原有成果，其成果更不仅仅是发表见仁见智的议论，便成为近代史研究难以拿捏捉摸的普遍难题，也是史学艺术一面的奥妙所在。

其二，不能把握整体与具体的关系。迫于史料繁多而缩小范围，专门之学日趋精细。可是随着专题研究的细分化，历史的整体性逐渐丧失，不知具体在整体中的位置与意义，反过来具体研究的准确度也难以拿捏得当。分科治学之下，学人的眼界日趋狭隘，没有成竹在胸，无法庖丁解牛。或以为横切竖斩，总能深入核心，殊不知若无大局整体，问题意识于

---

① 钱穆：《新亚学报》发刊辞，载《新亚学报》1955 年第 1 卷第 1 期，5 页。

见仁见智、见树见林之外，很容易将天边的浮云误认为树林。① 专门化逐渐形成小圈子的学问，参与者的能力决定其整体水准。若无高明领军，难免等而下之。而学人又不甘于局部边缘，贯通无能，却好以各种名义将局部放大为整体，将落草为寇当成占山为王。一方面不断细分化；一方面则夸大其专门为引领时趋，以侏儒充巨人。治史误解整体与局部的关系，表现有三：（1）以局部为整体，所谓盲人摸象；（2）从局部看整体，容易看朱成碧；（3）由局部求通论，难免强人以就我。

其三，强古人以就我。民国以来，学人好用外来系统重新条理固有材料，犹如将亭台楼阁拆散，按西洋样式将原有的砖瓦木石重新组装，虽也不失为建筑，可是材料本来的相互关系及其作用，已经面目全非，由此产生的意境韵味，更加迥异。今人能够看到的材料远过于前人，读懂材料的能力则尚不及前人。而且史料的价值愈高，愈是难读，利用者反而日趋鲜少。因为无法读懂前人著述的意思，于是以为前人无意思，将所有书籍当做材料，尽量使材料脱离原有的时空联系，随心所欲，断章取义。进而以分科观念看待前人前事，将历史纳入后来的解释框架，曲解附会，所治历史不过其本人的思想史。而美其名曰历史均为人们心中的历史，一代人有一代人的历史。

三　胸有成竹与盲人摸象

1. 由博返约

史学为综合的学问，须先广博而后专精，由博返约，读完书再做研究，所谓"通学在前，专精在后，先其大体，缓其小节，任何一门学问，莫不皆然，此乃学问之常轨正道"。② 可是，这样的常轨正道在晚近史却显得悬的过高，相当奢侈，甚至强人所难了。晚近史料的规模大大超过历代文献的总和，而搜集阅读之难，逾于古史。在史料不可能竭泽而渔，难以

---

① 杨联陞：《敬挽萧公权先生》，见杨联陞著、蒋力主编《哈佛遗墨——杨联陞诗文简》，87 页，北京，商务印书馆，2004。

② 钱穆：《新亚学报》发刊辞，载《新亚学报》1955 年第 1 卷第 1 期，6 页。

把握边际的情况下，学人或畛域自囿，或随意比附，使得盲目性不断增大。治史须先因后创，胸有成竹，才能庖丁解牛，以免盲人摸象。

专门研究的前提，是能够把握整体与部分，以及不同部分的相互关系。材料与史事之间，存在无限延伸的内在联系，不能把握整体，很难探究具体。由于不知史料边际，分段分类的研究，在解读材料，条贯史事方面，难免盲目偏宕，研究者心中无数，不知向何处、如何及何时出手。于是谨慎者束手，胆大者妄为，琐碎化与随意性相反相同。目前难以完全避免专题研究的偏蔽，只能尽力减少负面作用。作为起点，可以考虑以下各条：

首先，应知分门别类乃人的天赋功力及外界条件有限，不得已的无奈之举。即使身陷其中，也要努力超越其外。无此远大志向，自学则害己，教书则误人。

其次，不以专家之学自矜，虽然现代教育体制下难以先博而后约，读完书再做学问，早已让章太炎等人断言大学不出学问，还是可以亡羊补牢，尽可能放眼读书，了解前人已知，体会前人的苦心孤诣，并把握学问总体与分支的渊源脉络即系统。

其三，尽可能利用各种目录工具书，掌握前人成果和已知资料。在此基础上，进而辨章学术，考镜源流，以求明道。

其四，专门研究须读书以发现问题，不要悬问题以觅材料。以免先入为主，不易发现反证。问题意识及选题由材料和史实的连缀中自然生成，只见一面之词的概率相对较低，不仅有助于避免主观成见，而且对材料和史实的各方关联性有所领悟把握。循序渐进，防止误读错解，以偏概全。

博而后约，以专致精，由精求通，整体之下探究局部，仍为治学取法乎上的不二法门。如此，才能接续前贤的未竟之业，以免日暮时分盲人骑瞎马行险道，以找漏洞寻破绽钻空子对着干为治学的正道坦途。

2. 看得到与读得懂

随着晚近文献的大量出版以及各种编目的进展，研究者心中有数，可以改变以为历史的大体真相基本还尘封于人所不知的秘笈之中的误解，促使学人将重心由找资料转向读书，由看得到转向读得懂，由借助外力条理材料转向理解文本史事的内在联系，改变以外国义理为准则的趋向，以免进一步误读错解前人言行，从而改善提升晚近史研究的格局与水准，甚或因缘史料的繁复，借鉴古史的经验，进一步探究处理史料与史学复杂关系的良法，化弊为利，使得晚近史研究驾古史而上之。

史料量大、分散、杂乱，使得学人或过度依赖资料，或全然不受资料约束。一方面，因为条件差异，学人掌握资料的难易程度处于不对等状态，虽然可以扬长避短，但也难免舍本逐末。长此以往，容易导致以无可奈何为大势所趋的虚妄。另一方面，片面强调以新材料研究新问题，不读书而一味扩张材料，造成对资料的迷信和垄断，产生两种看似相反而实相同的偏颇，一是灯下黑，身边易见的书不看，一味查找人所不见的材料，不知历史的大体已在一般书中，旧材料不熟，不能适当解读新材料；二是过度依赖材料的独占，只看自己拥有的秘笈，不与其他相关资料相互参证，研究某人某事即只看直接资料，结果不仅以其所见所知为全部事实，还以其是非为是非。或以某一类资料为可靠，以为材料即事实，于是只看这类材料，甚至排斥其他资料，不能相互参证，非但事倍功半，也容易错解误判。而在细碎化的专题研究之下，成果很难被重新验证，使得以找材料的态度读书，用看得到来掩饰读不懂的偏向不断加剧。越好的资料看的人越少，或只是从中挑选"看懂"的东西。研究者敢于断章取义，强材料以就我。同时，正因为找不到看不全，或者则干脆不顾史料，以举例为归纳，以只言片语为论据，凿空逞臆，轻率立论。

资料的不完整与边际的不确定，使得外来后出的系统大行其道。今日治史者，历史观念不足，先入为主的成见有余，其取径做法，往往欲挣脱史料与史事的既有关联，按照某种义理的框架解读、挑选和归纳材料及史事。若无这些框架，则不知史料有何意思，史事有何意义。这种一度被认为学术近代化的必由之路，不仅存在适当与否的问题，即使所谓外来系统，也几度转手负贩，诚如傅斯年所说："所谓'理论'，自然总有一部分道理，然至徒子徒孙之手，则印版而已。"①欧洲汉学本来有用类书找题目

---

① 1943年1月15日傅斯年致朱家骅函（抄件），台北，"中央研究院历史语言研究所"藏傅斯年档案。

的习惯，后来中心转到美国，"各大学里有些研究中国历史的美国学者，不愿（或不能）广参细考中文书籍，但又必须时时发表著作，以便维持或增进他们的声誉，或博取升级加薪的待遇。天资高一点的会从涉猎过的一些资料中'断章取义'，挑出'论题'，大做文章。只要论题新鲜，行文流畅，纵然是随心假设，放手抓证的产品，也会有人赞赏。作者也沾沾自喜。"犹如王阳明所谓："今学者于道如管中窥天，少有所见即自足自是，傲然居之不疑。"①这在域外学人，或可扬长避短，还不失为取巧。国人不明就里，照搬仿效，非但邯郸学步，简直东施效颦。熟悉域外中国研究状况的余英时教授断言："我可以负责地说一句：20世纪以来，中国学人有关中国学术的著作，其最有价值的都是最少以西方观念作比附的。如果治中国史者先有外国框框，则势必不能细心体会中国史籍的'本意'，而是把它当报纸一样的翻检，从字面上找自己所需要的东西（你们千万不要误信有些浅人的话，以为'本意'是找不到的，理由在此无法详说）。"②此言可以检验一切中国人有关中国的著作。当然，看得到的问题解决之后，能否读得完并理解其本意又成为难堪重压，考验学人的智慧和体力。

3. 归纳与贯通

历史事件均为单体，不会重复，有的看似相近相同，其实千差万别，除非削足适履，无法概括；所有的个别事件之间存在时空无限延伸的相互联系，而历史记录多为片断，拼合联缀，讲究相关性；当事者利害各异，其记述的罗生门现象相当普遍，实事往往无直接实证，可以证实的部分相对简单；所以治史不宜归纳，只能贯通。相应地史学着重见异，有别于社会科学主要求同。不过见异并非仅仅关注具体，反而更加注意整体，要整体之下研究具体，探寻具体的普遍联系。因此，治史最要也是最基本的方法为长编考异，即按时空顺序比较不同的材料，以求史事的生成衍化及其内在联系。

历史又是各部分有机联系的整体，通历来是学人追求的至高境界。即

①　萧公权：《问学谏往录——萧公权治学漫忆》，224～225页，上海，学林出版社，1997。

②　余英时：《论士衡史》，459页，上海，上海文艺出版社，1999。

使晚近流行分科治学，有识之士仍以求通为目的，分乃不得已或是走向通的阶段。或以为近代欧洲学问着重分析，固然，但史学仍以综合为高明。布罗代尔时代的年鉴学派，整体史的格局凸显。而后布罗代尔时代五花八门的新史学，一定程度已是整体史碎裂的遁词。近代学人重写历史，以及用西洋系统整理国故，还将断代、专门、国别各史皆视为通史之一体，后来则以专攻为独门，浑然一体的学问划成彼此分离的系统。久而久之，不仅各科之间相互隔绝，每科内部也日益细碎。以史学而论，纵向分段，横向分类，林林总总的所谓断代、专门、国别史，本是贯通历史必备的条件基础，扬之则附庸蔚为大国，抑之则婢做夫人。尤其近代史虽然已是断代，还要进一步细分化，时间上分段，空间上分类，形同断代中的断代，专史中的专门。纵横两面，相互隔膜，所谓占领制高点的专家之学，渐成割据分封，画地为牢，而占山为王与落草为寇实无二致。

要达到通的境界，必须在博通与专精之间平衡协调。晚清只有教科书层面的通，多用外国框架填充本国材料，甚至直接翻译外国人编写的教科书。进入民国，在疑古辨伪和史料考据风行之后，通史的呼声日渐高涨，显示对于学问日益支离破碎的不满，并导致一些学人有志于撰写通史，突出者如吕思勉、张荫麟、钱穆等。另外，强调史观的学人也急于用通史来表达其主张并进而影响社会。教科书与通史，看似具有通的形式，可是未必融会贯通、提纲挈领，条贯所有史事没有窒碍。若以主观裁剪史实，面面俱到，难免流于宽泛表浅。

近代史虽为断代，若无通的把握，也难以贯通无碍。中国近代史的通，又有难于古代史之处，即不仅贯通古今，沟通中外的方面愈加重要。周予同认为："中国史学体裁上所谓'通史'，在现在含有两种意义：一种是中国固有的'通史'，即与'断代史'相对的'通贯古今'的'通史'，起源于《史记》……另一种是中国与西方文化接触后而输入的'通史'，即与'专史'相对的'通贯政治、经济、学术、宗教等等'的'通史'，将中国史分为若干期而再用分章分节的体裁写作。"①其实，中国固有的通史，须"明天人之

---

① 周予同：《五十年来中国之新史学》，见朱维铮编《周予同经学史论著选集（增订本）》，535页，上海，上海人民出版社，1996。

故，通古今之变，成一家之言"，也涵盖了后一种的通。通要兼顾纵横两面，即钱穆所说"融贯空间诸相，通透时间诸相而综合一视之"①，对于学人的见识功力，要求很高。

周予同主要着眼于形式的通。近代中国经历千古未有的大变局，社会历史文化一脉相承之下，观念制度、精神行为全然改观。其变化由古而今，自外而内，知识与制度两面均须博通古今中外，才能理解把握。分门别类适宜专题研究，而不能化解兼通的难题，况且由专题而专门而兼通，缓不济急，难以应付社会的迫切需求。于是又有集众的主张，欲以分工合作的办法，弥补个人能力的有限，加快通史纂修的步伐。

分工难免出现合而不同的尴尬。钱穆曾批评北京大学通史课多人分授，实增听课学生之不通。分工合作的近代史如何求通，以往多讨论上下分界和基本线索。对此，海内外的各种论著尽管观念差别，相同相似之处也不少，表明有着共通的渊源。目前大陆通行的近代史体系成形过程中，延安时期的新编历史和建国之初新史学会（中国史学会）编辑出版近代史资料丛刊，影响至为深远。尤其是字数多达数千万的资料丛刊，汇集了大量珍贵史料，为近代史研究的普遍开展提供了便利。尽管编辑方针确定对史料不加分析判断，但依照时间顺序分为12个专题，并有归类，等于建立起一套体系框架，与资料相配合，影响更大。后来的近代史线索等讨论，只是在所划定的范围内争论，效果不过是放大与定型而已。

所谓线索，也就是条理的脉络，用以统领史事，能够纲举目张，通贯无间。中国近代史料浩如烟海，头绪纷繁，加之分门别类的研究格局，意见分歧，见仁见智。据说费正清曾经感叹研治中国近代史不能归纳，不然容易成为批评的对象。关于近代史线索的讨论，往往由于不能合理恰当地连缀解释事实，产生歧义。所以，重要的是把握揭示史事之间普遍存在的联系，而不用后来外在的框架强分条理系统。这也是能否贯通的关键。

按照章太炎、金毓黻等人的看法，中国历史以正史为主，正史即政治史，而政治史以探求历代制度文物的因革损益为要，以此为主轴中心，通

---

① 钱穆：《中国今日所需之新史学与新史学家》，载《思想与时代》，1943(18)。

贯包括治乱大事在内的史事，凡与制度文物相关联者从而研究之，视断代、专门、国别皆为通史之一体。① 这与后来政治史以事件活动为主，不尽相同。近代中国的制度文物承上启下，变化极大，影响极深，可以为天然脉络，上溯渊源，下探究竟，条贯检验兴衰治乱的大事要人。以此为准，近代史的通不仅要贯穿内部的时空，还须上出嘉道，联接域外。

（作者为中山大学历史系教授）

---

① 参见《静晤室日记》，4739 页，长春，辽沈书社，1993。

中国的世界史研究（提纲）

钱乘旦

中国有悠久的史学传统，然而在中国史学传统中并没有"外国史"这一分支，古代史书中有一些关于"域外"的记载，但多数是道听途说，谈不上研究，有些只是猎奇。

中国的"世界史（外国史）"学科很晚才出现，19 世纪中叶是其起点。西方列强的入侵刺激了中国人，迫使他们去了解世界，这才出现世界史学科。

从那时到现在，世界史学科经历了以下几个发展阶段。

1. 初始了解阶段（19 世纪中叶）：代表性作品是《四洲志》《海国图志》，特点是不系统、不准确。

2. 翻译和介绍阶段（19 世纪末至 20 世纪初）：代表性作品有译作《泰西新史揽要》《万国通史》《万国史略》；编著《法国志略》《英国维新史》等。这些书系统、完整地介绍了各国（主要是西方）的历史，具有比较规范的学术价值。

3. 早期研究阶段（20 世纪 30—40 年代）：一些留学生在国外接受了西方史学训练，回国后著书立说，真正开始了我国世界史的研究工作；而早期的研究成果，有不少集中在中外关系史方面，这些研究有相当高的学术水平，经常是中外史料并用，但成果数量不多。

4. 学科形成阶段（1949—1965）：新中国成立后，随着全方位学习苏联，世界史正式成为"学科"，可以单独招生并独立进行研究工作。这一阶段的特点是全面接受苏联的影响，以苏联教科书作为规范。这一时期有大量研究成果出现，研究课题也相对扩充；但苏联的教条束缚也很明显，限制了研究的范围与方法。

5. "文化大革命"前后(1965—1978):与其他学科一样,世界史学科受到摧残,之前的研究成果及史学家全都受到批判。出现过一些与世界史相关的文章、小册子,但基本上是出于当时政治背景的需要,有些还成了"影射史学"。

6. 改革开放以后(1978年至今):世界史学科真正得到大发展,出现了"百花齐放,百家争鸣"的现象。研究人员和研究成果都大量增加,研究质量不断地提高。最值得提及的是,中国的世界史研究已经走上了独立发展的道路,寻找自己的学科特色。

这阶段的研究工作有以下特点:

(1)选题多样化:指覆盖人类历史的各个方面。

(2)角度多样化:从不同角度观察历史、分析历史。

(3)方法多样化:如计量方法、叙事方法、社会—经济史方法、全球史方法等。

(4)史料丰富化:史料之丰富已呈爆炸之势,完全改变了过去世界史资料严重缺乏的局面。

(5)研究深入化:以此为前提,研究工作也越来越深入了,泛泛而谈的现象不可维持。

(6)进展国际化:国际交流已成常态,闭门造车、自说自话的情况难以为继。

现在,世界史学科已形成一支稳定的队伍,各高校(包括师范院校)都有专职的世界史教师,都开设世界史课程。研究人员散布于全国,尽管其分布并不均匀。

研究成果在数量方面不断攀升,远不是以前任何阶段可以想象的。在量的基础上,出现了一些有分量的好作品,得到国内,甚至国外学术界的承认。

世界史专业学术团体健康发展,为世界史研究提供了交流的平台,并为广交同仁创造了条件。

研究生培养工作取得显著的成绩,为学科的持续发展提供了制度保障。

总之，世界史已成为我国历史学大家庭中一个重要而必要的成员，它为我国历史学整体的发展作出了贡献。

但世界史终究是一个年轻的学科，它面临着许多问题，需要进一步发展。这些问题包括：

1. 学科小，人员少，不能满足教学、研究需要。

2. 研究领域涵盖面不够，不能体现"世界史"的学科含义。

3. 人员基本素质需进一步提高，比如外语能力，对外国文化、社会的了解程度等。

4. 公众理解不够，对它的重要性认识不足；各级职能部门也基本如此。

随着中国的快速发展，世界史学科的重要性日益凸显。我们希望在社会各方面大力支持和学界同仁的共同努力下，世界史学科可以得到更大的发展。

（作者为北京大学历史系教授）

世界史研究的几个问题

徐 蓝

（一）通过第 21 次国际历史科学大会的主题和部分专题，以及国际第二次世界大战史研究会年会讨论的主题看国际史学的最新动向

第 21 届国际历史科学大会于 2010 年 8 月 22—28 日在荷兰阿姆斯特丹召开。此次大会的主题是"水"。从开幕式的主席致辞"水和知识"（Water and knowledge）、欢迎词"荷兰历史中的水的因素"（Water as a factor in Dutch history）、三个主题发言："水和中国的历史"（Water and the history of China）、"水与非洲的政治想象力"（Water and political imagination in Africa）、"北美历史中的水"（Water in the history of North America），当中，我们可以看到，国际历史科学大会希望通过这次会议，引起历史学家对地球上的资源与人类历史发展关系的研究兴趣。例如，国际历史科学大会主席在他的致辞"水和知识"中，简要地说明了人类对水的研究历史，以及今天对水资源研究的重要性："在历史上，文化和科学的一个主要关注的问题就是对水的了解，包括了解水的化学组成、水的分配、水的用途、水的分布和回收、水的管理等知识。长期以来，由于宗教或神话的因素，使水蒙上了一层神秘的色彩。自近代化学——由于法国科学家拉瓦锡的研究——诞生以后，才开始了对水的性能的研究，并有了研究的可能性。人们研究河流和海洋中的水，天空和大地上的水，植物、动物和人类生活中的水。今天，水作为人类生活的一个不可缺少的需要，水的缺乏或过量都是一个严重的问题，因此，无论从经济上、政治上或道义上，对水的研究和利用都具有巨大的价值。"①

这次国际历史科学大会讨论的具体问题主要包括：帝国的衰落；历史与伦理；联合国教科文组织规划的历史；女性圣像代表的集体认同；存在一种通向历史的全球路径吗；大众迁徙——一种全球的视角；移民和移民网络以及身份认同；意象的 Mundi——地图的世界；传记和微观历史；伊斯兰教、犹太教和基督教的高端学问；"我们正在吃什么穿什么"，历史中的食物和衣服；历史和人权；城市暴行——偶发而异常的；前现代的南亚和东南亚的宗教和社会；作为文化的城市；旅行中的变化的文化；近代历史中的空间概念；前线与边界线；中世纪和近代犹太、伊斯兰和基督教社会的社会空间和宗教文化；18世纪以前的忍让；性和教育；妇女和学术文化；信贷的社会历史；征服和人口统计；奴隶制——有问题的国家；中国、印度和日本的现代化；国家的历史和历史的全球化；谁拥有历史；特殊的主题，非洲的殖民帝国和文化的 Hibridity；消费社会和经济变化；伦理、历史研究和法律；旅游作为一种历史改变的力量；中世纪社会的特许状；宗教与权力；新共和国——19世纪拉美国家的建立；体育中的国际关系；跨文化中的书；多元的政治；跨文化视野中的法国大革命；跨文化交流与国际关系；世界和全球史中的研究视野；被占领的社会；死亡的权利；从古至今的贸易与文明；历史意识与文化认同；当代对历史教学的挑战；近代的自由和不自由的劳工；哈布斯堡帝国及其后；东南欧和亚洲；贸易、海运与战时网络；战争与占领……

从上述这些不全面的介绍中，我们可以看到国际历史研究的微观、中观与宏观的不同层面，以及政治史、文化史、社会史、战争史、国际关系史、世界史和全球史、历史教育等不同领域的历史研究，同时特别提倡与资源有关的研究（如本次大会的主题）、跨文化的研究、民族国家的研究、战争与国际关系的研究，以及新社会史和新文化史的研究。

在第21届国际历史科学大会期间，作为其附属的分支学会国际第二次世界大战史研究会也召开了两天的年会。这次年会讨论的主题是："占领

---

① 引自第21届国际历史科学大会网站，http：//www.ichs2010.org/peset.asp。

的经历，1931—1949：从亚洲和欧洲战区的比较视角出发的研究"。具体分为三个部分的讨论内容。

第一部分，比较的视角，宣读的论文包括：(1)"友好的占领"——第二次世界大战后的临时军事管制，西欧和东南亚的比较；(2)是与东京战斗还是与伦敦战斗？二战期间的中国，印度国民大会和寻求一个抗日联盟；(3)当地对战争的回忆，德国占领和苏联战后在顿巴斯地区的经历——口述历史项目的成果(2001—2007)；(4)德国和日本的战争解决，1937年/1941—1943年——苏联占领区和华北占领区的比较；(5)战争和摄影术——西欧被占领的首都。

第二部分，被占领区的社会，宣读的论文包括：(1)在强制合作与抵抗之间生活：在"升起的太阳"之下的马来亚和新加波的海外华人社会；(2)1940—1943年意大利对法国南部的占领；(3)占领政权下的劳工动员——殖民后期朝鲜的强制劳工；(4)战时法国的"能动"性——经济合作与日常生活；(5)日本的占领和泰国对泰—缅铁路的回忆。

第三部分，战争与占领，宣读的论文包括：(1)日本对日战区的中国共产党敌后战场的政策(1937—1945)；(2)"战争灭绝"——何时开始干？在哪儿干？(3)二战中日本使用化学武器的研究报告；(4)匈牙利的占领与冷战(1945—1949)；(5)政治教训还是文化想象？第一次世界大战对"希特勒的欧洲"的影响。

从这次会议的主题和论文来看，给人以下几个印象：第一，选题视角比较新。研究战争中的被占领地区的问题，这是我国二战史研究的薄弱领域(不包括我国的抗日战争史的研究)。第二，基本上是具体的个案的微观研究，而我国二战史研究的相对宏观的议论较多，依靠各种原始资料进行的微观个案研究的水平有待提高。第三，涉及的问题比较广泛，包括政治、军事、社会生活、文化艺术、口述历史和回忆，等等。相比较，微观的二战史研究仍然停留在政治、外交的层面。第四，对二战的扩展研究，包括二战与非殖民化关系的微观研究，二战与冷战等。第五，提倡比较研究的方法论。

(二)国内的国际关系史研究的动向与前景

这里简单介绍我国在改革开放 30 年来的有关 20 世纪的国际关系史研究的基本方面。

第一,围绕二战的国际关系史研究①

1. 二战前的国际关系研究:(1)对老问题的研究,主要是对英法绥靖政策、美国"中立法"及其绥靖政策的研究,主要是通过新视角、根据新史料对二战前西方民主国家的绥靖政策想宣传原因提出了一些新的看法。(2)对新问题的探讨。主要包括:对第一次世界大战后的和平安排与二战的起源,以及对苏联参战前的外交政策研究。

2. 战时国际关系研究(不包括抗战)。这是对一些过去基本没有涉及的新问题的研究。主要包括:(1)同盟国的战略关系研究;(2)战时主要大国外交政策研究;(3)战时中小国家外交关系研究。

3. 同盟国对战后世界和平安排研究。这也是对一些过去基本没有涉及的新问题的研究。主要包括:(1)大国之间几次重要会议研究;(2)雅尔塔体系(体制)研究;(3)国际组织研究。

第二,战后国际关系史研究。②

1. 档案解密和资料编辑:外交部档案解密、沈志华编的苏联档案、官方出版的政府文献,等等。这些多是新的成果。

2. "冷战"国际史研究。这是学术界研究的新问题。包括:"冷战"的定义及其特征;关于"冷战"史学术体系的构建;"冷战"起源研究;美国的"冷战"战略;苏联在"冷战"中的东欧政策;"冷战"在亚洲;"冷战"中的大国关系;"冷战"中的亚洲局部热战研究(朝鲜、越南、中印边界);"冷战"与发展中国家的关系,等等。这些都是新的领域,

3. 欧洲一体化史研究。

---

① 有关的详细综述,见徐蓝《围绕第二次世界大战的国际关系史研究》,载《世界历史》,2008 年纪念改革开放 30 年增刊。

② 有关的详细综述,见徐蓝《中国战后国际关系史研究的回顾与展望》,载《历史研究》,2008(6);《中国战后国际关系史研究 30 年》,载《冷战国际史研究》,2009(8)。

4. 非殖民化研究。

5. 联合国及其他国际组织研究。

就战后国际关系史的研究来看，具体的个案研究刚刚起步。在资料建设方面，除了美国的资料比较容易获得之外，俄国和东欧国家的资料亟待收集、购买和整理，需要资金的支持。在研究的深度和广度方面，一些研究，特别是与中国有关的问题的研究，已经达到国际水平，但在其他方面，仍有待于提高。

（三）首都师范大学世界历史专业的人才培养与教学改革

首都师范大学世界历史专业是北京市市级品牌建设专业，首都师范大学重点建设专业。本专业学制四年，依照国家历史学科人才培养和科学研究基地的要求设定培养目标：通过学习使学生具有历史学知识基础，具有世界历史专业特长和相关外语特长，具备从事世界历史研究能力、从事各级政府机关和企事业单位涉外工作能力，具有现代观念的高水平综合人才。

世界历史专业于 2001 年设置，第一批学生在 2001 年 9 月入学。目前，已有三届毕业生先后于 2005 年、2006 年、2007 年完成四年制的学习。

在国内现有的世界历史专业中，首都师范大学的世界历史专业开设了小语种课程，这是我们在办学方向上的特色。

本专业正在探索一条跨学科专业、跨部门联合培养复合型人才的新机制。学生入学后，先在历史系学习一年历史专业基础课程，如中国通史、世界通史。从第二年起到外语学院学习外语，语种分别为英语、日语、法语、西班牙语、俄语，同时在历史系学习历史专业选修课程，其中包括历史专业英语、日语、法语、西班牙语、俄语。在修满规定的学分之后，学生可以获得历史学专业与外国语专业双学位。

经过几年的建设，本专业在培养目标、课程设置、教材编选、师资力量等方面都完成了基本构建工作。学生在历史学与外国语两个专业领域的学习，都取得了明显的成绩。2005 年的第一届 21 名毕业生中，保送研究生 10 名，其中 2 名保送北京大学历史系世界历史专业。2006 年第二届毕业生中，有 2 名保送北京大学。2007 年，有 1 名保送北京大学。

然而，本专业的持续发展也面临着诸多的问题与困难，主要表现在：

(1)本专业属于历史系与外语学院联合办学，学生跨系选修课程。由于涉及两个系的教学资源，在课程安排的时间上经常发生冲突，难以协调。在很多情况下，只能安排学生优先选修外语学院的课程，因此而使学生失去了很多选修历史系优秀课程的机会，未能充分利用历史系的优秀教学资源。

(2)受目前社会上就业环境的影响，学生经常在外语与世界历史两个专业的选择上迷失方向，重外语而轻历史。一些好学生在外院的学习名列前茅，比外语专业的学生学得更好，但未能在历史学方面发展。

(3)历史专业的课程编制有缺陷，未能在课程设置与学习要求中始终坚持世界历史的教学方向，致使学生选修课程过于分散，学年论文与毕业论文的选题也未能突出世界历史的专业特色。

(4)在指导学生撰写学年论文与毕业论文方面下工夫不够，对于考研的支持力度也不够大，没有发挥出在研究能力培养和学术事业的开拓方面应有的作用。

(5)世界历史专业的性质和特点，要求任课教师经常性地参与国际学术交流与合作，然而由于资金短缺(出国资金有限)，本专业教师这样的机会还不够充分。

针对上述情况，我们进行了改革。

第一，从 2008 年开始，给世界史专业的学生增加了 5 门专业核心课：世界古代中世纪史文献选读(英语)；世界近现代史文献选读(英语)；宏观世界史；世界史工具书与数据库；世界历史要籍选读(英、俄、法、日、西语，供不同语种的学生选择)。

第二，为世界史专业的学生规定限选课，包括世界文明概览、中华文明概览、外国文学经典(英语)、英语国家概况(英语)。同时为学生规定专业方向课，要求学生在序列中必须选修世界史的课程 10 门以上，以保证学生学到更多的世界史方面的知识。

第三，鼓励世界史学生的校级、市级、国家级的科研立项，提高学生的科研能力。

第四，充分利用世界史学科作为国家重点学科的有利条件，在经费上对教师出国进修访学给予支持。

第五，开展世界史博导论坛、世界史国际论坛，请国内知名专家和国际学者讲学，提高世界史专业学生的学术视野、问题意识。

（作者为首都师范大学历史学院教授）

中国的世界史学科建设的几个问题

刘北成

中国的世界史学科建设是一个非常复杂的大问题，其中涉及的问题之一是，我们的世界历史的知识，包括中国史的知识是否包含世界各国的先进成果。是不是只有 made in china 的才是属于我们的知识？

迄今为止，我们的最基本的世界历史知识，很大一部分是靠外国人或者是靠翻译。在这一点上，我们还是应该坚持一个开放性的态度。中国世界史的发展历程，已经有大约一个世纪的时间了，这里我想强调的是"文化大革命"时期。世界史学科在"文化大革命"时期遭到严重摧残，但不是一片瓦砾。大家知道，1972 年我们开始组织翻译了一套外国史丛书，200多册。那 200 种外国史丛书是 20 世纪 80 年代我们中国人的世界史知识的基本建构的素材。今后若干年内，世界史学科建设里面有很重要的一个部分就是资料的翻译和重要研究成果的翻译，我们不能把这个工作看成是一个低级的工作。作为世界史学科，我们的发展战略规划应当考虑加强搜集资料和翻译资料。由此还涉及人才培养问题和整体的翻译水平问题，因为目前培养出来的人，再过十年、二十年就成为学科中坚力量。20 世纪 80年代初的时候，黄德禄先生在北师大带了一批美国史研究生。黄德禄要求这些研究生，在交给他毕业论文初稿时，也要交引用资料的原文，他要一句一句地审看。我拜访他时，他对我说，有些引文翻译错了，甚至意思完全相反了。我们现在有相当多的世界史的论文，都没有经过像黄先生这样的审看。我自己也没做到。我也组织一些研究生做翻译，也审看一些研究生的翻译，发现普遍存在较多的问题。这就是训练上的不足，落实到学科建设问题，就是一定要重视人才培养的质量。我们要考虑采取什么措施，使得世界史学科发展的人才培养的质量能够无愧于学界。

世界史在中国要承担的功能非常多，因为要适应不同层次的需求，如教育的发展需求、社会发展的需求、外交策略的资源等，是十分复杂的事，很难简单地加以概括。对于世界史学科而言，不管是做世界史学科发展规划，还是考虑整个世界史的学科建设，都应该有一个开放的态度，要能够容纳各方面的需求和参与，同时也要兼顾各个学校和各个方面已经生长出来的一些特点。

说到开放，我想到一个已经困扰了我们很多年的问题，那就是我们总是把政治口号直接挂在我们的学术研究上。在学科发展规划中，关于"中国特色"的口号的使用，就应当慎重考虑。所谓中国特色，应该是指中国学者对中国人的关怀，对中国民族的关怀，包括对中国经验的重视，对中国问题的重视。但是，这决不意味着因为你有了中国人身份你就有特殊的眼光，对世界的认识与别人都不一样。如果我们的世界史建设方向就是要建造一套和其他国家不一样的知识，那么结果就是，你说别的国家学者戴着蓝色眼镜，我们自己就要戴上一副黄色眼镜，好像这就是"中国特色"。我们在追求世界历史的知识，或者说在追求整个世界历史的框架性认识的时候，我们是不是要刻意追求一种中国烙印？要打上一个中国印？或者说，我们的知识就是中国人的知识？是中国人才能理解的知识？其实，历史地看，改革开放前，尤其是"文化大革命"时期，我们的世界历史知识倒是带有很深的中国特色印记。但是，我们能够说，带特色就是我们的方向吗？时至今日，我们现在所接纳的，在我看来，不管你是说它是欧洲中心论的还是说反欧洲中心论的，基本上都不是我们中国人创造的，或者说不是由有中国公民身份的人创造的。这也很值得我们思考。难道我们能够说中国人创造的带有中国特色的世界历史知识才是真理、真知识和有效的知识？

因此，如果我们整体的战略规划还是封闭的，如果我们的学科封闭地进行建设，那是符合我们近三十年改革开放的基本方向的。如果没有这样的开放性，那我们这个学科的发展，将陷入自说自话的泥潭。

关于世界史学科建设的发展规划，我认为有两点是十分重要的：

第一，师资队伍国际化。如果未来十年后或是说再晚点，我们看一下，在我们中国的世界史师资队伍中，先不说中国史，有没有其他肤色的面孔，这是我们中国的世界史专业是否开放的一个标志。将来我们中国史教学科研队伍中应有一些不同肤色的人。我们在美国等发达国家都可以看到这样的情况，而像我们这么大的国家，也应如此。在我们的发展战略规划中，应当明确这样一个方向。

第二，我们应该有一些重大课题吸引国际一流的学者来参与。在这种合作里面，中国学者应该和其他外国学者一样完全以一种科学的态度来进行研究。

（作者为清华大学历史系教授）

关于新时期我国世界历史学科发展几个问题的思考

赵文洪

目前，对于如何建设和发展我国世界历史学科，有一些不同的认识、不同的看法。我认为，有四组关系需要正确处理。这里不揣冒昧，谈谈自己的看法，请同行们批评指正。

1. 深层次研究与浅层次研究的结合

同国内中国史学科相比，世界历史学科有其特殊性。

首先是学科发展历史较短。1949 年以后逐渐有了初步的学科体系，1978 年以后才有了较大的发展，而中国历史研究已经有千百年传统。

其次是研究的覆盖面较大。中国历史只包括中国，世界历史包括地球上所有的国家和地区。

再次是研究人员的数量较少。据我所了解调查的情况，目前国内历史学界研究中国历史的人员数量要远远多于研究世界历史的人员数量。

最后是资料收集工作难度较大。我们面临两方面的障碍：一是语言。由于使用的是外国的资料，我们要花很大的精力学习外语，一门就要花上十年八年，而一门还不够，事实上，一生都有学习外语的任务。二是空间。外国历史资料主要在外国，国内已经有的资料也主要集中在像北京、上海、天津、南京、武汉等少数大城市，我们要收集到足够的资料，就得克服这些空间障碍，经常出国或者出省出市，而这对于大多数研究人员来说，是很难做到的。目前，发达的通信手段，尤其是网络，给我们提供了越来越好的克服空间障碍的条件，但是，比起中国历史研究来，我们的资料收集方面的困难还是要大许多。

这一切都决定了在今天以及今后一段时间内，我们世界历史学科的发展应该坚持深层次研究与浅层次研究的结合。所谓深层次研究，是指在国内国际学术界已经有了较深入的研究的一些领域，进行更加深入的研究；所谓浅层次研究，是指在国内学术界还没有研究或者没有深入研究的领域，进行介绍性的研究，包括介绍必要的知识背景，国外学术界已有的研究成果等。

任何一个学科——包括中国历史学科——的发展都是由低到高，由浅入深的。世界历史学科，目前仍然处于这一过程之中，其中的历史地区之间、历史时段之间、历史问题之间的研究程度的差异很大，研究领域的空白点还很多。我们决不能够违背现实，拔苗助长，要求在所有的领域都搞深层次研究。在某些领域的学术拓荒阶段，浅层次研究工作同样具有重要的学术价值。比如，现在已经逐渐深化的国内对西方环境历史的研究，原来就是从这种浅层次工作开始的，这方面的文章和著作，都很吸引学界和社会的注意力，我一点都不觉得那些成果档次低。

深与浅，在一些情况下，也与所使用的是原始资料或者二手资料有关。只要真正有助于解决学术问题，有助于研究成果学术价值和社会价值的实现，有助于学科的发展，在严守学术规则的前提下，原始资料和二手资料都可以使用。不同成果的价值，由不同的因素决定，资料是第一手的还是第二手的，只是因素之一。

需要强调的是，作为目标，低要努力向高发展，浅要努力向深发展，只能使用第二手资料的要努力向既善于使用第二手资料也善于使用第一手资料发展。

2. 微观研究与宏观研究的结合

在西方历史学界和国内中国史研究领域里，微观研究都有传统。在今天，从事微观研究的人越来越多。这从一个侧面反映了学术发展自身的规律，是研究走向深入的表现。但是，我们不能据此就否定宏观研究的必要性，更不能看不起从事宏观研究的学者。人类的历史是由两大部分构成的：一部分是具体的、个案的事实；另一部分是这些事实之间的相互关系。这些关系既存在于广阔的空间之内，也存在于漫长的时间之内。历史学家不弄清楚必要的具体的、个案的事实，历史学就没有基础；但是，不去了解、说明这些事实之间的相互关系，历史学就难以接近历史现象的本质，难以把握历史的全貌。从人类社会对历史学的现实需要看，也是两方面都有：既需要了解具体的历史事实，甚至极其微小、个别的事实；也需要了解历史现象之间的关系，历史发展的长期走势，历史发展的基本趋向，历史发展的基本规律，等等。应该说，历史的资政作用，主要在第二方面。

因此，我们世界历史学界既要有微观研究，又要有宏观研究。从事微观研究的人，要有宏观的知识，宏观的眼光；从事宏观研究的人，要有微观研究的基础。博大精深，才是学术的高境界。

3. 学术研究与知识普及的结合

社会对世界历史学科的需要是多层次的，其中最大、最基本的层次就是一般知识、基本知识层次。如果说大多数国人对本国历史知识的了解还远远不够的话，那么，对外国历史知识的了解就更加不够了。为了实现世界历史学科最基本的社会价值，我们需要做普及工作。而且，越是大家、大师，越有做普及工作的责任，尤其是编写中小学历史教材的责任。因为，同一般历史学工作者相比，他们的造诣更深，社会影响也更大。

另外，从创造世界历史学科自身良好的生存与发展的社会环境角度看，我们也需要扩大社会影响，让更多的人了解本学科的价值，从而获得更多的社会支持。

因此，我们决不应该轻视编写中学教材，轻视出版通俗读物、音像制品等世界历史知识普及工作。这样的工作，只要是严谨认真的，在我们学科内，人人都可以做。这样的工作，经过适当的评估程序，应该包括进教学和研究人员的工作业绩之中。当然，我们要注意两点：一是知识普及要以严谨的学术研究为基础；二是具有较强的研究能力的学者，既可以做一些知识普及工作，又应该把主要精力放在学术研究方面。

4. 追求学术价值与追求社会价值的结合

人文学科和社会科学学科的研究，其最终目的应该是服务社会，历史研究的社会价值，应该是世界历史学科的终极价值。但是，学术毕竟是学术，它与社会活动、社会政策、社会政治、经济、文化制度不同，有自身独特的领域、独特的问题、独特的规则。在这些独特的学术领域内，按照学术研究独特的规则，解决了本学科独特的学术问题，我们的研究就实现了学术价值。由于某些学术问题本身与社会问题直接相关，如英国工业化的经验与教训、美国边疆地区的开发、东南亚地区的华人与土著之间的关系等，那么研究这些问题所得到的学术成果，就同时具有学术价值与直接的社会价值。但是，很多世界历史领域内的学术问题，甚至是非常重要的学术问题，并不直接与当今的社会问题有关。比如，雅典与斯巴达之间的关系、古代某帝国某个皇帝的生卒年，等等。研究这些问题所得到的学术成果，首先直接地具有的只是学术价值，而它们的社会价值，则要通过它们对整个学科发展的贡献而间接地、长远地体现出来。因为，任何一个学科，都需要有系统的学术知识、丰富的学术研究成果作为其基础，作为其支撑。只有在这样的基础上、这样的支撑上研究出来的针对当代社会问题的学术成果，才具有科学性，才能够真正有助于发挥学科的社会功能，实现学科的社会价值。

我认为，在我国的世界历史研究领域内，针对只具有直接的学术价值的问题进行的研究，与从历史学角度针对当代社会的直接需要进行的研究，都是必要的，都要有人去做。两方面的工作都既有学术价值，又有社会价值，没有谁高谁低之分。这里，对于学者本人而言，最重要、最根本的一点是：心里要永远装着我们的人民、我们的国家、我们的民族、我们的世界。有了这个前提，我们的学术成果自然而然地会直接或者间接地有益于社会。没有这个前提，就有可能偏离学术的根本宗旨、根本目的。

（作者为中国社会科学院世界历史研究所研究员）

加强世界文明多样性、特殊性和开放性研究（摘要）

侯建新

加强文明多样性、特殊性和开放性研究，是眼下国内世界史学科亟待加强的一个重要方向。

文明（civilization）一词大约出现在 18 世纪，相对于野蛮状态而言，一方面是开化的人，另一方面是原始的野蛮人或蛮族。按照 18 世纪西方人的观念，文明仅为少数特权民族所拥有，更直白地说，是一种唯西方文明的观念，因此"文明"一词只有单数形式。19 世纪初叶"文明"一词初次被用作复数形式，淡化文明的价值判断，承认人类社会存在着各种不同的文明。因此，出现了埃及的尼罗河文明、中华文明、古典的希腊罗马文明，或欧洲文明之类的并列说法。

然而，文明多样性的理念迟迟不能进入主流社会。在相当长的时期里，西方人以他们的经验观察和归纳整个世界，认为不同民族都会遵循同一轨迹行进，曾被批评为欧洲中心论，此乃同一、单一发展模式的最早来源，影响极为深远，久久挥之不去。国内学术界有不同的语言和形式，却存在着相似的倾向，当前一个突出的矛盾是，一方面强调当代世界文明多样性和发展道路的特殊性；另一方面忽略，甚至质疑人类历史上不同文明的特殊性。岂不知，文明从来都是不一样的，上溯越久，差异越大。对文明多样性褒今贬古，双重标准，逻辑混乱，说到底是最终不能摆脱同一、单一发展模式的窠臼。研究不同文明的特殊性，包括研究欧洲文明的特殊性，有重大的理论意义和现实意义。

事实上，在人类数千年的历史中，先后出现或同时出现的文明从来都是多样性的，从未有过世界性的大一统的文明。因为各地自然条件、人文传统和社会实践不同，势必呈现出不同的社会生活方式。历史学家汤因比列举了人类 23 种文明，麦克尼尔分析了全部历史上的 9 种文明，亨廷顿则认为主要有 7 种或 8 种文明，他们取舍的角度不同，其最后结论也可能失于偏颇，但他们关于人类文明或文化多样性的观点却有着广泛的认同基础。生产力推动生产关系使人类社会不断从低级走向高级，而不同社会则采取了不同的发展模式，历史的丰富性也在于此。倘若历史只剩下了单一、空洞的发展图式，看不到不同文化、不同人群富有个性的生动表演，看不到他们在交流、交融甚至冲突中彼此推动的过程，如同挤掉了人类社会的血肉，使历史变成一个瘪三，这是历史学的失败。所以，文明的统一性和多样性是统一的，而多样性和生动性是历史学尤其是世界历史学生命力的重要元素。

在这个过程中，不同文明相互交流和借鉴，同时顽强地表现自己的文化特性。早在汉代，印度佛教就开始传入中国，并在中国获得了相当大规模的发展，至今仍占有重要地位，然而中国并没有被"印度化"，而是佛教被中国化了，中国文化还是中国文化。地理大发现是欧洲人的功绩，但认真说起来，也有中国人的贡献，因为那样的活动离不开指南针，也离不开火药。每一种文明都是人类文明的瑰宝；每一个文明都在吸纳和利用别人的成果，但是它们并没有因此而淹没自己，而是使自己变得更加丰富和强大。从另一方面讲，当一项文化成果被另一种文明吸收的时候前者一定会产生某种变形，这种变形不仅是正常的而且是必要的，因为它要成功的移植，一定要本土化，一定要适合、至少在一定程度上适合当地的价值和规则，也要在一定程度上适合既定社会中历代人积淀下的思维方式。我们看到，不论古代的还是近现代的文明借鉴，大凡成功者，无不如此。历史学家的任务就是要将这些过程——交往与碰撞、吸纳与排斥、融汇与嬗变的极具个性的生动过程记载下来。没有细节不足以表现个性，而没有文明的个性，也就没有文明的多样性和开放性，也就没有世界历史。

自从世界市场形成以来，人类正式启动了全球化进程。频繁的交往和交换几乎触动了全球的每一个角落，世界各地的机场、火车站、高速公路、混凝土加玻璃的高大建筑以及城市面貌似乎越来越相似了，然而人们同时发现，特定文明的、社会的和民族的自我意识反而加剧了。可见，文明的多样性和文明特殊性的话题没有过时，恰好相反，它有着重要的现实意义，应当引起我国史学界特别是世界史学界的足够重视。世界文明多样性、特殊性和开放性研究应成为一个重要的学术领域。

（作者为天津师范大学历史文化学院教授）

世界中古史研究：道德取向和学术生命

彭小瑜

回顾新中国建立以来 61 年的世界中古史研究，我们依然有如何对待和处理苏联史学家影响的问题。这么说的理由是，他们留给我们的一些学术和思想遗产没有得到足够的重视，正在逐渐地被遗忘。

这些年由西方回国的进修学者和留学生在这个领域的作用逐渐加大，中世纪研究在语言训练、资料搜集和其他基本条件方面有明显的改善。譬如，拉丁语的学习条件，在北京大学古典学中心建立以后，必将逐渐得到系统的改善。在引进多位外国教师以后，不仅基础的拉丁课程，中高级的课程以及文献考据和手稿学都将被纳入到本科生和研究生教育。我们的拉丁文训练很快将接近国外一般大学的水平。我们在购买德国、英国、法国和比利时等国出版的中世纪西欧文献方面已经有很大的进展，印刷出版的现代校勘本基本上都已经购置。资料方面比较薄弱的环节是手稿文献、外文期刊和研究著述，三者的短缺都不是凭借几年或者十几年的采购可以弥补的。以英文文献为主的过刊数据库缺少一些主要的中世纪研究期刊，尤其是法文和德文的刊物，所以学说史的工作仍然是一项十分困难的工作。尽管学术交流和短期出国访问日益便利和频繁，这类技术问题的解决仍然不是一件轻易的事情，在做一个具体问题研究时，学者还是需要比较长时期的出国访学。

不过，我在这里想深入探讨的并不是研究的资料和技术问题，而是世界中古史研究的思想和理论问题，特别是其中的道德取向和学术生命的关系，这就不能不回到苏联学者的研究以及我国前辈学者的贡献，这就不能不提醒我们的青年学生注意到，历史研究的进展不能简单地看做是基本技能的提高和文献资料条件的改善，更不能仅仅看做是与西方学术水平接近以及向西方学术观点靠拢。虚心学习西方学术是必要的，但不应该把这一努力看做是我们推进中古史研究的唯一途径。我们需要总结和继承苏联学者和我国前辈学者深刻的道德关怀，我们也应该注意到西方学者在研究中的价值观和人文精神。历史研究的生命力不可能脱离学者对社会问题的关心、对弱势群体的关爱、对社会进步的期待。

一　苏联《中世纪史》的重要价值观

科斯敏斯基、斯卡斯金主编的《中世纪史》第一卷俄文版出版于1952年，中文版由三联书店在1957年出版。人民出版社在1962年出版了周一良主编《世界通史》的中古部分（朱寰先生主编）。该书在结构和话语范式上有来自科氏《中世纪史》的明显影响，当然也可以看到苏联科学院十卷本《世界通史》中文版有关部分的痕迹。这一借鉴工作的积极意义，我们最近谈论得太少。我们此后出版的大学和中学历史教科书大多是在以上著述的范式中编写的。这一范式是否应该修正，我想学者们各自会有自己的判断，而且当下和今后出版的一部分世界史教材也必然会逐渐脱离旧教材的框架，在结构和内容上逐渐出现新的布局，西方学者的研究成果和观点会被更多地吸收在其中。我在这里想提出的问题是，苏联《中世纪史》以及其他同类著作究竟在今天还有没有重要的借鉴意义，其中有哪些价值观值得我们在研究工作以及教科书编写中重视和参考。如果我们轻视这一问题，逐渐把我们的外国历史研究变成西方学术范式的拷贝，那么我们的谬误与过去的教条主义倾向将会毫无二致，我们实际上是在西方的学术优势面前低头示弱。我们将有愧于我们的前辈和学生。

在过去的一段时间里，世界中古史学界的社会经济史研究的地位不再像以前那样突出，庄园和农奴制、城市、封建主义和农民起义等问题也不再是学者关心的唯一问题，政治、法律和文化等多方面的题目吸引了众多学者的关注。这一情形应该被看成是学术繁荣的一个表象，并无担忧之必要。但是学术的发展不宜割断继承关系，我们不能像20世纪50年代丢弃英语、西方文化和学术传统那样抛弃苏联的学术影响以及我们学习苏联学术的成就。那会是同样可悲和糟糕的。事实上，令人遗憾的是，北京大学的俄罗斯东欧历史研究目前就已经中断，现任教员中没有一人在这个领域从事专业研究。

我经常提醒自己学生注意的是，苏联学者在历史研究中的一种道德倾向恰恰是我们当下十分需要，同时又有所忽略的，那就是对劳苦大众命运的关心。我们的青年学生容易认为，社会发展史和社会经济形态的讨论不宜直接联系到具体历史问题的研究，否则会在研究中造成教条主义的弊端。科斯敏斯基在《中世纪史》引论中以斯大林的语录作为开头，这种做法在当前的学术界已经不再是习惯了。① 我们今天需要考虑的是，他引用这段语录的学术用意是什么。我们不得不承认的是，尽管科斯敏斯基后来在苏联学术界被看做是喜欢谄媚政治领导人的一个学者，他以及其他作者在这部教科书中所贯彻的原则是关心人民群众的福利和肯定他们的历史作用。仅在引论里，科斯敏斯基就反复使用下列意义相近的表述："人民群众反对压迫者的多种多样而又剧烈的阶级斗争"，"农奴反对封建主的和教会的压迫的大规模起义"，"人民所赖以表现其天才的诗歌作品"，"革命群众领袖"，"摆脱一切黑暗、压迫、暴力和灾难"，"小农是被贫困所压迫、被人格依赖和心智愚昧所强制的"。他认为，在自己主编的这部教科书背后的理想，是"根绝任何剥削制，根绝所有一切剥削者，所有一切富豪和压迫者，不管是新的还是旧的"。他还提出，研究中世纪的现代意义是消灭"封建关系的残余"。当然，他同时也表现出十分强烈的反基督宗教倾向，认为天主教会是封建社会和资本主义社会的"保卫者"。②对中世纪教会的作用，苏联学者所作负面评价的思想基础在相当程度上来自启蒙运动和法国大革命的传统。③

---

① "……社会发展史同时也就是物质资料生产者本身底历史……劳动群众底历史"。《苏联共产党(布)历史简明教程》，159 页，北京，人民出版社，1954。

② 《中世纪史》，416 页。

③ 参见 Jean-Marie Mayeur, *La question laïque* (Paris：Fayard, 1997)；Jérôme Grévy, *Le cléricalisme? Voilà l'ennimi* (Paris：Armand Colin，2005).

尽管我本人在以往的研究和教科书写作中曾经尝试拓宽对中世纪社会和文化的认识，大大增加了教会史的分量，并且对教会的历史作用给予更多的同情和理解，基本上做了正面的陈述。这些工作带有"矫枉过正"的意图，因此在研究人民群众受剥削状况及其社会经济根源这方面，我觉得我的工作有很大的欠缺。①我觉得我们现在应该注意梳理我们在 20 世纪 50 年代和 60 年代的中古史研究成绩，在今后的研究和教科书写作中更多地体现出对人民群众命运的深切关怀。我们一定要避免将历史作为古董收藏来把玩的庸俗倾向，一定要强化历史学者在研究中的道德感和正义感，在找寻和总结历史经验的时候始终怀抱对人的关爱，就像温家宝总理在 2010 年《政府工作报告》中说的："我们所做的一切都是要让人民生活得更加幸福、更有尊严，社会更加公正、更加和谐。"他在同年 5 月访问日本的时候又说："要让每一个人都具有自由发展的条件，成为一个全面发展的人，都能享受幸福和尊严。"历史研究也不能脱离这样的道德取向和价值追求。也正是在这个意义上，我觉得我们需要重新审视 20 世纪 50 年代和 60 年代我们在世界中古史领域所做的翻译和教材工作，在扬弃其中的教条和机械弱点的同时，更加注重继承其中的精华，特别是其中的社会正义理念。

最近，马克垚先生的《西欧封建经济形态研究》再版了。我想说的是，这部著作不能仅仅被看做是一部经典，它的成就应该成为我们继续深化和推进中古史研究的主要导向之一。马先生在研究中注重借鉴和批判西方学者的成果，他特别提到德国法制史学者以及受他们影响的英国学者对农民问题的研究，但是同时也坚持了马克思主义的历史研究方法，对苏联学者的研究也做了系统的分析。马先生在批评波斯坦的研究时指出：他"并不理解真正的马克思主义的阶级分析方法"，忽视农民所遭受的"确凿的封建剥削"。②前辈学者对"封建社会、封建经济的运动规律"的探究，归根结底还是为了批判人类历史上的剥削制度，鼓吹民众的解放和自由。作为马先生的一位学生，我想强调的是，我们当下一定要继承我们的老师们在学术

---

① 彭小瑜：《世界史（古代卷）》第 8、第 14 章，北京，高等教育出版社，2006。
② 马克垚：《西欧封建经济形态研究》，397～398 页，北京，中国大百科全书出版社，2009。

追求中表现出来的两个优良传统：一是对人民大众命运的关注，即注重研究农民、农奴以及批判封建专制制度；另一是在学术观点上的创新精神，即不满足于跟随西方或者苏联学者，致力于提出中国学者自己的见解。我们在编写新教材和进一步展开世界中古史的研究时，如果没有以关心大众疾苦为核心的明确道德取向，如果我们把社会责任误解成以社会、集体或者国家的名义践踏个人利益，如果我们不去倡导尊重每一个人的大爱和人道主义精神，我们的学术活动就没有灵魂，也不会有真正的创新成就。在目前注重语言技能培养和文献资料搜集的风气中，重新提及观点、立场和道德取向问题，不是要回到过去的教条主义，而是要正视历史学不可推卸的社会使命。历史研究不是把玩古董，不能没有批判的精神。它在现代分工中是一份职业、一种专业，但是决不单纯是学者"为稻粱谋"的工具，当然也不应该成为既得利益集团的喉舌。

二 中世纪史和教会史的道德取向

西方学者的中世纪研究也具有强烈的道德取向。限于篇幅，我在这里仅举例说明之。圣母大学的菲利普·格利森教授是美国天主教历史的权威，其专长是研究来自德国的美国天主教移民，尤其是他们所理解的天主教社会思想和他们所推行的天主教社会改革运动。他曾经谈到过美国天主教徒对西欧中世纪历史特别浓厚的兴趣。①

这里首先涉及的是欧洲浪漫主义思潮、特别是其中的英国因素对美国天主教徒的影响。在浪漫主义的氛围中，一些文化人不仅研究和赞美中世纪的教会，甚至本人也皈依天主教会，譬如在 1831—1842 年间出版 11 卷《信仰时代》的英国学者迪格比，他的著作一个世纪以后还被美国天主教徒引用。天主教移民多来自爱尔兰、德国、意大利、波兰等国，在 19 世纪前半期还是美国地位低下的少数族群，遭受新教徒的歧视，一部分教徒和教

---

① Philip Gleason，"American Catholics and the Mythic Middle Ages"，in Philip Gleason，*Keeping the Faith*：*American Catholicism*，*Past and Present*（Notre Dame：University of Notre Dame，1987），pp. 11-34.

会领袖认同启蒙运动的见解，急于摆脱中世纪这个"黑暗时代"的阴影，融入美国社会主流。但是他们中间主流的看法是把中世纪和信仰联系在一起，为捍卫自己的宗教信仰而突出中世纪积极进取的文化成就，纠正对宗教裁判所和教宗权力的不准确认识。著名的沃尔什医生曾经写就畅销的通俗历史书《十三世纪：最伟大的世纪》，声称中世纪的生产技术比文艺复兴时代还要先进。①

美国天主教徒欣赏中世纪的另一个原因值得我们特别注意。他们借助对中古时代社会和文化的赞赏、美化，表达了对工业社会的极度竞争和急剧贫富分化的反感。他们接受了当时英国一些作家的观点，认为中世纪人民的生活是富足自由健康的，与近代工厂和城市贫民生活形成鲜明对照。譬如在比较1440年和1840年城镇的时候，后者被认为代表着退化和衰败。有趣的是，尽管这样的思路与马克思主义史学对中世纪社会经济的处理有很大不同，二者的着眼点都是对现代社会的批评。中世纪行会则被看成是和谐与地方社团强盛的象征，工业社会自私的个人主义则受到严厉的批评。与马克思主义学者相通的是，天主教徒，特别是19世纪末兴起的新托马斯主义者，并不是单纯地怀旧，而是力图将他们认为体现在阿奎那著作和整个天主教思想体系里面的真理传播给世界，纠正现代社会的弊端。二战以后美国的强盛和社会福利的改善，在一定程度上削弱了这样的思维方式，但是对工业化和消费主义社会种种弊端的不满仍然维持了天主教徒们对中世纪的向往。②美国的教徒还注意到，教宗对现代民主国家的批评蕴藏着他对中世纪政治思想的某种肯定，即便这种肯定是理想化的，因为现代国家趋向于极度膨胀的权力不仅会侵害真正的民主政治，也会否定基督教以爱为核心的道德价值观，最终伤害到人的尊严和福利。③

坎托曾经把中世纪历史研究形容为"现代政治和社会思想"的反映。譬

① Philip Gleason, "American Catholics and the Mythic Middle Ages", pp. 18-20.

② Philip Gleason, "American Catholics and the Mythic Middle Ages", pp. 20-22, 27, 30-34.

③ Herbert H. Coulson, "Mediaevalism in the Modern World", *Catholic Historical Review* 4 (1941), 432.

如在谈到德国一战和二战之间的中世纪史学时，他曾经指出，与民族沙文主义匹配的道德相对主义导致了学者回避对纳粹暴政的批评。①我好奇的是，我们当下的世界中古史研究，折射的是怎样的"政治和社会思想"、怎样的道德取向。我想，肯定不应该是富士康的公司老板所提倡的道德价值观念，尽管学界和媒体赞扬富士康老总和管理方法的声音不绝于耳。所以，企业对学校和学科的赞助肯定不能是鼓励学术独立创新的主要方法。我们需要放弃这种幻想。

三　如何处理中世纪教会史：以教宗研究为例

这里首先有一个如何处理"教皇"和"教皇制度"（papa/papatus）这些学界惯用术语的问题。尽管中世纪教会承认罗马主教对罗马以及其他一些地区具有政治统治权，天主教神学和法律传统在原则上并不认为他是一个君主或者世俗统治者，宗教领袖始终是他占主导地位的身份，即便在中世纪，他的宗教职能和角色也是不可忽略的。②我们或许应该摈弃"教皇"这一翻译，改而使用教会习惯使用的"教宗"一语。

苏联教材对中世纪教会批判十分严厉，对教宗历史的描写分量微小，并集中在教宗与世俗国王的关系上。与科斯敏斯基《中世纪史》比较，周一良、吴于廑主编的《世界通史》关于中古教宗的篇幅要更小，主要提及的教宗是格里哥利七世（1073—1085 年在位）和英诺森三世（1198—1216 年在位）。这类教科书对修道精神和制度这一中古文化和社会的关键层面也涉及很少，主要是进行简略苛刻的批评。我们在这里见到的对格里哥利七世和英诺森三世的批评并不是马克思主义史学家独创的意见，而是沿袭自西方一部分学者的，包括国内学术界比较了解的瓦尔特·厄尔曼。他们强调说，中世纪教宗过度介入世俗政治和热衷于攫取政治权力。③正如格利森提

---

①　Norman F. Cantor，"Medieval Historiography as Modern Political and Social Thought"，*Journal of Contemporary History* 3（1968），59～62.

②　Christopher Ryan，*The Religious Roles of the Papacy：Ideal and Realities*，1150—1300（Toronto：Pontifical Institute of Mediaeval Studies，1989）.

③　Walter Ullmann，*A History of Political Thought：The Middle Ages*（Baltimore：Penguin Books，1965），pp. 100-115.

到的，美国天主教徒注意到的是包括一些新教徒在内另一部分学者相反的
看法，即强调教宗品德的神圣性和他们关注宗教灵修生活的主导倾向。这
些学者中间具有重大学说史地位的是德国新教徒瓦格特和厄尔特，后者后
来皈依了天主教。二者都是德国浪漫主义在史学界的代表人物。《德意志
历史文献集成》对格里哥利七世书信和其他文件的整理为学者客观评价这
位教宗提供了一个扎实的史料基础，但是这并不妨碍苏联的学者选择陈旧
的学说，继续做极其负面的描写。而天主教学者则给出带有强烈情感的肯
定意见，譬如奥斯特赖歇就说：格里哥利七世担任教宗的目的为了教会的
使命，而不是为了世俗的权力，他统治教会是为了基督，为了保护教会的
自由，而不是为了个人的野心。晚近学者对格里哥利七世的研究十分细腻
丰富，不再带有以往的论战色彩。①我们面临的挑战是，我们在处理这类问
题的时候应该是一个什么立场，我们是否还可以继续苏联学者的旧观点？在
宗教自由和政教关系的问题上，当下历史学家可以依凭的基本原则是什么？

　　意大利学者马卡罗内是中世纪教宗历史的权威，尤其是研究英诺森三
世以及中世纪政教关系的权威，被赞誉为"20世纪最伟大的教宗历史专
家"。他在1943年以后任职于拉特兰研究院(Lateran Athenaeum)。作为一
个历史学家，他独特的地方在于他接受过系统的神学和教会法训练，这为
他解读中世纪教宗文件提供了很好的基础。意大利40年代动荡的政局促使
他注意到教会与世俗世界复杂的互动关系。马卡罗内将格里哥利七世放置
在中世纪教宗推进教会改革的语境里来理解，并指出教宗的权威在当时基
本上还是被理解为宗教权威(而不是政治权威)。他对英诺森三世的看法
是，教宗并没有渴望攫取世俗统治权。在反驳德国学者奥克、阿莱等人将
教宗政治化的观点时，马卡罗内指出，教会的灵修和拯救使命是英诺森三
世主要关心的问题，只是到英诺森四世的时候(1243—1261年在位)，教宗

---

　　① Philip Gleason, "American Catholics and the Mythic Middle Ages", pp. 15-16；
Thomas Oestreich, "The Personality and Character of Gregory VII in Recent Historical Re-
search", *Catholic Historical Review* 7 (1921), pp. 35—43. 晚近学者的研究可参见 Uta—
Renate Blumenthal, "Einleitung", in Uta-Penate Blumenthal, *Gregor VII：Papast zwischen
Canossa und Kirchenreform* (Darmstadt：WBG, 2001), pp. 1-15.

权力的政治化才成为比较明显的问题。涉及英诺森三世的学术史本身就十分复杂，蒂尔尼提出要将英诺森的宗教和政治观点置放在中世纪政治和法律思想史的语境中来解读，避免论战式的丑化和美化。①我们在编写新的世界中古史教材时需要梳理这些问题：一方面靠拢国际学术界新近的研究成果；另一方面把和谐社会理念体现在历史研究中，去除以往的教条主义和简单粗暴的批评态度。

纯粹客观的历史研究通常是一种幻觉，学术研究不可能游离在特定的道德取向之外。在反思"文化大革命"这类极左运动的危害时，我们对学术过度介入政治的危险已经有充分的警惕。不过维护学术的独立性并不是忘却学术的社会责任。对温家宝总理关于社会公正的一系列言论，我们作为知识分子应该有认真的思考和回应。学术研究，包括世界中古史的研究，不能没有明确的道德取向。而不论是在过去、今天和未来，我们的道德取向难道不正是温总理屡次谈到的"比爱自己还要宽广的博爱"吗？具体而言，也就是对人民大众命运的关心。农民问题和封建社会经济问题的研究，封建专制问题的研究，都需要在这样的语境中继续进行深入的探讨，其他问题的研究也要加强和深化，包括振兴俄罗斯和东欧历史的研究。创新的学术冲动不可能出自苟合取容、胸无大志的精神状态，必定与无私和深沉的社会关怀有着依存关系。借鉴中国文化和世界各先进文明的深厚文化积淀，我们一定能够建立指导我们学术健康发展的崇高道德理念。在改善基本功训练、组织中世纪拉丁语学习和中世纪文献购置的同时，我们一定要避免重复过去向苏联学术"一边倒"的错误，要避免向西方学术"一边倒"。我们一定要弘扬本国学术的优秀传统，继承前辈学者的社会公正理念，提出我们自己的创新观点，最终创立我们自己的世界中古史研究学派。

（作者为北京大学历史系教授）

---

① Thomas F. X. Noble, "Michele Maccarrone on the Medieval Papacy", *Catholic Historical Review* 80（1994），pp. 518-533; James M. Power（ed.）*Innocent III：Vicar of Christ or Lord of the World*，(2nd). (ed.)，(Washington D. C.：The Catholic University of America Press，1994)，pp. 1-9, 13-18, 73-104.

国际关系史研究：成就与挑战

刘德斌

改革开放三十多年来，中国的国际关系史研究获得了历史性的发展。无论是国际关系史的宏观体系阐释，还是微观个案研究；无论是国际关系史的理论探索，还是档案材料的发掘和解读，都有了质的飞跃和提升；而近年来冷战史研究的异军突起，更使改革开放以来国际关系史的发展进步锦上添花，不仅丰富和拓展了历史学科的内容和范围，而且还扩大了历史学科的影响，同时也促进了历史学与其他不同学科专业的交叉与融合，为历史学注入了新的活力。国际关系史是改革开放以来中国学术界发展非常迅速、成果极为丰富和人才辈出的一个领域，是党的十一届三中全会以来整个人文社会科学发展进步的生动写照。但国际关系史研究的进一步发展又面对诸多问题和挑战。如国际关系史研究的"两极分化"非常严重：一方面是沉湎于档案解读，在一些细枝末节上花费苦工，对中观和宏观的理论探索都不感兴趣；另一方面是生吞活剥一些西方国际关系理论，脱离史学研究的基本实践，竭力想从国际关系史研究者"升格"为国际关系理论家，从而使中国特色国际关系史研究的理论探索受到严重阻滞。再如研究力量的分布严重失衡。美国问题、中美关系、中国与日本和俄罗斯等大国关系的"热门"专业集中了国际关系史研究的大部分"优势兵力"，而中国与广大发展中国家和地区关系史的研究相比之下则明显不足。这些严重削弱了国际关系史学界对历史和现实的解读和分析能力，并使改革开放以来所积累起来的成就有被逐渐销蚀的危险。因应这些问题和挑战，成为国际关系史学界面向未来的新课题。

概括起来，改革开放三十年来中国国际关系史研究的发展进步主要集中表现在这样几个方面。

（一）构建了诸种具有中国特色的国际关系史阐释体系

改革开放之前，中国的国际关系史研究非常薄弱。在国际关系史的阐释体系方面，基本是照搬苏联学者的框架，没有构建起自己的框架。改革开放以来，中国学者在这方面花费了大量的精力，有一批具有中国特色国际关系史教材问世，构建起几种不同的解读体系。在这之中，王绳祖教授为主编，光仁洪、蒋相泽、周纪荣、卫林、石磊、鲁毅六名学者为副主编的《国际关系史（十卷本）》（世界知识出版社，1995）具有重要意义（在这之后的2004年和2006年，又分别出版了由国际关系学会主编和方连庆、刘金质主编的《国际关系史》第11卷和第12卷），是改革开放以来中国国际关系史专业建设的标志性成果。其他按时间顺序出版的国际关系史有：陈文艺《近代国际关系史》（河南大学出版社，1986），李元明《世界近代国际关系史（上、下）》（中央党校出版社，1988），方连庆《现代国际关系史（1917—1945）》（北京大学出版社，1990），蒋相泽等《简明现代国际关系史》（高等教育出版社，1992），张宏毅《现代国际关系发展史》（北京师范大学出版社，1993、2002），石磊《现代国际关系史（上、下）》（北京燕山出版社，1995），颜声毅《当代国际关系》（复旦大学出版社，1996），宫少朋等《冷战后国际关系》（世界知识出版社，1998），杨闯《近代国际关系史纲》（中国人民大学出版社，1998），俞正梁、颜声毅《战后国际关系史纲》（世界知识出版，1999），方连庆、干炳元、刘金质《现代国际关系史》《近代国际关系史》和《战后国际关系史》（北京大学出版社，2001、2006），杨泽伟、谢韬《20世纪国际关系史》（中国法制出版社，2001），肖月、朱立群《简明国际关系史》（世界知识出版社，2003），顾关福《战后国际关系》（时事出版社，2003），施兴和《近代国际关系史》（安徽大学出版社，2003），刘德斌《国际关系史》（高等教育出版社，2003），唐贤兴《近现代国际关系史》（复旦大学出版社，2005），袁明《国际关系史》（北京大学出版社，2005），时殷弘《现当代国际关系史（从16世纪到20世纪末）》（中国人民大学出版社，2006），等等。

这些国际关系史教材在体系设计、材料取舍和文字风格上各异，但共同的特点是试图构建一种新的国际关系史解说体系，有别于西方学者的"西方中心论"框架，同时也摆脱了苏联国际关系史解读体系的影响。以最近五年来出版的国际关系史为例：时殷弘的《现当代国际关系史（从16世纪到20世纪末）》，以传统中心的衰落和侧翼大国的兴盛、超级强国的对抗和竞争、超级强国以外的主要新力量、大众政治/新技术/新国际规范为主题，阐释了20世纪全球性国际政治的历史。袁明的《国际关系史》是一本简明而实用的国际关系史教科书，编者把对历史的陈述与对历史的评价结合起来，同时又把学习国际关系史的方法融入其中，突出了重要的历史事件和问题。唐贤兴的《近现代国际关系史》简明扼要，对国际关系史的初学者来说是一部很好的入门书。刘德斌的《国际关系史》以国际关系体系与格局的演变为主线，把国际关系的阶段性变化有机地串联起来，以使读者在有限的篇幅内对16世纪以来的国际关系史，包括20世纪90年代以来国际关系的转型，有一个基本的把握。众多国际关系史专著和教材的出版，反映出改革开放以后不断增加的国际关系研究与实践人才培养的需要，同时也是我国国际关系史研究不断发展进步的一个标志。

（二）国际关系史的专题研究取得了重大进展

30年来，随着中国国际地位的变化、对外关系的调整以及国际形势的发展变化，我国学者对国际关系史的专题研究不断取得重要进展。人们在关注许多现实问题时，也往往追本溯源，寻找热点问题的历史由来，从而推动了国际关系史的微观研究。

1. 区域性国际关系的演变成为国际关系史研究的重点

（1）欧洲国际关系史研究方面。

欧洲是现代国际关系体系的发源地，也是当今区域化程度最高的区域，所以无论从历史还是从现实来看，欧洲国际关系的发展史、两次世界大战时期的国际关系史以及战后欧洲的一体化运动自然受到改革开放以来中国学术界的极大重视，研究成果既有整体的欧洲国际关系史，也有欧洲国际关系史的专题论述。在20世纪80年代，老一辈学者王绳祖先生率先开展了对欧洲国际关系史上均势政策的讨论；齐世荣先生主编的论文集《绥靖政策研究》收录了1978—1989年我国学者撰写的19篇论文，对英法绥靖政策的起源、实施和结果进行了深入的个案微观探讨，并对"绥靖政策"一词的含义给予辨析。在欧洲国际关系史总论方面，出版了《一八九八——一九一四年的欧洲国际关系》（王铁崖、王绳祖著，商务印书馆，1983）、《欧洲近代国际关系史》（彭铁生著，黑龙江人民出版社，1989）、《欧洲国际关系》（潘琪昌主编，经济科学出版社，2001）、《欧洲国家体系中的霸权与均势》（周桂银著，陕西师范大学出版社，2004）。20世纪90年代以来随着欧洲一体化进程的推进，学术界开始关注欧洲统一运动史的研究，总结欧洲一体化的经验教训，以期为其他地区的区域化提供借鉴意义。北京大学、中国人民大学、复旦大学、山东大学、四川大学、吉林大学等国内几乎所有重点高校都设立了欧洲研究中心或欧洲文献中心。近年来，在欧盟研究项目的资助下，各高校的研究中心系统开展了欧洲的历史、政治、经济、文化、外交等问题的研究，出版了一系列学术成果。

（2）亚洲国际关系史研究方面。

就东北亚国际关系史研究而言，从20世纪70年代中期开始，"东北亚"的概念作为独立的国际政治关系区域而被使用，特别是冷战结束后随着东北亚的经济开发以及朝核问题的爆发，东北亚区域日益受到关注，国内学术界在东北亚国际关系发展演变史、朝韩关系史、大国与朝鲜半岛关系、朝核问题、东北亚安全、东北亚区域合作、东北亚区域领土争端等方面进行了深入的研究。先后出版了《近代东北亚国际关系史研究》（崔丕著，东北师范大学出版社，1992）、《东北亚国际关系史》（黄定天著，黑龙江教育出版社，1999）、《亚太大国与朝鲜半岛》（陈峰君、工传剑著，北京大学出版社，2002，）、《中国与朝鲜半岛关系史论》（杨军、王秋彬著，社会科学文献出版社，2006）等专著，还有不少学术论文问世，极大地推动了东北亚国际关系史研究的深入。

（3）东南亚国际关系史方面。

东盟一体化进程迅速发展，直接推动了国内学术界对东南亚区域国际关系史的研究，厦门大学、暨南大学、云南大学等高校发挥地域优势设立东南亚研究机构，从事东南亚国际关系的历史与现实、东南亚华人华侨史、中国与东南亚关系研究，出版了《当代东南亚国际关系》(马晋强主编，世界知识出版社，2000)、《冷战以来的东南亚国际关系》(厦门大学出版社，2005)等具有很高学术价值和现实意义的学术专著。厦门大学主办的《南洋问题研究》、暨南大学主办的《东南亚研究》、广西社会科学院主办的《东南亚纵横》等集中研究东南亚的刊物更是成为了探讨东南亚国际关系史的重要阵地。

除了东南亚、东北亚区域之外，也对南亚、亚太、中东等区域国际关系发展史进行了梳理，出版了《东亚与太平洋国际关系——东西方文化的撞击(1500—1923年)》(曹中屏著，天津大学出版社，1992)、《当代南亚国际关系》(赵伯乐著，中国社会科学出版社，2003)、《当代中东国际关系》(左文华、肖宪主编，世界知识出版社，1999)等。

(4)拉美国际关系史方面。

虽然中国和拉丁美洲相距遥远，但共同的历史遭遇和当前面临的共同任务，为双方发展友好合作关系奠定了坚实的基础，中国人民对拉丁美洲的兴趣和关心与日俱增，学术界集中分析了拉美人民反帝、反霸、争取独立的历程，拉美国家之间的关系、拉美与美国的关系、拉美一体化以及"拉美化"等问题，并且希望从拉美的拉美处理国际问题的方式方法中寻找值得借鉴的经验和教训，出版了《拉美国际关系史纲》(洪育沂著，外语教学与研究出版社，1996)等论著。

2. 中外关系的发展变化成为国际关系史研究的重要课题

改革开放以来，随着中国与世界各国关系的发展，中外关系史的研究日益受到重视，例如中美关系史、中苏(俄)关系史、中日关系史、中英关系史、中国与朝鲜半岛关系史等。这其中，由于中美关系的特殊地位决定了中美关系史的研究成为一门"显学"，既有关于中美早期关系史的探讨，门户开放政策的争鸣，也有20世纪中美关系史的研究，成果最丰富的要数战后中美关系史的研究，这主要得益于美国政府一系列外交档案资料的解密，为中美关系的研究提供了极大的便利条件，战后美国历届总统的对华政策基本都有学者涉足，而且从杜鲁门到约翰逊时期的中美关系已经都有论著问世。陶文钊主编的《中美关系史（1911—2000）》（上、中、下），是迄今为止我国最系统、最全面反映中美关系史的一部力作。汪熙教授主编的《中美关系研究丛书》从1985年开始，延续20余年，集中出版了一批中美学者的优秀作品，如前美国历史学家外交关系学会会长孔华润（Warren I. Cohen）的《美国对中国的反应》；美国外交史家韩德（Michael H. Hunt）《中美特殊关系的形成：1914年前的美国与中国》；《巨大的转变：美国与东亚，1931—1949》（入江昭（Akira Iriye）牵头，六位美国历史学家、两位中国历史学家汪熙教授和罗荣渠教授）；日本学者矶野富士子整理、中国学者吴心伯翻译的《蒋介石的美国顾问：欧文·拉铁摩尔回忆录》；杨玉圣的《中国人的美国观：一个历史的考察》；吴心伯的《金元外交与列强在中国，1909—1913》等，对中美关系史研究发展进步起到了积极的推动作用。其他的还有宫力的《跨越鸿沟：1969—1979年中美关系的演变》（河南人民出版社，1992）、姜长斌与美国学者罗伯特·罗斯共同主编的《从对峙走向和解：冷战时期中美关系再探讨》（世界知识出版社，2000）、蔡佳禾的《双重的遏制——艾森豪威尔政府的东亚政策》（南京大学出版社，1999）等。此外，受中美关系的主要内容决定，学术界也十分关注中美之间的台湾问题、西藏问题、人权问题、文化关系、经贸问题等方面的研究。

中苏（俄）关系是20世纪最重要的双边国际关系之一，对中国在20世纪的命运产生过至关重要的影响。冷战结束之后，得益于冷战的终结和大量多边档案的逐渐解密，中苏关系史研究取得了重要进展，并且和冷战史研究的突破紧密地联系在一起。其中沈志华主编的《中苏关系史纲》是几位中苏关系研究领域的著名学者的又一力作。他们在掌握大量丰富的中国与苏联历史档案的基础上，对中苏关系进行了全面和系统的梳理和分析，特别是对中苏关系的许多重大事件，包括苏联与中国革命、中苏同盟建立、中苏分裂与对抗、中苏关系正常化等重大事件，作出的新的注释。

在中日关系史方面，日本是中国一衣带水的邻邦，两国交往史源远流长，爱恨交织是中日关系史研究的一个热点，内容涉及自古至今的中日关系的政治、经济、文化、军事等方方面面，论著成果的形式多种多样，既有中日关系史的概述和通史，也有各时代的中日关系史，还有专门史、资料集、论文集等。由中国社会科学院亚洲太平洋研究所和日本研究所的专业学者承担的国家社会科学基金课题《战后中日关系史丛书》从1994年开始陆续由中国社会科学出版社出版，计有《战后中日关系史年表》《战后中日关系文献集(1945—1970)》《战后中日关系文献集(1971—1995)》《战后中日关系史(1945—1995)》。其中：2002年6月出版的《战后中日关系史(1945—1995)》是该课题的最终成果，也是代表21世纪初这一研究领域的最新成果。此外，针对日本国内屡屡出现否认、美化侵略战争的现象，国内学术界进一步挖掘史料，研究了日本的侵华史、慰安妇问题、赴日中国劳工、战争赔偿等问题。这些著作的出版，将中国的中日关系史研究提到一个新的高度。

3. 各国对外政策与外交史研究

国家是国际关系中的最主要的行为主体，特别是主要国家对外政策直接影响了国际关系的内容与走向，因此对各主要国家对外政策发展演变史的研究有助于认识它们在当今时代国际舞台上的角色作用。近年来国际关系史学者除了探讨各国外交政策内容的演进之外，还分析了各国制定外交政策的深层次原因以及各国的外交思想渊源。

由于美国是当今世界最主要的国家，对它的外交政策内容及其制定过程的研究就成为我国国际关系史学界的一个重点。杨生茂主编的《美国外交政策史1775—1989)》和李庆余的《美国外交：从孤立主义到全球主义》是我国学者撰写的全面论述美国外交政策的通史性专著；王玮主编的《美国对亚太政策的演变1776—1995)》专论美国从告别大西洋向进入太平洋进行扩张的基本政策取向，可视为是美国与亚太关系的通史性著作。华庆昭的《从雅尔塔到板门店》专门对杜鲁门时期的外交政策与行动进行深入研究，并认为"美国以本国利益为目的，以'天定命运'为旗帜的基本外交原则是不变的"。时殷弘的《美国在越南的干涉和战争(1954—1968)》着重揭示了美国在越南越陷越深的决策过程及其多种原因，并提供了越南战争的起源与经过的概貌。[1] 在文化、价值观与外交政策的关系方面，具有代表性的

---

① 徐蓝：《90年代我国现代国际关系史研究综述》，载《史学理论研究》，2001(2)。

专著是王晓德的《梦想与现实》与《美国文化与外交》，对美国文化与外交活动的关系进行系统论述。此外，还有学者研究了美国外交政策决策的过程以及制定过程中的各种影响因素。2007年北京大学出版社出版的王立新的《意识形态与美国外交政策》，以20世纪美国对华政策为个案研究，通过历史的考察和政策过程的分析，对美国外交中的意识形态及其对20世纪中美关系的影响进行了深入、系统的研究。

除了美国，作为第一个社会主义国家的苏联对外政策也是学术界关注的重点。如何克服对苏联外交政策全盘肯定和全盘否定的两种简单化倾向，对其进行深入研究和实事求是的分析和评价，从中吸取有益的经验和必要教训是国际关系史研究的一项重要任务。自20世纪80年代以来，我国学术界对苏联早期外交政策、二战期间苏联的欧洲以及远东政策、战后初期的苏联对美政策、冷战期间对东方阵营以及对西方的外交政策以及戈尔巴乔夫实行的"新思维"外交政策等方面都做了深入探索。

世界知识出版社于1993—1995年出版了一套美英法日外交史的著作。它们是资中筠主编的《战后美国外交史——从杜鲁门到里根》，张锡昌、周剑卿的《战后法国外交史（1944—1992）》，陈乐民主编的《战后英国外交史》、宋成有、李寒梅等的《战后日本外交史（1945—1994）》。此外，还有米庆余的《日本近代外交史》（南开大学出版社，1988）、林军的《俄国外交史稿》（世界知识出版社，2002）、周鲠生主编的《近代欧洲外交史》（武汉大学出版社，2007）以及一系列研究中国对外关系史的论著。

（三）冷战史研究的异军突起

冷战史研究是国际关系史，尤其是现代国际关系史研究中的一个重要领域。持续四十多年的冷战对世界各国的发展乃至今天的国际关系都产生了深远的影响。在改革开放之前，由于意识形态上的束缚和资料掌握较少，我国的冷战研究基本上处于停滞状态。到了20世纪90年代，伴随着东欧剧变和苏联解体，"新冷战史学"兴起了。中国的学者们也开始利用苏联档案、东欧档案、英国外交档案、日本外交档案等，再参照中国出版的一些回忆录等资料，通过互相佐证，来发掘新的问题。最近几年，随着互联网作用的提升和一些档案通过互联网公开共享，使冷战研究的资料获得变得更加得心应手。华东师范大学国际冷战研究中心的"冷战中国网"更是将许多纸质档案资料转化成为电子文档，方便了人们的检阅。纵观近几年的冷战史研究，取得了丰硕的成果。而冷战史中的很多课题都属于国际关系史的研究范畴，因此可以说近几年冷战史研究的异军突起是近几年国际关系史研究中的一个特色，也是一抹亮色。

（四）对西方经典作品的引进和借鉴

毋庸讳言，国际关系史研究水平的提高必须在一个开放的环境中才能够实现。党的十一届三中全会之后，改革开放大环境的发展，为国际关系研究的发展进步提供了前所未有的有利条件或者说机遇。这种有利条件或者说机遇表现在国外优秀学术作品的引进和出版，表现在中国国际关系史研究者不断增加的"走出去"和"请进来"学习和交流的机会，通过与西方学术前沿进行直接地沟通和碰撞，大大丰富了中国学者的视野。

改革开放以来，中国学术界翻译出版了大量西方国际关系研究的经典著作，这些译作有相当一部分就是出自国际关系史学者之手。这里，我愿意介绍一下 2004 年高等教育出版社出版的巴里·布赞和理查德·利特尔的《世界历史中的国际体系：国际关系研究的再构建》（高等教育出版社，2004)，从而把冷战后国际关系学界影响日隆的"英国学派"领军人物推介到中国学术界中来了，对中国的国际关系学界和历史学界都产生了重要影响。与在国际关系学界占主导地位的美国主流国际关系理论不同，英国学派更为注重理论研究的多元论方法，并且一直把理论研究和历史探讨结合起来。布赞和利特尔认为西方国际关系理论之所以没有能够预测出冷战终结的时间和方式，并对冷战后的世界和未来缺乏透视力和前瞻力，就是因为西方的主流国际关系理论都是建立在"欧洲中心论"影响之下的威斯特伐利亚以来狭隘和短暂的历史基础之上的。国际关系理论研究和国际关系学科要想获得生命力，就必须建立在更为广阔和久远的历史透视的基础之上。这本书对冷战后西方国际关系理论的构建提出了鲜明的挑战，同时对中国的国际关系理论家和国际关系史学家富有重要的启迪意义。

（五）国际关系史研究所面临的问题和挑战

当然，国际关系史研究依然有它不足的地方，面对这诸多问题和挑战。第一，国际关系史的研究队伍素质参差不齐，能够熟练使用一门外语的专门人才仍然不够，至于能够同时使用两门以上外语的专门人才更是鲜见。这就为国际关系史研究的持续发展留下了障碍。首先是利用国外第一手档案材料的能力受到质疑。虽然网上资源越来越丰富，也有许多研究机构具有足够的财力购买昂贵的档案材料，但由于研究队伍外语能力没有能够实现一个质的飞跃，解读档案的速度和分析档案的能力都与其他国家和地区的同行相比还有相当的距离；其次是影响了与世界顶尖学者的直接沟通。在当今这样一个信息化的时代，与国外同行特别是一流学者的沟通是我们缩小差距、迎头赶上的必要途径。但改革开放三十年来中国国际关系史学者外语能力还没有能够实现一种历史性的提高或飞跃。第二，国际关系史研究队伍内部存在着日趋严重的"两极分化"的现象。一方面是许多学者越来越沉湎于档案解读，在一些细枝末节上花费苦工，认为只有凭史料说话才是真正的学问，对中观和宏观的理论探索都不感兴趣，甚至对一些已经被国际学术界所接受的概念都一无所知，以中国史学的传统方法来诠释当代国际关系史；一方面是许多学者生吞活剥一些西方国际关系理论，脱离史学研究的基本实践，只愿意在一些宏观理论上耗费精力，竭力想从国际关系史研究者"升格"为国际关系理论家，甚至在尚不具备相应的批判能力的时候就自我标榜为西方某一学派的传人，而对中国特色国际关系理论却了无兴趣。这种"两极分化"正在销蚀改革开放以来所积累起来的成就，阻碍了国际关系史研究水平的整体提升。第三，国际关系史学科内不同专业研究力量的分布严重失衡。美国问题、中美关系史等"热门"专业集中了国际关系史研究的大部分"优势兵力"，而中国与其他国家关系史的研究力量相比之下则显得不足。这种局面近年来虽然已经有了改善，例如中苏关系史似乎已经再度成为"热门"专业，从事中日关系史研究的人员也开始增多，但由于受到外语语种和其他条件的限制，中国与非洲国家关系的历史研究，中国与中东国家关系的历史研究，中国与拉丁美洲国家关系的历史研究，依然非常之弱。而这与中国在当今世界上的地位是越来越不相称的。中美关系固然是中国最重要的对外关系，中美关系史也应该是中国学者投入精力深入挖掘的重要领域。但是中美关系史研究并不能够代表中国与世界其他国家和地区关系的研究，更不能代表对整个国际关系史的基础研究。更何况无论是国际关系的理论构建，还是一国大战略的制定，都必须是建立在更为广泛的对历史和现实研究的基础之上的。

改革开放三十多年的发展进步，已经使国际关系史研究从一个狭小的圈子和诸多的框框中解放出来，成为充满朝气和活力并与许多学科交叉在一起的一个专业和领域。随着中国与世界关系历史性变化过程的深入，国际关系史研究将面临着许多新的课题，新的机遇、新的挑战和新的用武之地。以过去三十年的发展变化为基础，中国国际关系史研究应该并且必将迎来第二个春天。

（作者为吉林大学国际关系研究所教授）

冷战国际史研究：世界与中国

沈志华

在 20 世纪的最后 10 年，人们惊异地发现，国际史学界有一项研究取得了突飞猛进的发展，其学术成果之多、之新，学术活动之广泛、之频繁，令其他研究领域望尘莫及，以至人们不得不考虑赋予这一研究以新的概念，这就是关于冷战历史的研究。著名的美国威尔逊国际学者交流中心 (The Woodrow Wilson International Center for Scholars) 于 1991 年成立了冷战国际史项目 (The Cold War International History Project)，同时创办了专业刊物《冷战国际史项目公报》(CWIHP Bulletin)。此后，"冷战国际史"这一概念便开始流行，并被国际学界广为接受。① 所谓"国际史"，其含义在于，无论是学者队伍和史料来源，还是研究对象和观察视角，凡在冷战史的范围内，都不能再以某一个或几个国家为中心，而已经构成了一种国际现象。在各国学者的共同努力下，冷战结束后二十年来，在参与者的人数和国度、研究的角度和方法、题目的种类和范围以及档案资料所涉及的语种和国家等方面，冷战国际史研究的确为历史学发展打开了一个新局面。因此，中国《历史研究》杂志前主编徐思彦提出的看法——冷战史研究已经成为"一个新的学术增长点"②——毫不为过。在笔者看来，可以进一步指出，冷战国际史研究已经成为一个新的学科增长点。

---

① 人们也曾使用过"新冷战史"这一概念。美国著名冷战史专家约翰·盖迪斯把冷战结束后出现的重新考察和评估冷战历史的现象称为"The New Cold War History"，见 John Gaddis, *We Now Know: Rethinking Cold War History*, New York: Oxford University Press, 1997, p. 282。

② 徐思彦：《冷战史研究：一个新的学术增长点》，载《中华读书报》，2004-11-10。

冷战国际史研究是国际学术界在 20 世纪 90 年代以来发展起来的前沿性、跨学科研究领域，当前在世界主要国家已成为发挥重要影响的学术潮流，并受到很多国家相关决策部门的重视。本文打算从学术特征、热点问题及发展趋势等方面谈谈冷战国际史的研究状况及其在中国的表现。①

一 冷战国际史研究的学术特征

把冷战国际史看做一个新的学科增长点，是因为在学者队伍、研究方法、活动方式等方面，它确有一些引起人们注意的学术特征。这些具有全球化时代学术代表性的特征主要表现在以下几个方面：

1. 以众多冷战史研究群构成的国际学者队伍

与其他学科不同，冷战史研究者们没有组建一个世界性、地区性或全国性的研究会，而是建立起一个个的研究中心或研究群。这些机构和群体的建立，或者以各自的学校为依托，或者以不断设立的研究项目为基础，但无论是常设机构，还是临时组合，他们都异常活跃，并经常按照不同的课题相互结合，交换文献资料，沟通研究信息，召开各种研讨会、书评会、讲演会等。各中心（研究组）几乎都设立了自己的英文网站，用以发布档案文献、研究信息、学术论文等。网络和会议是世界各地冷战史研究者沟通和联系的主要渠道。

美国威尔逊国际学者中心下设的冷战国际史项目，是美国也是全世界

① 主要参考资料：Odd Westad（ed.），*Reviewing the Cold War：Approaches*，*Interpretations*，*Theory*，London：Frank CASS Publishers，2000；Wilfried Loth，"General Views on the Cold War"，*Cold War History*，Vol. 3，No. 2，January 2003，pp. 157-165；沈志华：《冷战史新研究与档案文献的收集和利用》，载《历史研究》，140-150 页，2003（1）；陈兼，余伟民：《"冷战史新研究"的源起、学术特征及批判》，载《历史研究》，3～22 页，2003（3）；*Зубок В. М.，Печатнов В. О.* Отечественная историография "Холодной войны"：некоторые итоги десятилетия// Отечественная история，2003，No 4，5；翟强：《西方冷战史研究近况》，2008 年 4 月 29 日在华东师范大学冷战国际史研究中心的演讲；Круглый стол в ИВИ РАН "Феномен 'холодной войны' в международных отношениях XX века：итоги и перспективы исследования"// Новая и новейшая история，2006，No 6，c. 73-100。

最主要的冷战史研究中心。该项目通过出版刊物和组织各种国际会议，大量收集、整理、翻译并公布前社会主义国家的档案文献，还接受各国访问学者和学生，为他们提供收集资料、开阔视野、参与讨论的机会。目前，该项目的工作重心已经从莫斯科转向北京，并已同中国外交部签订几个有关公布或出版中国档案的协议。

位于乔治·华盛顿大学的国家安全档案馆（National Security Archive）是另一个引起世人注意的冷战史研究中心。档案馆致力解密美国政府涉及安全问题的档案，同时也收藏了大批俄国、东欧、拉美及其他地区的档案，其中很多文件已经电子化，供研究人员免费订阅下载。此外，档案馆还为世界其他国家的档案馆就信息自由法（Freedom of Information Act）的程序问题提供咨询，并成为这些文件的收藏中心。自2001年以来，该档案馆定期在俄国举办冷战史研究暑期培训班，每年设立不同的专题。

伦敦经济学院冷战研究项目是英国最主要的冷战史研究中心。该中心重点进行冷战在欧洲和第三世界的研究，出版的学术刊物（Cold War History）注重刊登各国学者关于冷战史研究新解释和新研究的论文，还编辑冷战研究系列丛书。中心创造跨学科的研究条件，研究人员有机会与国际组织、政府机构以及其他世界范围的机构就教学和研究问题合作。北京大学国际关系学院与该中心建立了研究生交流项目。

以位于苏黎世的瑞士联邦技术学院安全研究中心为依托的合作安全平行历史项目（The Parallel History Project on Cooperative Security）是欧洲最著名的冷战史研究中心，主要从军事史的角度研究冷战，其联系和活动范围甚广。意大利的佛罗伦萨大学冷战研究中心则重点研究欧洲的冷战及意大利对外关系。

在美国还有许多以大学为依托设立的冷战史研究中心，这些中心都开设本科生和研究生冷战史课程，并举办公共讲座和研讨会、接受访问学者等。俄国历史学家一开始就十分关注冷战史研究。1995年，在俄罗斯科学院世界通史研究所的基础上专门成立了冷战史研究中心，莫斯科国立国际关系学院以及俄罗斯科学院的世界经济和国际关系研究所、欧洲研究所、斯拉夫研究所，还有一些大学，都有学者参与其中。中东欧各国几乎都建立了冷战史研究机构，其中经常在国际学界露面的是匈牙利冷战史研究中心和保加利亚冷战研究组，它们分别设在匈牙利科学院1956年匈牙利革命历史研究所和保加利亚军事史协会之下，研究内容集中在冷战时期有关社会主义阵营内部关系的问题上。在亚洲，日本的冷战研究群主要是以申请研究项目为基础建立的，比较活跃的有早稻田大学现代中国研究中心和北海道大学斯拉夫研究中心。这两个中心通过在日本文部省申请研究项目的方式，重点从事东亚冷战史研究。韩国目前没有专门的冷战史研究机构，参与冷战史研究的主要是韩战研究会和国防部军史编纂研究所，他们经常以朝鲜战争研究为题，与各国学者进行讨论。庆南大学极东研究所、北韩大学院大学也有一批较为固定的学者参与国际学界有关朝鲜半岛统一和危机等问题的研讨。新加坡国立大学近年也成立了冷战研究中心，侧重于冷战在东南亚的历史研究。中国香港大学历史系的美国研究中心经常与各国冷战中心合作举办国际会议，是亚洲冷战研究的主力之一。在中国台湾地区，"中央研究院近代史研究所"组建了一个专门研究冷战时期海峡两岸关系的研究群，召开会议，并出版了论文集；"国立政治大学"历史系也在硕士生和博士生中成立了冷战史研究小组，经常举办读书会。此外，印度学者最近也开始加入了冷战史的研究队伍。

中国的冷战史研究在国际学界占有非常重要的地位，这不仅是因为中国本身在冷战格局演变中所起到的特殊作用——毛泽东的外交战略决策两次改变了世界政治格局，而且在于中国学界的不懈努力。早在20世纪80年代后期，中国学者就参与了国际舞台上有关中美关系史的讨论。90年代以来，随着中国档案文献的不断披露，各级档案馆的陆续开放，中国学者的研究愈来愈受到国际学界的重视。其中，重要的突破就在1996年1月美国CWIHP在香港召开"冷战在亚洲"大型国际学术会议。中国学者不仅提交了多篇引人注目的论文，而且就国际学界当时争论的一个重要问题，即1950年10月2日毛泽东关于出兵朝鲜的电报的真伪问题，回答了俄国学者的质疑，得到与会者的普遍赞同和好评。① 此后不久，凡是涉及亚洲和第三世界的冷战史国际会议，都会有许多中国学者受到邀请。中国学者的研究成果开始被大量译成英文在国外发表，他们的看法也越来越受到重视。2004 年美国国家情报委员会在评估中央情报局（1948—1976）对华情报工作时，专门聘请了 4 位中国冷战史学者出席会议，与中情局官员展开了颇具特色的对话。

客观地讲，中国的冷战史研究队伍一开始是学者自身在民间自发组织起来的。笔者那时刚刚从商界返回学术界，感到有两个新事物值得重视：一是俄国档案大规模的解密，为历史研究提供了无限机会；一是冷战史的研究，开辟了一种新的领域、思路和方式。于是，笔者和一些志同道合者，一方面积极组织收集、整理俄国档案，一方面开始有意识地集合对冷战史研究感兴趣的学者。我们差不多每年自费组织一次国内学者的讨论会，不分地区，不论单位，不要会务费，只要论文水平高，使用了新的档案文献，谁都可以参加。每次会议还有一些国外学者参加。几年下来，这支研究队伍便自然形成了。当时的客观条件是，第一，国家对学术研究的投入较少，能够用于基础学科研究的资金更是短缺；第二，从传统的观点看，冷战史是否可以作为一门学问还受到质疑，甚至"冷战"一词的出现都令人敏感。所以，没有民间自发的渠道，中国的冷战史研究很难起步。

进入 21 世纪后，随着改革开放的深入，情况大大改观。华东师范大学在陈兼教授的倡议下，在国内首先成立了冷战国际史研究中心。几年后，学校领导投入大量资金，中心不断引进人才，连续开发项目，招收研究生，开设专业课，还办起了专业杂志和网站，从国外购买了大量档案文献，并加强了国内学者之间以及同国外学者的交流。这时，"游击队"变成了"正规军"。2009 年夏，各校冷战史研究者在张家界会议上提出：共建中国的冷战国际史研究论坛，共同加强杂志和网站的建设。相信这支队伍将

---

① 该文后来在美国发表，见 Shen Zhihua, "The Discrepancy between the Russian and Chinese Versions of Mao's 2 October 1950 Message to Stalin on Chinese Entry into the Korean War: A Chinese Scholar's Reply", *Cold War International History Project Bulletin*, Issues 8—9, Winter 1996/1997, pp. 237-242。

继续活跃在冷战史国际学界的前沿。

2. 档案开放、收集的国际化与多国档案的综合利用

冷战国际史研究的基本要求就是必须以第一手的档案文献构成学术论著的叙述主体，不仅如此，这项研究还强调综合利用双边档案或多国档案从事学术考察。以往的冷战史研究，依靠的主要是美国档案，故形成"美国中心论"——冷战史实际上是美国外交史——在所难免。目前，各国档案的开放、收集、整理、翻译及综合利用，已经成为冷战史研究领域首先关注的事情。正是这种档案收集和利用的国际化趋势，从根本上突破了"美国中心论"，使冷战史研究成为真正意义上的冷战国际史研究。

要说档案开放最规范、档案收集最便利、档案利用最有效的，还是美国。目前，位于马里兰州的美国国家第二档案馆已经相继解密了冷战时期从杜鲁门到福特各位总统的档案。弗杰尼亚大学米勒中心的总统录音项目则收集了从罗斯福到尼克松六位总统大约 5000 小时的会议录音和电话录音，其中很多已用文字公布，可以从网站下载。国会图书馆、哈佛大学、普林斯顿大学、耶鲁大学、乔治城大学、斯坦福大学胡佛研究所还收藏有美国政府前官员的个人档案和访谈记录。特别是乔治城大学设有一个外交口述史项目，收藏有美国许多外交官的访谈录和口述史的录音和文字记录。此外，联合国、世界银行、国际货币基金组织以及国际发展署的档案馆也有很多有价值的档案材料。值得关注的是，美国国会信息服务公司和美国大学出版公司将大批档案制成缩微胶卷，其中包括国务院、中情局和国家安全委员会的档案，由莱斯公司（LexisNexis）负责全球统一销售。①此外，上述各冷战研究机构的网站，以及一些专业网站——如圣塔·克劳拉大学的冷战电子信息资源网，也大都发布各种档案文献。特别是国家安全档案馆为督促政府解密档案所作出的努力，深得各国学者的好评，有关中美缓和的基辛格文件、尼克松文件，就是在他们的催促下得以及时解密的。颇受中国学者关注的蒋介石日记，也收藏在美国（胡佛研究所档案馆）。至于学者最常使用的《美国外交文件》（FRUS）系列文献以及新近解密

---

① 华东师大冷战国际史研究中心已购买近 2000 卷缩微胶卷，目前正在整理目录，并将在网站公布。

的中央情报局解密文件，目前已经陆续上网，研究者可以自由下载。

英国有关冷战历史的档案到 20 世纪 70 年代中期开始解密，外交部编辑出版了《英国海外政策文件集》(DBPO：Documents on British Policy Overseas)，现已出版第一系列 8 卷（1945—1950）；第二系列 4 卷（1950—1960）；第三系列 5 卷（1960— ）。在意大利，备受关注的是保存在葛兰西学院的意大利共产党的档案。

俄国在冷战结束初期曾大规模地解密和开放以往鲜为人知的历史档案，这已经成为历史学界和档案学界的一件具有历史意义和轰动效应的大事，并令各国学者欢欣鼓舞、兴奋不已。① 不过，到 90 年代中期以后，许多已经开放的档案对于外国学者再度封存，不仅国防部和克格勃档案馆门禁森严，就是以前开放的外交部和苏共中央档案馆，也令国外研究者望而却步。② 当然，政府的控制已经无法改变俄国开放并得到广泛利用的大趋势，目前涉及冷战时期俄国档案的收集和使用主要依靠三个来源。

第一，俄国学者利用近水楼台和内外有别的便利条件，在各种刊物上陆续披露了一些解密文件。这些文件数量有限，未成系统，且常带有披露者的主观色彩，未必能够全面和客观地反映历史的本来面目。不过，这种缺陷并不否定这些档案文献本身的重要性和真实性，况且其中有许多文件迄今为止尚属唯一的版本。

第二，在俄国档案馆采取收缩政策以后，俄国学者及研究机构陆续编辑和出版了大量专题性档案集，其中引起冷战史研究者注意的内容有：1945—1954 年苏联的核计划，共产党情报局历次会议记录，苏共二十大与非斯大林化，导致赫鲁晓夫下台的"宫廷政变"，至 1960 年前克格勃的工作，苏共中央意识形态委员会的活动，中央与地方党组织的关系，书刊和

---

① 关于俄国档案的开放和利用的情况介绍，参见 Mark Kramer，"Archival Research in Moscow：Progress and Pitfalls"，*CWIHP Bulletin*，Issue 3，Fall 1993，pp. 18-39；沈志华：《俄国档案文献：保管、解密和利用》，载《历史研究》，136～149 页，1998(5)；余敏玲：《俄国主要档案馆现状简介》，载《近代中国（台北）》，200～217 页，2000(140)。

② 参见 *Чубарьян А. О. Новая история "холодной войны"// Новая и новейшая история*，1997，No. 6，c. 3-22.

新闻检查制度，1956年匈牙利危机，中近东的冲突，还有苏联与美国、德国、奥地利、芬兰、以色列，以及东欧、非洲的关系，等等。作为苏共高层决策的档案，出版了1945—1953年联共（布）中央政治局和苏联部长会议的部分历史文件，1954—1964年苏共中央主席团的部分会议记录和决议。至于中苏关系，已经出版的三部文件集则公布了1945—1950年中苏关系档案共815件之多，此外还有作为附录的几十个文件。这些文件集对于冷战史专题研究十分重要，需要注意的是编者的选择未必全面，有些关键性档案还要研究者通过其他渠道获取。

第三，俄国档案馆开放初期，许多国外学者或研究机构纷纷赶赴莫斯科收集档案，尤其是美国的一些机构捷足先登，花重金复制了大量俄国档案，其中专门收集冷战时期档案文献的主要有威尔逊国际学者中心冷战国际史项目、国家安全档案馆。此外，国会图书馆、哈佛大学图书馆、耶鲁大学图书馆和胡佛研究所档案馆也收藏了大量俄国档案。以这种方式收集的档案文献虽然显得分散零乱，查找起来也颇费工夫，但其最大的好处是研究者自己有选择权，而不会受制于人。

在俄国档案馆收缩的同时，东欧前社会主义国家的档案馆开始陆续对外开放。笔者最近去东欧和中欧七国访问，参观了二十多个档案馆。那里的国家档案馆和外交部档案馆在几年前已全面开放，特别是前共产党的档案，没有解密期限制。这种状况，对于研究者了解冷战时期铁幕另一边的情况，尤其是涉及华沙条约组织、经济互助委员会，以及东欧各国与苏联关系的内容，在很大程度上弥补了俄国和中国档案管理政策紧缩的不足。目前在冷战国际史研究较多利用的有捷克、匈牙利、波兰、保加利亚和罗马尼亚的档案，以及德国档案馆收藏的东德档案。一些国家的冷战史研究机构也收藏和整理了大量专题档案，如匈牙利中欧大学社会档案馆收藏的自由欧洲电台档案，匈牙利冷战研究中心所从事的项目：1945—1991年苏联集团活动年表、1988—1991年共产主义瓦解与冷战结束、匈牙利与东西方关系等。还有很多研究机构与冷战国际史项目或平行历史项目（PHP）合作，在这两个中心的网站或杂志上经过公布他们整理的各国档案，其内容涉及共产党情报局、华沙条约组织、苏南关系、阿南关系、中朝关系，以及罗马尼亚与华约关系、罗马尼亚与中美关系正常化、南斯拉夫与冷战、南斯拉夫与匈牙利事件的专题。在很大程度上可以认为，东欧各国档案的开放将推动冷战国际史研究迈上一个新台阶，其意义不亚于90年代俄国档案的解密。这一点，非常值得引起注意。华东师大冷战国际史研究中心正在策划收集、整理和翻译东欧档案的项目。

在亚洲，经过若干年的整顿，目前中国台湾地区的档案开放最为规范，使用也十分便利。应广大学者要求，内容丰富的"国民政府外交部"档案几年前已从台北郊区的北投外交部档案馆移至"中央研究院近代史研究所"档案馆，目前已经基本完成数位化整理，至1975年以前的所有档案均制成可供下载的PDF格式，使用者也可以上网查询目录。此外，"国史馆"所藏"蒋中正总统文物""国民政府"目录中也有大量涉及冷战历史的档案，为了方便使用者，"国史馆"今年已在台北市内开设阅览室。中国香港大学的主图书馆则是亚洲地区收藏美国、英国档案（缩微胶卷和缩微胶片）最多的地方。

根据《国家公文书公开法》，自1976年以来，日本政府分21批陆续解密了外务省所藏战后的档案。目前档案的解密时间已到1972年，从解密的卷宗主题看，首先是有关美国对日占领政策和日美关系的文件；其次如日本对东南亚各国政策、对中国海峡两岸政策、对朝鲜半岛政策，以及日本与阿拉伯世界各国、拉丁美洲各国和欧洲各国关系的档案，都已基本解密。① 此外，日本学者还注重整理和出版美国政府最新解密的对日政策档案。

韩国的国家档案馆也是对外开放的，但很少看到韩国学者直接引用韩国档案，据说是因为卷宗管理混乱，不易查找，外交通商部也没有专门的档案馆。不过，韩国学者也作出了很大努力。有关朝鲜战争及此前的档案，韩国本身的文件大部毁于战火，但学者们注意收集和编辑了主要参战国的档案。如美国文件：原主文化社1993年编辑，出版的《1945—1948年驻韩美军军政厅官报》、翰林大学亚洲文化研究所1995年编辑出版的《美军

---

① 有关日本外务省解密档案的卷宗目录及各批解密档案的数量，可以在日本外务省网站浏览，网址是：http://www.mofa.go.jp/。

政期情报资料集（1945—1949 年）》等。中国文件：将战争中缴获的中国人民志愿军基层部队的文件、命令、战士家书等编辑、影印成册，成为一套很有价值的文献集。俄国档案：把在朝鲜的苏联军事顾问团的 900 余件档案影印出版，其中主要是顾问团关于朝鲜领导人的背景、朝鲜政治经济状况、朝鲜人民军的情况以及战争各阶段进程给莫斯科的报告。此外，国防部军史编纂研究所还在整理有关战俘问题的历史文献。

以威尔逊中心的冷战国际史项目为主要牵头人，通过到当事国举办或邀请当事国学者参与国际学术会议，各国学者正在一致努力，敦促越南、蒙古、古巴、印度和朝鲜政府打开他们那里档案馆的大门。特别是 2009 年 5 月在新加坡召集的亚太地区各国档案馆负责人的会议，新加坡、马来西亚、柬埔寨、菲律宾、印尼和澳大利亚等国家档案馆均表示了积极态度。显而易见，这些国家档案的解密，对于推动冷战国际史研究向纵深发展具有十分重大的意义。

中国在改革开放之际也公布了档案法，解密年限为 30 年。但是迄今为止，档案制度及其管理方式几乎还停留在原地，没有出现本质性的改变。且不说西方发达国家，就是与近年来的俄国相比，中国的档案管理、开放和利用，也存在着一些令人遗憾的缺陷。

其一，开放程度极其有限，特别是中央一级和各国务院主管部门的档案，根本就没有对社会开放。据说在 1998 年档案法修订和公布以后，有关机构还下达了"十不准看"的内部规定，照此排列下来，可以对公众开放的有研究价值的档案就所剩无几了。甚至南京的第二档案馆，尽管都是民国时期的文件，一般学者也很难看到。省级档案虽然好一些，但也有类似现象，而且很具中国特色——人际关系超于法律规定。中共中央、国务院及所属各主管部都是决策机构，那里的档案不开放，对冷战时期中国的决策过程当然是无从了解的。不过，也有例外，外交部的档案已于 2004 年对社会公开，到目前为止，已经分三批解密了 1949—1965 年的档案。不仅一般中国公民，甚至国外学者亦可前往查阅。

其二，中国的高层档案文献主要是经专门机关挑选和编辑后出版的，其优缺点如上所述，是十分明显的。此外，在中国，只有极少数机构的研究者得以利用职务和工作之便，直接使用中央一级的档案文献进行研究，一般学者只能从他们的研究著作中间接引用一些重要史料。且不说这种状况对广大学者来讲是十分不公平的，而且也是很危险的，因为一旦直接引用者由于疏忽或受其观点和水平的限制，片面以至错误地使用了档案文献，就会以讹传讹，影响其他学者的研究思路。

其三，中国没有专门的档案解密机构，也没有规范的和科学的解密程序，某一文件是否可以开放和利用，往往是主管人说了算，于是便出现了种种奇怪的现象：同样一件档案，在这个档案馆可以看，在另一个档案馆就不能看；甚至在同一个档案馆，这个馆长批准查阅，另一个馆长却予以拒绝。更为可怜的是，中国许多档案是否可以利用——这在一定程度上影响了研究的进度和深度——竟取决于一个档案保管者的知识和政策水平。

中国限制档案开放的做法，最终受害的是中国自己。同一个事件，你不解密，人家解密，结果是研究者只能利用国外档案进行研究，不仅话语权旁落，也往往难以全面掌握历史真相。问题的关键，一方面在于中国有关档案管理和利用的法律制度不健全、不严谨；一方面在于档案管理者的观念需要根本转变：档案文献属于国家还是属于社会？查阅和使用历史档案是不是一个公民的基本权力？档案管理者对档案文献的责任，是重在保管收藏，还是重在为社会提供和利用？虽然这两方面的改进，在中国均非普通学者力所能及，但是作为档案的使用者，中国的冷战历史研究者也不能只是被动地、消极地等待。在期待中国档案文献进一步开放，期待中国档案制度提高其公正性、公平性和法律化水平的同时，学者也必须而且应该努力有所作为。充分利用地方档案进行个案研究，就是一个突破口。面对 21 世纪学术研究发展的国际化和公开性前景，中国学者只有在收集和利用档案文献方面开拓出一个新局面，才能进一步推动中国的冷战国际史研究。在目前的条件下，应该说，研究者在这方面的工作还是可以有所作为的，而且也是有很大的拓展空间的。华东师范大学、北京大学、首都师范大学、东北师范大学、上海交通大学、南开大学等学校都已经收集了相当数量的档案文献，如果这些单位联合起来，对于中国学者利用档案将是一件很有意义的事情。

各国档案的解密和利用推动着冷战史研究的深入，反过来，冷战史研究的发展也推动着各国档案的解密，这是一个相辅相成的运动。综合利用各国档案文献研究一个专题，的确是冷战国际史研究的一个特点。自不待言，研究双边关系要利用双边档案，而各国档案的解密则为学者提供了更为广阔的视野和资料来源。如研究中苏关系时人们发现，由于苏联与东欧各国的特殊关系，在后者的档案馆里收藏着许多涉及中苏分裂时期苏共与东欧各党的往来函电，而这些材料无疑是判断苏联立场和态度转变的重要依据。同样，俄国外交部档案馆中保存的苏联驻朝使馆的大量电报和报告，也是研究中朝关系不可或缺的史料。至于研究冷战时期发生的一系列重大事件和危机，就更离不开对多边档案的利用了。以朝鲜战争为例，在目前冷战历史的所有重大事件中，关于这个专题所发表和披露的各国档案数量最多、范围最广。惟其如此，朝鲜战争研究才在前几年形成了高潮，成为冷战史研究中最深入的一个课题。其他像研究马歇尔计划、柏林危机、印度支那战争、匈牙利事件、台海危机、柏林墙危机、古巴导弹危机、核武器问题等，亦无不如此。总之，对于读冷战国际史硕士和博士学位的研究生来说，没有档案文献的题目是不会去做的，做了也不会通过。

3. 研究者学术关怀的重点集中在重建历史事实

冷战国际史之所以被称为"新冷战史"或"冷战史新研究"，并不是因为研究者持有相同的、统一的观点，更不是因为他们形成了一个学术流派，恰恰相反，学者之间在很多观念、概念、定义以及对史料的解读方面，往往存在不同的释义和看法。就学术关怀而言，研究者的共同努力首先和重点在于重新描述历史过程，重新构建历史事实。

在过去的冷战史研究中存在不同学派（如传统派、修正派、后修正派等），其区别主要是观点不同，而对基本史实的认定则没有根本的分歧。冷战结束后的情况就完全不同了，即在基本史实的认定方面出现了颠覆性的变化。由于意识形态的对立和档案文献的缺失，过去冷战双方的研究者无法看到或不想看到铁幕另一边究竟发生了什么，学者眼中的历史往往是片面的、虚假的、错误的，甚至是被歪曲的。现在，双边的档案文献可以看到了，在学术研究中的意识形态对立也淡漠了，人们才发现，原来冷战的历史过程并不是以往理解的那样。例如，过去研究者以为斯大林、毛泽东和金日成 1950 年 1—2 月曾在莫斯科秘密会面，从而产生了关于朝鲜战争起源的"共谋论"解释。现在我们知道了，金日成 4 月 10 日到达莫斯科，而毛泽东在 2 月 17 日已经离开了那里。没有这种对史实的重新认定，研究者就无法了解朝鲜战争爆发的复杂过程和真正原因。还有，过去人们都认为，在波兰十月危机初期，是毛泽东的反对立场迫使赫鲁晓夫作出了从华沙周围撤兵的决定。现在我们知道了，在 10 月 19 日和 20 日苏共中央决定放弃在波兰的军事行动时，毛泽东还不知道在华沙究竟发生了什么。尽管新的史实认定并不否定中国后来在促成苏波关系缓和方面所起的作用，但如果看不到这一点，却很可能导致对中、苏、波三角关系的简单化理解。类似的案例在新冷战史研究中比比皆是，整个冷战历史的过程正在重建，而在一个相当长的时间里，各国学者首要的和主要的任务就是恢复历史的本来面目。

当然，在史实认定的过程中，也会出现对同一事实的不同解释，也不排除会发生分歧，甚至激烈的争论，但其总体目标是澄清史实，研究者首先要做的也是对历史过程作出正确的和准确的判断，只有在这一基础上，才有可能进行观点方面的辩论，并逐渐形成不同的学派。由于新的档案文献大量地、成系统地涌现，冷战史研究不得不着力于重构历史，但也正是由于这些档案正在不断地、陆续地被披露或挖掘出来，根据言必有据、有一分史料说一分话的学术准则，在一段时间内，历史学家不可能讲述一个完整的故事。因此，只有经过历史研究者细致地对他们所得到的档案文献进行考证和分析，并耐心等待和努力发掘尚未被发现的档案资料，人们才会把断裂的历史链条连接起来，才有可能获得一幅越来越接近于真实的历史画面。同时，也只有在这个基础上，研究者才有可能逐步实现理论的升华。

4. 在档案交流和专题研究中盛行的国际合作

冷战国际史研究国际化的另一个突出特点就是在档案交流和专题研究方面所进行的广泛的国际合作。冷战史研究走向国际化的趋势，是冷战结束以来各国档案大规模开放的现实促成的，也是其研究领域本身内涵决定的。

冷战史学者的国际合作首先表现在档案文献的收集、利用和交流方面。凡是参加冷战国际史的学术会议，各国学者关心的第一件事情就是谁带来了什么新的档案，会议组织者也经常要求各国学者带来相关的档案或信息。休会和茶歇时，会场内外见到的都是学者们在交流档案资料。这种景象在冷战史的一系列国际会议上均可见到。有些会议的主旨就在于介绍和推荐最新解密的档案，如 2006 年 2 月在华盛顿召开的国际会议"1954 年日内瓦会议与亚洲冷战"，其主要目的之一就是让刚刚解密的中国外交部档案在国际学界亮相。还有的会议则是专门为了促进某一国家的档案开放，如 2000 年 1 月在河内、2003 年在乌兰巴托举办的专题讨论会，以及 2009 年 6 月在威尔逊中心召开的国际会议"印度与冷战"，都体现了这样的功能。中国学者积极参与了上述活动，并广泛邀请国外学者参加在中国举办的学术讨论。一般来说，冷战史的学术讨论会只要稍具规模，就一定是国际会议。

冷战国际史可以纳入国际关系史的范畴，但它又不仅仅是研究国际间双边或多边关系，而是在这一研究的基础上，向外扩展，探讨某一地区乃至全球的政治、外交、军事格局的形成和走向；向内延伸，分析在已经形成的世界格局中各国国内政策的变化和发展，以及由此而产生的对国际关系的影响。例如中苏同盟破裂引起的社会主义阵营大改组及中国国内政策的变化，中美关系缓和造成的国际政治格局变动及其对多重双边关系的影响，还有马歇尔计划、朝鲜战争、越南战争、波匈事件等，无不如此。因此，在冷战史研究领域的重大专题研讨会，几乎都无法单独由一个国家召开，这是导致冷战史双边会议和国际会议频频召开、冷战史学者在国际舞台异常活跃的主要原因。此外，冷战史研究中档案利用的多国性和综合性，也要求相关专题的各国学者必须坐在一起讨论问题。从形式上看，这种国际合作除了经常或定期召开双边会议和国际会议外，还有档案利用培训班、双边博士论坛、跨国口述访谈等，如威尔逊中心与乔治·华盛顿大学每年夏季组织的档案培训班，华东师大和乔治·华盛顿大学连续举办的两次冷战史中美博士论坛，都极受各国学生欢迎。在某些专题研究方面，甚至出现了不同国家学者共同参与的国际项目，如威尔逊中心组织的北朝鲜国际文献开发项目（North Korea International Documentation Project）。华东师大最近设计的关于社会主义同盟理论及社会主义发展道路比较研究的项目，都邀请了多国学者参与，组织了国际团队。此外，华东师大冷战国际史研究中心正在与威尔逊中心商谈，准备明年在华盛顿设立驻美国的常设联络机构。

如果用一句话来概括冷战国际史研究的学术特征，那就是从史料收集、研究方法到成果形式等各方面都体现出来的国际化现象。

二 冷战国际史研究的热点问题

冷战国际史的研究成果，因其对当代人记忆中的历史所进行的颠覆性描述和阐释而备受世人关注，甚至学术著作也能成为畅销书。不仅如此，随着档案文献的解密，研究中的热点问题也是层出不穷，简直令人目不暇接。这里重点介绍一些中国学者比较关注和参与较多的学术成果。

1. 关于冷战起源和结束的讨论持续不断

冷战结束的最初几年，美国学术专著、报刊杂志甚至国家领导人经常讨论的话题就是冷战的起源，人们似乎又回到了传统派的观点，认为苏联应对冷战的出现承担责任。至于冷战的结束，则是美国和西方所取得的胜利。最具代表性，也最有影响的，当属美国最著名的冷战史专家盖迪斯在1997年出版的专著《我们现在知道了：重新思考冷战历史》。作者是以胜利者的心态和姿态重新审视冷战历史的，认为冷战的形成都是共产主义的错误，而冷战的结束则是西方领导人——特别是像里根、撒切尔这样强硬派和保守派领导人正确决策的结果。① 盖迪斯的著作受到美国主流媒体的高度评价，在中国也颇有影响。不过，冷战史研究学者中还是有不同的看法。不少学者对他提出批评，如把冷战的责任完全推给斯大林有失偏颇、把冷战的结束看成是正义战胜邪恶则忽视了美国外交政策中不道德和违背

---

① John Gaddis，*We Now Know*. 关于这种看法还有一部比较典型的著作：Norman Friedman，*The Fifty Year War：Conflict and Strategy in the Cold War*，London：Chatham Publishing，2000。

法律的现象、认为 20 世纪 70 年代美苏缓和只是维持战后的均势就低估了西欧国家的重要性、对中国和第三世界如何影响冷战的进程缺乏关注和认识等。① 特别是进入 21 世纪后，"9·11"事件的发生使西方的价值观再次受到威胁，因冷战结束而产生的西方优越感顿时消失，"历史终结论"也很快被人遗忘，人们需要再次重新审视冷战。在这方面的代表性著作是 2007年出版的弗杰尼亚大学教授莱夫勒的专著《为了人类的灵魂：美国、苏联与冷战》。作者强调，导致冷战爆发和延续的主要因素在于美苏的国内体制及国际机制，对美国政策提出了更多的批评；至于冷战的结束，则是苏联和戈尔巴乔夫个人起了主要作用。② 中国学者对于冷战的起源也提出了自己的看法，有的从战后国际秩序建立的角度提出了新看法③，有的认为苏联是被动地卷入冷战的，斯大林的冷战战略是"内线进攻，外线防御"④。

2. 关于苏联与冷战关系的研究引人注意

俄国档案馆开放的直接后果之一，就是对苏联与冷战关系的研究在国际学界掀起了引人注目的热潮。在英语世界比较有影响的著作有：马斯特尼的《冷战与苏联的不安全感》，他的观点与盖迪斯比较接近，认为斯大林由于从不相信别人而总有一种不安全感，他不断寻求建立新的缓冲地带，以控制苏联的周边地区。⑤ 旅美俄裔学者祖博克和普列沙科夫合著的《克里

---

① Carolyn Eisenberg，"Review of We Now Know by John L. Gaddis"，*The Journal of American History*，Vol. 84，No. 4，March 1998，pp. 1462-1464；David Painter，"A Partial History of the Cold War"，*Cold War History*，Vol. 6，No. 4，November 2006，pp. 527-534；Geir Lundestad，"The Cold War According to John Lewis Gaddis"，*Cold War History*，Vol. 6，No. 4，November 2006，pp. 535-542.

② Melvyn Leffler，*For the Soul of Mankind：The United States，the Soviet Union，and the Cold War*，New York：Hill and Wang，2007.

③ 徐蓝：《试论第二次世界大战后国际秩序的建立与发展》，载《世界历史》，2003(6)。

④ 参见沈志华《共产党情报局的建立及其目标——兼论冷战形成的概念界定》，载《中国社会科学》，2002(3)；《斯大林的"联合政府"政策及其结局(1944—1947)》，载《俄罗斯研究》，2007(5，6)；《斯大林与 1943 年共产国际的解散》，载《探索与争鸣》，2008(2)。

⑤ Vojtech Mastny，*The Cold War and Soviet Insecurity*，New York：Oxford University Press，1996.

姆林宫的冷战：从斯大林到赫鲁晓夫》，充分利用了大量公布的俄国档案，重点在于描述战后苏联领导人的思想倾向，强调领袖个性、马列主义意识形态、俄罗斯历史文化以及地缘政治在冷战初期的重要性。[①] 祖博克的新著《失败的帝国：从斯大林到戈尔巴乔夫的苏联冷战》，则全面地考察了整个冷战时期苏联对外政策的变化及社会走向。[②] 在这方面，俄国学者自然作出了极大努力，他们对苏联参与冷战的研究涉及更为广阔的领域。冷战结束初期，俄国学者依靠集体的力量，侧重于利用新档案比较全面地描述冷战时期苏联的对外政策。研究很快就扩展开了，有的讨论冷战起源，有的研究缓和年代，有的专门考察苏联的军事工业综合体，还有的集中探寻苏联的核计划和核政策。俄国学者研究最深、成果最多的主要体现在战后苏联与东欧国家关系的领域。中国学者在这方面研究成果不是很多，主要原因是俄语人才短缺。现有比较重要的成果主要是张盛发的一部专著和笔者的几篇论文。[③] 最近几年年轻学者开始进入这一领域，从已经完成的博士论文即可看出，其中涉及苏捷关系、苏以关系、特殊移民、犹委会案件、阿富汗战争，等等。

3. 对于中美关系的考察经久不衰

中美关系是冷战国际史最早吸引研究者的领域之一，并且随着时间推移，到期解密的档案逐渐增多，人们的关注点和研究范围不断扩大。冷战结束后不久，在中美关系研究中，学者们最初比较感兴趣的还是新中国建立之初中美关系是否有可能实现正常化的问题，即以往美国冷战史各学派有关"失去的机会"的争论。研究者根据新的史料再次进行了讨论，比较一致的看法是实际上不存在所谓的"失去机会"。他们强调中共与莫斯科之间

① Vladislav Zubok and Constantine Pleshakov，*Inside the Kremlin's Cold War：From Stalin to Khrushchev*，Cambridge：Harvard University Press，1997.

② Vladislav Zubok，*A Failed Empire：The Soviet Union in the Cold War from Stalin to Gorbachev*，Chapel Hill：University of North Carolina Press，2007.

③ 张盛发：《斯大林与冷战》，北京，中国社会科学出版社，2000；沈志华：《中苏同盟、朝鲜战争与对日和约——东亚冷战格局形成的三部曲及其互动关系》，载《中国社会科学》，2005(5)；沈志华：《斯大林与中国内战的起源(1945—1946)》，载《社会科学战线》，2008(10)。

已经建立的良好关系使毛泽东在 1949 年不愿意去发展同美国的关系，有限的外交及贸易联系不足以构成中美和解的契机。① 随后，人们较多研究的是 20 世纪 50 年代的中美冲突问题。学者们对中美冲突的起源、朝鲜战争期间的中美关系、台海危机等都有较为深入的研究，出版了很多有分量的专著。在约翰逊和尼克松政府档案解密后，学者们讨论的焦点开始转向中美和解的进程。吴翠玲的专著讨论从 1961—1974 年美国关于中美和解政策的实施过程，认为美国官场在 60 年代就开始提出并讨论与中国缓和关系的想法。② 朗巴斯的新著则考察约翰逊政府为改善对华关系所采取的一些新举措，并指出尼克松和基辛格打开中美关系的思想是建立在约翰逊政府对华新尝试的基础上的。③ 伯尔、詹姆斯曼、唐奈心、夏亚峰以及麦克米伦等学者的著作，利用最新解密的美国档案，对 70 年代初中美关系缓和进程从不同角度做了深入的研究和探讨。④ 中国学者最早参与国际讨论的课题就在这一领域，领衔者是资中筠、陶文钊等，跟进的有章百家、时殷弘、牛军等，复旦大学美国研究中心也有一批优秀成果问世。那时中国中美关

① Warren Cohen, Chen Jian, John Carver, Michael Sheng, and Odd Arne Westad, "Rethinking the Lost Chance in China", *Diplomatic History*, Vol. 21, No 1, Winter 1997, pp. 71-115.

② Evelyn Goh, *Constructing the US Rapprochement with China*, 1961—1974: *From "Red Menace" to "Tacit Ally"*, New York: Cambridge University Press, 2005.

③ Michael Lumbers, *Piercing the Bamboo Curtain: Tentative Bridge－Building to China during the Johnson Years*, Manchester: Manchester University Press, 2008.

④ William Burr, *The Kissinger Transcripts: The Top Secret Talks with Beijing and Moscow*, New York: The New Press, 1998; James Mann, *About Face: A History of America's Curious Relationship with China, from Nixon to Clinton*, New York: Alfred A. Knopf, Inc., 1999; William Kirby, Robert Ross, and Gong Li (eds.), *Normalization of U. S. －China Relations: An International History*, Cambridge and London: Harvard University Press, 2005; Nancy Tucker, "Taiwan expendable? Nixon and Kissinger go to China", *Journal of American History*, 92: 1(2005), pp. 109-135; Xia Yafeng, *Negotiating with the Enemy: U. S. －China Talks during the Cold War*, 1949—1972, Bloomington: Indiana University Press, 2006; Margaret MacMillan, *Nixon and Mao, The Week That Changed the World*, New York: Randon House, 2007.

系研究完全可以同美国学者媲美。① 随着时间的推移，关于中美缓和时期的美国档案继续开放，而中国档案很少见到，所以中国的研究人数虽然很多，但基本上是跟在美国学者的后边走。即使有一些比较重要的成果发表，其作者也是在美国接受学术训练的。② 无疑，中美关系研究的进一步发展，有待于中国档案文献的开放。

4. 对于中苏关系的研究迈上新台阶

由于以往难以见到的中国和俄国档案的大量披露，冷战国际史学者对中苏关系的研究取得了比较大的突破。在西方出版的论著中，德国学者海因茨希对中苏同盟建立的过程进行了详尽讨论③，旅美华人学者张曙光、在加拿大教书的瑞士籍学者吕德良和在中国工作的俄国学者拉琴科从不同的角度和时段，集中研究了中苏同盟破裂的过程④；美国学者陈兼讲述毛泽东的对外政策，魏丽莎分析勃列日涅夫的对华政策，但主要落脚点都是中苏关系。⑤ 此外，笔者还看到一部英文的博士论文，作者利用了大量俄国档案及中国人民大学的校史材料，讨论苏联如何帮助中国建立、发展教

① 最近发表的重要成果有何慧的《尼克松与中国——半个世纪的不解之缘》（郑州，河南人民出版社，2005）、王立新的《意识形态与美国外交政策——以20世纪美国对华政策为个案的研究》（北京，北京大学出版社，2007）。

② 如张曙光的《接触外交：尼克松政府与解冻中美关系》（北京，世界知识出版社，2009）。

③ 原文为德文，中译本见迪特·海因茨希《中苏走向同盟的艰难历程》，张文武等译，北京，新华出版社，2001。

④ Zhang Shuguang, *Economic Cold War*，*America's Embargo against China and the Sino-Soviet Alliance*，1949—1963，Stanford：Stanford University Press，2001；Lorenz Lüthi，*The Sino-Soviet Split：Cold War in the Communist World*，Princeton and Oxford：Princeton University Press，2008；Sergey Radchenko，*Two Suns in the Heavens：the Sino—Soviet Struggle for Supremacy*，1962—1967，Washington，D. C.：Woodrow Wilson Center Press，Stanford：Stanford University Press，2009.

⑤ Chen Jian，*Mao's China and the Cold War*，Chapel Hill & London：The University of North Carolina Press，2001；Elizabeth Wishnick，*Mending Fences：The Evolution of Moscow's China Policy from Brezhnev to Yeltsin*，Seattle and London：University of Washington Press，2001.

育事业，其内容和观点都十分吸引人。① 在俄国，综合性专著的作者大体
上都是负责对华事务的职业外交官或党内干部，他们的论述还带有较多的
意识形态色彩，在很大程度上都是为苏联特别是斯大林的政策进行辩护。
不过，其史料价值还是不容忽视的。② 在专题性著作中，比较集中讨论的
是关于中苏边界问题。③ 涉及的其他领域还有新疆问题、在华苏联专家问
题及中苏科学技术合作等。④ 这些专题性研究著作的学术性较强，很有参
考价值。中国学者在这方面的成就目前已经走到世界前列，其中特别是杨
奎松、李丹慧、牛军和笔者本人的研究，引起国际学界的重视，很多论文
和专著已经或正在译成英文。⑤ 中国学者的突出特点有两个方面：一是大
量使用中国和俄国的双边档案，这就比西方学者占了先机；二是中国学者
看问题的角度和对史料的解读要胜过西方学者，毕竟中国人对苏联的理解

---

① Douglas Stiffler, *Building Socialism at Chinese People's University: Chinese Cadres and Soviet Experts in the People's Republic of China*, 1949—1957. Ph. D. dissertation, University of California, San Diego, 2002.

② *Брежнев А. А.* Китай: тернистый путь к добрососедству, воспоминания и размышления, Москва: Международные отношения, 1998; *Ледовский А. М.* СССР и Сталин в судьбах Китая, Документы и свидетельства участника событий 1937—1952, Москва: НИМ, 1999; *Кулик Б. Т.* Советско — китайский раскол: причины и последствия, Москва: ИДВ РАН, 2000; *Рахманин О. Б.* К истории отношений России — СССР с Китаем в XX веке, Обзор и анализ основных событий, Москва: Памятники исторической мысли, 2002.

③ *Ткаченко Б. И.* Россия - Китай: восточная граница в документах и фактах, Владивосток: Уссури, 1999; *Мясников В. С. , Степанов Е. Д.* Границы Китая: История формирования, Москва: Памятники исторической мысли, 2001; *Попов И. М.* Россия и Китай: 300 лет на грани войны, Москва: издательство АСТ, 2004; *Рябушкин Д. С.* Мифы Даманского, Москва: Издательство АСТ, 2004; *Ивасита А.* 4000 километров проблем: российско—китайская граница, Москва: АСТ, Восток—Запад, 2006.

④ *Бармин В. А.* Синьцзян в советско — китайских отношениях 1941—1949гг. , Барнаул: Изд — во БГПУ, 1999; *Зазерская Т. Г.* Советские специалисты и формирование военно — промышленного комплекса Китая (1949—1960годы), Санкт — Петербург: НИИХ СПбГУ, 2000; *Мартыненко В. П.* (*ред.*) Российско—китайские научные связи: проблемы становления и развития, СПб: Издательство Санкт — Петербугского института истории РАН, 2005.

⑤ 详见徐思彦《走向破裂的结盟：中苏同盟研究的新进展》，载《清华大学学报》，2008(5)。

更为深刻。例如关于中苏同盟破裂的过程及其原因的讨论，中国学者的看法对现在通行的国家关系理论的某些观点提出了挑战。①

5. 朝鲜战争仍然是研究者最感兴趣的课题

朝鲜战争不仅在东亚各国脍炙人口，在美国也是经久不衰的研究课题。各有关国家的档案大量解密，为新的研究注入了活力。除了比较全面地讲述战争过程的专著②，学者们还充分利用新档案、新史料考察了美国以外的国家参与这场战争的情况。关于苏联与朝鲜战争的关系，学者们不仅讨论了斯大林对朝鲜半岛政策的演变及苏联在战争起源和停战谈判中的作用，还描述了苏联空军参战的情景。③ 至于中国与朝鲜战争，讨论比较

---

① 详见沈志华主编《中苏关系史纲（1917—1991）》（北京，新华出版社，2007）的跋。

② 其中比较有影响著作包括：Sergei Goncharov, John Lewis, and Xue Litai, *Uncertain Partner*：*Stalin, Mao, and the Korean War*, Stanford：Stanford University Press, 1993；William Stueck, *The Korean War*：*An International History*, Princeton：Princeton University Press, 1995；蔡汉国、郑锡均、梁宁祚：《韩国战争》（三卷），首尔，国防军史研究所印行，1995—1997；*Валковский Н. Л. гла. ред.* Война в Корее, 1950—1953, Санкт – Петербург：ПОЛИГОН, 2000；*Торкунов А. В.* Загадочная война：корейский конфликт 1950—1953годов, Москва：Российская политическая энциклопедия, 2000；William Stueck, *Rethinking the Korean War*：*A New Diplomatic and Strategic History*, Princeton：Princeton University Press, 2002；和田春树：《朝鲜战争全史》，东京，岩波书店，2002；Alan J. Levine, *Stalin's Last War*：*Korea and the Approach to World War Ⅲ*, Jefferson, North Carolina, and London：McFarland & Company, Inc. , Publishers, 2005。

③ 如 Kathryn Weathersby, "The Soviet Role in the Early Phase of the Korean War：New Documentary Evidence", *The Journal of American—East Relations*, 1993, Vol. 2, No. 4, pp. 425-457；"Soviet Aims in Korea and the Outbreak of the Korean War, 1945-1950：New Evidence from the Russian Archives", *CWIHP Working Paper*, №8, 1993；"Korean, 1949-1950：To Attack, or Not to Attack? Stalin, Kim Il Sung, and the Prelude to War", *CWIHP Bulletin*, Issue 5, Spring 1995, pp. 1-9；*Орлов А. С.* Советская авиация в Корейской войне 1950—1953гг. // Новая и новейшая история, 1998, №4, с. 121-146；*Волохова А.* Переговоры о перемирии в Корее 1951-1953гг. , по материалам Архива внешней политики России// Проблемы дальнего востока, 2000, №2, с. 96-110；Zhang Xiaoming, *Red Wings over the Yalu*：*China, The Soviet Union, and the Air War in Korea*, College Station：Texas A & M University Press, 2002。

集中在中国出兵及其在战争中的形象等问题上。① 还有一些学者研究了美国的盟国与战争的关系，如日本、英国、土耳其等。② 即使在朝鲜战争研究中最为敏感和有争议的问题，比如战俘、细菌战等问题，也有不少学者涉猎。③ 在这一研究领域，中国学者也处于领先地位，特别是关于铁幕另一边的故事，西方人如雾里看花，很难说清。在原来的东方阵营中，朝鲜学者闭目塞听，基本看不到他们的成果，俄国学者大多囿于传统，很少有

① 全面研究的有陈兼和张曙光的专著，Chen Jian, *China's Road to the Korean War: The Making of the Sino-American Confrontation*, New York, Columbia University Press, 1994; Shu Guang Zhang, *Mao's Military Romanticism: China and the Korean War*, 1950—1953, Lawrence: University Press of Kansas, 1995。还有一些论文也值得注意: Thomas Christensen, "Threats, Assurances and the Last Chance for Peace: The Lessons of Mao's Korean War Telegrams", *International Security*, 1992, Vol. 17, No. 1, pp. 122-150; Philip West, "Confronting the West: China as David and Goliath in the Korean War", *The Journal of American—East Asian Relations*, 1993, Vol. 2, No 1, pp. 5-28; V. Petrov, "Mao, Stalin, and Kim Il Sung: An Interpretative Essay", *Journal Northeast Asian Studies*, 1994, Vol. 13, No. 2, pp. 3-30; Michael Sheng, "Mao, Tibet, and the Korean War", *Journal of Cold War Studies*, Vol. 8, No. 3, Summer 2006, pp. 15-33。

② Roger Dingman, "The Dagger and the Gift: The Impact of the Korean War on Japan", *The Journal of American—East Asian Relations*, Vol. 2, No. 1, 1993, pp. 29-55; Michael Hopkins, "The Price of Cold War Partnership: Sir Oliver Franks and the British Military Commitment in the Korean War", *Cold War History*, Vol. 1, No. 2, January 2001, pp. 28-46; Çagdas Üngor, "Perceptions of China in the Turkish Korean War Narratives", *Turkish Studies*, Vol. 7, No. 3, September 2006, pp. 405-420.

③ Laurence Jolidan, "Soviet Interrogation of U. S. POWs in the Korean War", *CWIHP Bulletin*, Issues 6—7, Winter 1995/1996, pp. 123-125; Kathryn Weathersby, "Deceiving the Deceivers: Moscow, Beijing, Pyongyang and the Allegations of Bacteriological Weapons Use in Korea", *CWIHP Bulletin*, Issue 11, Winter 1998, pp. 176-185; Milton Leitenberg, "New Russian Evidence on the Korean War Biological Warfare Allegations: Background and Analysis", *CWIHP Bulletin*, Issue 11, Winter 1998, pp. 185-200; Stephen Endicott and Edward Hagerman, *The United States and Biological Warfare: Secrets From the Early Cold War and Korea*, Bloomington: Indiana University Press, 1998; Milton Leitenberg, "The Korean War Biological Weapon Allegations: Additional Information and Disclosures", *Asian Perspective*, 24 (3), 2000, pp. 159-172. 笔者在中国台湾冷战时期海峡两岸的历史发展研究生工作坊 (2008年8月) 还看到一篇专门研究中国战俘的论文，David Chang, "Huijia (To Return Home): The origins of the forcible screening for voluntary repatriation of Chinese POWs during the Korean War"。

所创建。① 而中国学者的研究早在 20 世纪 80 年代末就开始突破了以往的传统看法。② 随着档案文献的不断披露，对于中、苏、朝一方参与战争的过程的研究越来越具体，越来越深入。在战争起源、中国出兵、中朝关系、停战谈判等一系列问题上，中国学者都提出了自己的独特见解。③

冷战国际史研究的热点问题还有很多，如核武器的研制与核政策问题、马歇尔计划、苏南冲突、共产党情报局、柏林封锁危机、东柏林骚动、波匈事件、华约与北约的对抗、台湾海峡危机、柏林墙的建立、古巴导弹危机、苏联入侵捷克斯洛伐克、美苏限制战略武器谈判、阿富汗战争、波兰团结工会等，无论是老题目，还是新领域，由于这些研究主要依据的是冷战结束后各国解密的档案文件，都给人耳目一新的感觉。中国学者对于其中某些问题的研究还是比较深入的，这里就不再一一列举了。④

三　冷战国际史研究发展的新趋势

进入 21 世纪以来，特别是最近几年，冷战国际史在其研究领域、研究对象和研究方法等方面，表现出某些新的发展趋势。

1. 走出大国关系史研究的光环，考察中心地带与边缘地区的互动关系

过去半个世纪的国际关系属于两极结构，所谓冷战就是以美苏各自为首两大意识形态阵营（集团）的对抗，所以冷战国际史研究始终笼罩在大国关系的光环下，学者们很自然地也把主要目标锁定在考察美苏两国关系或

---

① 值得注意的成果见 Торкунов А. В. Загадочная война：корейский конфликт 1950—1953годов，Москва：Российская политическая энциклопедия，2000。

② 徐焰：《第一次较量——抗美援朝战争的历史回顾与反思》，北京，中国广播电视出版社，1990。

③ 邓峰：《朝鲜战争研究在中国：十年综述》，载《中共党史研究》，116—125 页，2010(9)。

④ 值得提及的是年轻学者也开始加入了讨论，如对美国外层空间政策（张扬）、美国核战略（詹欣）、苏联核武器研制（刘玉宝）、苏联对以色列政策的演变（肖瑜）、美国与北约的关系（姚百慧、丁祖煜）、波匈事件（胡泊、郭洁）、阿富汗战争（李琼、李晓亮）、美国对斯大林去世后苏联外交政策的反应（葛腾飞、汪婧、樊百玉）等问题的研究。

两大阵营在危机中的决策及其结果。"9·11"事件以后，由于伊斯兰原教旨主义对基督教文明的挑战，西方的价值观受到威胁，人们突然发现西方的意识形态并没有被全世界广泛接受。于是，学者们开始关注大国以外的世界，特别是第三世界。对于西方集团中弱小或处于边缘地位的国家——加拿大、西班牙、丹麦、芬兰、冰岛等——的研究成果已经出现，对于第三世界众多处于冷战边缘的国家和地区的研究也开始不断升温。目前，这些研究多数是从大国对边缘地区和国家的政策的角度从事考察，希望通过追溯冷战时期大国对第三世界的干涉和介入，来找到当前这些地区动荡的根源。或者说，是研究冷战在第三世界的作用和结果。不久前文安立出版的专著《全球冷战：第三世界的干涉和我们时代的形成》可以说具有代表性。作者研究了冷战时期美苏两个超级大国对越南、南非、埃塞俄比亚、伊朗、阿富汗以及其他地区的干涉，并探讨了这种干涉对当今世界的影响。文安立认为，在欧洲由于两个军事集团的存在和对峙，冷战对抗陷入僵局，取得新突破的空间和机会很少。而美苏在第三世界的争夺则代表了冷战中最主要、最核心问题，第三世界是美苏两家推广和验证各自遵循的一套政治理论和经济发展模式的场所。它们在这里的争夺，不仅是为了获取军事优势（盟友、基地等），更主要是希望通过干涉第三世界的内部事务、影响第三世界的政治和经济发展，来显示各自代表的政治和经济模式的优越性和合法性，来证明自己所信仰的价值观所具有的全球适用性。①

对于第三世界或冷战边缘地区和国家的研究还有一种"本末倒置"的趋向，即从研究这些地区或国家本身的历史出发，考察其自身发展的历史惯性、特征和趋势对美苏关系的影响，对地区和国际格局的影响。如果说前者倾向于讨论边缘地区和国家是如何在两极世界格局的影响下被动地卷入冷战的，那么后者的出发点在则在于考察边缘地区和国家是如何向两极世

---

① Odd Westad, *The Global Cold War*: *Third World Interventions and the Making of Our Times*, New York: Cambridge University Press, 2005。还可参见：Jeremi Suri, *Power and Protest*: *Global Revolution and the Rise of Détente*, Cambridge, Mass.: Harvard University Press, 2003; Jeffrey Engel(ed.), *Local Consequences of the Global Cold War*, Washington D. C.: Woodrow Wilson Center Press, Stanford C. A.: Stanford University Press, 2007。

界挑战，从而影响了美苏两国的政策。美国衣阿华州立大学教授刘晓原在其新著《解放的制约——蒙古独立、中国领土属性和大国霸权的历史纠葛》的导言中表述了这样的观点，即认为小国、边缘地区和第三世界国家并不完全是被动地卷入冷战的，在很多情况下，它们的选择和驱动力迫使美苏不得不修正自己的政策。惟其如此，才会出现在美苏争夺的中心始终保持"冷战"的状态，而在边缘地区则"热战"连绵不断。① 另一部受到关注的著作是美国哥伦比亚大学康纳利教授的《外交革命：阿尔及利亚的独立斗争和后冷战时代的起源》。作者将阿尔及利亚的民族解放斗争置于东西方和南北方的双重矛盾中考察，指出阿尔及利亚争取独立的斗争既包含东西方（美苏）之间对抗的因素，又包含南北方（殖民地人民与殖民主义国家、伊斯兰教与基督教）之间矛盾的因素，仅用传统的冷战眼光来看待1945年后的历史是不够的和不全面的。② 中国学者对第三世界的研究主要是由年轻一代完成的，他们很多人一进入冷战史研究的大门便选择了这一新的领域，目前已经发表的成果虽然还不是很多、很成熟，但从这几年博士论文的选题看，中国在冷战与第三世界这个领域的研究必将迅速发展起来。③

其实，正是这种对中心地带与边缘地区互动关系的研究，才会使人们

---

① Liu Xiaoyuan, *Reins of Liberation：An Entangled History of Mongolian Independence*，*Chinese Territoriality*，*and Great Power Hegemony*，1911—1950，Washington，D. C. ：Woodrow Wilson Center Press，Stanford：Stanford University Press，2006.

② Matthew Connelly，*A Diplomatic Revolution：Algeria's Fight for Independence and the Origins of the Post-Cold War Era*，New York：Oxford University Press，2002.

③ 目前已发表的研究成果可见戴超武的《1965年印巴战争与美国的反应和政策》（载《世界历史》，2008年第2期）、《中印边界冲突与苏联的反应和政策》（载《历史研究》，2003年第3期）、赵学功的《巨大的转变：战后美国对东亚的政策》（天津人民出版社，2002）、《简论肯尼迪政府对古巴的隐蔽行动计划》（载《南开学报》，2007年第5期）、姚昱的《中国与不发达国家的经济联系》（载《中共党史研究》，2008年第2期）、舒建中的《美国的"成功行动"计划：遏制政策与维护后院的隐蔽行动》（载《世界历史》，2008年第6期）、刘莲芬的《1960—1962年老挝危机与美泰关系》（载《东南亚研究》，2008年第1期）、孙德刚的《第四次中东战争与美国政府的危机管理》（载《华东师范大学学报》，2009年第1期）、代兵的《日内瓦会议与老挝、柬埔寨的中立》（载《社会科学研究》，2008年第2期）、王延庆的《美国对南非核政策的演变》（载《历史教学》，2008年第10期）等。

更加深刻而全面地了解冷战年代世界格局的内涵以及在这一总体格局中各国历史的发展道路。

2. 突破传统国际关系史研究的范畴，把经济、文化、社会纳入观察视野

冷战国际史研究的另一个发展趋向就是突破传统国际关系史的研究范畴，把观察的视野转向经济、文化以及一系列社会问题，从事跨学科的研究。

英国剑桥大学教授雷纳兹在其所著《一个被分割的世界：1945年以来的全球史》一书中提出，战后发生的许多事情是"无法全部装在冷战这个盒子里的"，美苏冷战"分割"了世界，但冷战只是这个时代的一部分，此外还有经济、民族、文化、宗教、南北差别、性别差异等问题，冷战的出现无疑对这些社会问题的发展产生了影响，但同时又反过来深受这些社会问题的影响。他在书中系统地描述了一些与冷战根本不相关的事情，如非殖民化进程、科技发展、文化趋向、社会变革以及所有这一切对政治产生的影响，最后强调："冷战只是这个时代的中心，而非时代本身。"①作者是要提醒人们，对于冷战时代的研究，不能仅仅研究冷战本身，不能把研究的对象限制在传统的国际关系史范畴，还必须全面考察在这一时代发生的其他事件和问题。

当然，冷战国际史研究无法取代经济史、文化史、宗教史、社会史等各类专门史研究，但重要的是，关于战后以来这些问题的考察无论如何也不能摆脱冷战这个核心问题，因为它们都在"一个被分割的世界"的框架下发生和发展的；同样重要的是，研究冷战史，研究国际格局产生和变化的过程，也必须考察经济、文化、科技、宗教等问题，因为这些问题与国际关系问题融合在一起，才构成了这个时代本身。在这方面，目前已有的冷战国际史研究成果中比较多的是关于"经济冷战""文化冷战"以及"宣传战－心理战"的研究。马里兰大学教授张曙光较早使用了"经济冷战"的概念，并以此为书名，讲述了美国对中国的经济封锁政策及其对中苏同盟造成的

① David Reynolds, *One World Divisible*：*A Global History since* 1945, New York：Norton, 2000.

经济压力。① 俄罗斯科学院俄国历史研究所西蒙诺夫的研究对象是苏联的军工综合体组织，论证了苏联制度下的这一特殊经济部门如何担负着国家经济有机组成部分的职能，决定着社会产品和国民收入分配的比例，同时又成为国家安全系统最重要的环节，决定着武装力量军事技术组织的性质。② "文化冷战"的研究涉及美国文化的对外传播③，美苏之间的文化交流及其结果④，以及冷战中的文化政治⑤等方面的内容。关于"宣传战－心理战"的研究出现得比较早，其中既有对苏联在国内宣传鼓动和对外开展

① Zhang Shuguang, *Economic Cold War*，*America's Embargo against China and the Sino-Soviet Alliance*，1949—1963，Stanford：Stanford University Press，2001.

② *Симонов Н. С.* Военно－промышленный комплекс СССР в 1920—1950-е годы：темпы экономического роста，структура，организация производства и управление，Москва：РОССПЭН，1996.

③ Walter L. Hixson，*Parting the Curtain*：*Propaganda*，*Culture*，*and the Cold War*，1945—1961，New York：Palgrave Macmillan，1997；Jessica C. E. Gienow－Hecht，*Transmission Impossible*：*American Journalism as Cultural Diplomacy in Postwar Germany*，1945—1955，Baton Rouge：Louisiana University Press，1999；Volker Berghahn，*America and the Intellectual Cold Wars in Europe*：*Sheppard Stone between Philanthropy*，*Academy*，*and Diplomacy*，Princeton：Princeton University Press，2002.

④ John E. Bowlt and Dmitrii Sarab'yanov，"Keepers of the Flame：An Exchange on Art and Western Cultural Influences in the USSR After World War II"，*Journal of Cold War Studies*，Vol. 4，No. 1，Winter 2002，pp. 81-87；Victor Rosenberg，*Soviet－American Relations*，1953—1960，*Diplomacy and Cultural Exchange During the Eisenhower Presidency*，Jefferson and London：McFarland & Company, Inc.，2005；Jeffrey Brooks，Stalin's Ghost：Cold War Culture and U. S. －Soviet Relations，in Klaus Larres and Kenneth Osgood（eds.），*The Cold War after Stalin's Death*，pp. 115-134.

⑤ *Тихвинский С. Л.* （отв. ред.）Восток － Россия － Запад，Исторические и культурологические исследования，Москва：Памятники историчрской мысли，2001；Tony Shaw，"The Politics of Cold War Culture"（Review Essay），*Journal of Cold War Studies*，Vol. 3，No. 3，Fall 2001，pp. 59-76；Patrick Major and Rana Mitter，"East is East and West is West? Toward a Comparative Socio－Culture History of the Cold War"，*Cold War History*，Vol. 4，No. 1，October 2003，pp. 1-22.

"舌战"的介绍，也有对西方冷战广播及内部舆论导向的描述。① 在所有这些领域的研究及其拓展，不仅丰富了冷战史研究的内容，更重要的是将加深人们对于冷战时代的认识。

中国学者对经济冷战的研究主要表现在美日、美韩、中苏关系方面，成果比较显著。② 于群集中研究心理冷战，取得不少成果。③ 对于文化冷战的研究相对比较落后，成果还很少见到。④

3. 在实证研究的基础上，重新建构冷战国际史的分析框架和理论模式

如果说冷战的结束为国际关系史学者提供了更多的机会和更广阔的开

---

① *Наджафов Д. Г.* Сталинский Агитпроп в холодной войны, по архивным фондам ЦК ВКП（б）и МИД СССР// *ИВИ РАН*Сталин и холодная война, Москва：ИВИ РАН, 1998, с. 205-227；*Фатеев А. В.* Образ врага в советской пропаганде, 1945—1954 гг. , Москва：ИРИ РАН, 1999；James B. Critchlow, "Western Cold War Broadcasting", *Journal of Cold War Studies*, Vol. 1, No. 3, Fall 1999, pp. 168-175；V. Pechatnov, "Exercise in Frustration：Soviet Foreign Propaganda in the Early Cold War, 1945—1947", *Cold War History*, Vol. 1, No. 2, January 2001, pp. 1-27；*Рукавишников В. О.* Холодная война, холодный мир：Общественное мнение в США и Европе о СССР/России, внешней политике и безопасности Запада, Москва：Академический Проект, 2005；Ira Chernus, "Meanings of Peace：The Rhetorical Cold War after Stalin", in Klaus Larres and Kenneth Osgood（eds. ）, *The Cold War after Stalin's Death*, pp. 95-114.

② 其中最突出的是崔丕的《美国的冷战战略与巴黎统筹委员会、中国委员会（1945—1994）》（中华书局，2005），其他还有沈志华的《中苏同盟的经济背景（1948—1953）》（香港中文大学香港亚太研究中心，2000 年）、邓峰和杜宇荣的《美国冷战战略与中日贸易关系（1948—1950）》（载《东北师范大学学报》，2007 年第 5 期）、《美国对华政策与中日贸易（1950—1952 年）》（载《日本研究》，2008 年第 2 期）、姚昱和郭又新的《1953—1956 年美国的橡胶政策与国内政治》（载《世界历史》，2007 年第 6 期）、梁志的《美国对外开发援助政策与韩国的经济"起飞"》（载《当代韩国》，2009 年春季号），以及谢华的《冷战时期美国粮食外交的历史演变（1954—1969）》（载《历史教学》，2009 年第 6 期）等。

③ 于群：《美国对日本的心理战略计划项目初探（1951—1960）》，载《东北师范大学学报》，83～90 页，2005(5)；《"特洛伊计划"——美国冷战心理宣传战略探微》，载《东北师范大学学报》，5～12 页，2007(2)；《社会科学研究与美国心理冷战战略》，载《美国研究》，68～82 页，2007(2)；《论美国在伊拉克进行的心理战（1945—1958）》，载《东北师范大学学报》，47～53 页，2010(3)。

④ 在这方面尝试的有牛可的《国家安全体制与美国冷战知识分子》（载《二十一世纪》总第 79 期）和于群的《战后初期美国在伊朗开展的冷战电影宣传战略（1945—1953）》（于群主编：《美国国家安全与冷战战略》，273～293 页，北京，中国社会科学出版社，2006）。

拓空间，那么这一结果的突然来临对于国际关系理论专家而言，遇到的则是严峻的挑战。人们还发现，在旧冷战史研究中曾广泛应用过的某些国际关系理论，不仅因其对冷战的结束缺乏预见而受到学者的质疑，而且面对大量的和不断出现的新史料、新史实似乎也正在失去其阐释价值。① 正像文安立所言，冷战国际史（新冷战史）"是一个让现实主义和结构主义迎头冲撞的领域"，现实主义固然因为国际体系的变化而正在失去其原有的解释能力，结构主义也由于受到某些固有模式的束缚而很难对冷战进程中复杂的现象作出更好的说明。②

其实，在冷战后的冷战史研究中，历史学家同样面临着某种困境，当他们面对兴高采烈地找到的大量渴望已久的档案时，当他们在新的历史文献的基础上开始兢兢业业地重建历史时，才突然发现原有的概念、分析框架或理论模式似乎还不足以让他们理解、解释和阐述新显露的历史现象。例如在中苏关系史的研究中，情况就是如此。目前已经披露的档案文献和口述史料，其数量多得惊人，不仅大量有关中苏两党高层内部的讨论、两国领导人之间的谈话已经为人所知，甚至像 1957 年 11 月莫斯科会议期间苏联在克里姆林宫为毛泽东的卧室专门改建厕所、1959 年 9 月 30 日赫鲁晓夫在北京机场发表讲演时扩音器突然中断这样的细节，都可以得到确实的考证。面对越来越清楚的史实，人们无论如何也无法再使用以往国际关系理论中的同盟利益说来解释中苏同盟破裂的原因了。正是依据同盟是共同利益的体现这一框架，美国的情报分析官员在 20 世纪 50 年代初认为既然中苏已经结盟，那么就是铁板一块了——殊不知恰恰此时，斯大林因在中苏条约谈判中被迫向毛泽东让步而对中国产生了极大的不满和怀疑；在 20 世纪 60 年代初他又认为中苏的根本利益是一致的，所以他们的同盟

① 对现有国际关系理论提出的质疑，主要见 John Gaddis, "International Relations Theory and the End of the Cold War", *International Security*, Vol. 17, No. 3, Winter 1992/1993, pp. 5-10; Jeffrey Checkel, "The Constructive Turn in International Relations", *World Politics*, 50 (1998), pp. 324-348; William Wohlforth, "Reality Check: Revising Theories of International Politics in Response to the End of the Cold War", *World Politics*, 50(1998), pp. 650-680。

② Westad(ed.), *Reviewing the Cold War*, pp. 7-10.

是不会破裂的——殊不知时隔不久，中苏两国便分道扬镳了，而导致他们分裂的并非国家利益之间的冲突。① 显然，维系中苏关系的不仅仅是利益，甚至主要不是利益，那么应该如何来解释中苏同盟破裂的根本原因呢？于是，冷战史研究者开始尝试建立新的概念和分析框架。有学者提出了国内政治需要说，如陈兼就认为，中国革命的国内使命决定了其国际使命，外交政策是"国内动员的源泉"，为此，"毛泽东在国际关系方面故意制造敌人"。② 还有学者提出了意识形态分歧说，如吕德良认为，莫斯科和北京在关于如何"正确"解释和实践共产主义方面产生严重分歧，中苏双方由此相互指责对方为共产主义的"叛徒"；没有意识形态之争，中苏也不可能分裂。③ 甚至有学者从性格和心理状态的角度分析毛泽东的对苏立场，如盛慕真就用精神分析法来描述毛泽东的个性及其对政治决策的影响，认为领袖的个性缺陷和心理障碍是导致中苏分裂的主要因素。④ 这些理论是否能够解释中苏关系的兴衰姑且不论，但有一点毋庸置疑，历史学家正在尝试在合理的新历史证据的基础上建立自己的概念、分析框架和理论模式。而这种做法本来就是冷战国际史研究者所关注的重构历史活动之中的应有之意。笔者和李丹慧即将出版的《冷战与中苏同盟的命运》一书，会提出一个对中苏分裂过程和原因的新的分析框架，也许有益于推动这一讨论。华东师大冷战国际史研究中心正在策划的研究课题——社会主义国家关系及同盟理论研究，也将从事这方面的尝试。

最后，特别值得一提的是正在出版的由莱夫勒和文安立共同主编的三

---

① 美国中央情报局官员关于这方面的分析报告见沈志华，杨奎松主编《美国对华情报解密档案》第 9、12 编，上海，东方出版中心，2009。

② Chen Jian, *Mao's China and the Cold War*，pp. 7-8，180.

③ Lorenz Lüthi, *The Sino—Soviet Split*，pp. 46-50，63.

④ Michael M. Sheng, "Mao Zedong's Narcissistic Personality Disorder and China's Road to Disaster", in Ofer Feldman and Linda Valenty(eds.), *Profiling Political Leaders: Cross-Cultural Studies of Personality and Behavior*, London: Greenwood Publishing Group, 2001, pp. 111-128; "Mao and China's Relations with the Superpowers in the 1950s: A New Look at the Taiwan Strait Crises and the Sino-Soviet Split", *Modern China*, Vol. 34, No. 4, October 2008, pp. 477-507.

卷本《剑桥冷战史》。① 该书的目的是阐明冷战的根源、动力和结局；力图说明冷战是如何从第一次世界大战和第二次世界大战以及两次大战之间的地缘政治、意识形态、经济和政治环境中演化而来的；冷战遗产是如何影响当今国际体系的。这是一部名副其实的国际史，除用一些章节讨论大国之间的双边或多边关系，有更多篇幅讨论的是地区性和全球性问题，特别是广泛涉及社会史、科技史和经济史的内容，讨论了人口、消费、妇女和青年、科学和技术、种族和民族等一系列问题。其意义远远超出了狭义的外交史，在国际关系和国际格局之外，还要说明的是冷战时期对绝大多数人来说最重要的是什么；为什么只有了解经济、思想和文化互动是如何影响政治话语、外交事件、战略决策的，才能理解冷战的起源和结束。这部巨著的大部分作者是历史学家，但也有政治学家、经济学家和社会学家。在方法论方面，该书力图做到综合性、比较性和多元性的结合。可以说，这部著作代表了目前冷战国际史研究最前沿、最权威的学术成果，也反映了这一研究的发展趋势。

近来"新冷战"(New Cold War)问题开始引起国际社会的关注，大国之间围绕着利益和权力的对抗，国际政治中出现的对峙和遏制，使人们不得不想起冷战年代。② 世界是否会进入新冷战时代？目前国际紧张状态中有哪些因素来自冷战年代？今后又将如何发展和演变？回答这些问题，无疑都需要思考过去的经验和教训。因为当代世界的结构性因素和重大国际问题的渊源都与冷战时期密切相关，所以，冷战研究可以为理解和把握后冷战时期历史运动规律、应对现实国际问题提供必要的战略性思考和历史借鉴。这也是进一步全面、深入地加强冷战国际史研究，并在学科建设方面把这一研究提高到应有地位的现实意义所在。

（作者为华东师范大学冷战国际史研究中心教授）

---

① Melvyn Leffler and Odd Westad (eds.), *The Cambridge History of the Cold War*, Vol. I: *Origins*, 1917—1962; Vol. II: *Conflicts and Crises*, 1962—1975; Vol. III., *Endings*, 1975—1991, Cambridge: Cambridge University Press, 2009/2010.

② 关于"新冷战"问题的集中讨论，见《俄罗斯研究》2008 年第 5 期"热点聚焦"栏目。

西方学术界对思想史研究的新进展

李宏图

在西方学术界，思想史一般被称为"Intellectual History"或"History of Ideas"，主要研究思想观念在历史中的演进和变迁，它是历史研究中的重要研究领域和单位。之所以如此重要，就是因为思想观念是历史的一个不可分割的组成部分。历史的活动和展开不仅是与思想观念紧密相关，而且在人们和社会进行某种活动时也都受到思想观念的限制，要在这样的记忆和既定的原则下进行的。也就是说，他们跳不出现有的思想观念的约束。如果说历史是一种社会、政治和人们的一种实践的话，那么，思想观念也就以自身独特的方式参与到了历史进程之中，它与任何一种社会、政治的实践都有着联系，并且在这样的一种关系中也创造了自身的历史。因此，要了解历史的话，就必须要考察这些思想观念，从这一层面来更好解释历史的变迁。

对什么是思想史，不同的学者有着不同的定义。一般来讲，思想史所说的思想既包括了人们思考后的成果，或者思考活动的产物，是一种明确的、清晰的有着一定表达方式的结构和体系，也包括着人们的欲望、冲动、感性和想象等构成内容。美国普林斯顿大学的历史学家罗伯特·达恩顿则认为思想史包括着"历史观念史"（常常在哲学的阐述上系统地研究思想）、思想史自身（研究非正规的思想，观念的氛围和知识的演进）、社会观念（研究意识形态和观念的传播）和文化史（在人类学的意义上研究文化，包括对世界的观念和集体心态）等内容。达恩顿还认为，这四个不同的层面体现着从"高"到"低"的递进，因此，他用"高"和"低"的两个中心概念来概括思想史所研究的全部内容。①

在长期的思想史研究中，学术界形成了不同的思想史研究的理论和方法。在 20 世纪 30 年代，以阿瑟·洛维乔易为代表的一些学者提出并开始了观念史研究，他因此而被称为"历史观念史的主要创始者"。② 1936 年，他出版了《人类观念的伟大环节》（*The Great Chain Of Being*）一书，③他的研究不像以往那样只是简单地追踪思想体系的哲学史的研究，而是聚焦于"观念的单元"（Unit Ideas）。"观念的单元"意指西方思想传统中那些基本的和经久不变的观念。虽然这些观念可以被分开和重新组织，但一般来说，西方社会的人们都不假思索地继承了这些观念。在人类思想的演进中，这些基本的观念就成为了基本的存在，成为了思想演进发展的"伟大环节"，影响或者决定着人类思想的发展。就是如洛维乔易自己所说，观念的基本同一性，和西方思想上的一以贯之的想法。④也正像斯金纳所说是那些"永恒问题"。⑤此后，洛维乔易还发表了"观念的历史编纂学"（1938）、"现在的观点和过去的历史"（1939）、"历史观念史的反思"（1940）等文，从方法论上进一步阐述了观念史的研究。

对于洛维乔易的观念史研究，有些学者指出，过去的思想家们并没有创造或者谈论过"人类的伟大环节"这一概念，它是由洛维乔易自己所建构的。尽管如此，当时洛维乔易所提出的观点对思想史研究还是产生了很大的影响。这里，我们必须记住，无论是新开辟的"观念史"研究，还是原先传统的"思想史"研究，在其研究方法上，或者说居于主导地位的解释方法仍然都还是注重对经典文本的理解，特别是一些"伟大思想家"的经典文本。所以，一谈到思想史的研究，就必然是对这些经典文本的解读。正如

①　Michael Kammen（ed.），*The Past before Us*：*Contemporary Historical Writing in the Unite States*，Ithaca，N. Y：Cornell University Press 1980，p. 337.

②　Preston King（ed.），*The History of Ideas*：*An Introduction to Method*，London：Croom Helm 1983，p. 8.

③　此书已被译成中文，名为《存在巨链——对一个观念的历史研究》，南昌，江西教育出版社，2002。

④　《洛维乔易观念史论文集》，5 页。

⑤　昆廷·斯金纳：《观念史的意涵与理解》，见任军锋译、载丁耘等编《思想史研究：思想史的元问题》，40 页，南宁，广西师范大学出版社，2005。

斯金纳所说，一些主要的经典文本被广泛地视为政治思想史唯一的研究对象。按照这样的方法，历史学家的任务主要是把每个人的政治思想系统化，并从中推演出一些结论或他们对某些基本观念的态度。然后，历史学家便将几个思想家作比较，不管他们是否关心同一理论抽象层次的问题。他们的相似之处或"共同观念"被当做历史延续性的表现；他们的不同之处则被看成历史变化或发展。政治思想史因而变成了一些基本观念的历史，并被归结为一种单一的、发生在高度抽象层次的历史。①同时，在历史学家对思想史的解释中还隐含着这样的意义，政治理论仅仅充任着在事后赋予政治行为的合理性。因此，对经典文本理论的研究将能够解答政治行动和政治思想史上的很多问题。这里，涉及政治理论或观念与政治行动的关系问题，是先有政治观念还是先有政治行动。历史学家纳米尔认为，政治行为只是在其行为之后才被政治观念和政治理论赋予其合法性，或作了论证。并且伟大的经典文本是那个时代影响最大并在人类思想史的演进过程中具有标志性的文本，只有理解了它，才能够很好地理解历史上的那些思想和观念。

从 20 世纪 60 年代开始，在西方，特别是在英国，一些历史学家当然主要是思想史家开始挑战这一占据主导性的传统观点。以剑桥大学的思想史家拉斯莱特为先导，波科克继之，到 80 年代的斯金纳成为代表。经过他们的努力，终于把剑桥大学发展成为新的思想史研究的重要阵地，他们也在学术界被称为剑桥学派或历史语境主义。以至有人将这场思想史研究范式的转型称之为"斯金纳式的革命"。②

在这里，将对目前占据思想史研究主流的剑桥学派作一些详细介绍。早在 20 世纪 60 年代，由于不满意于现有的思想史研究的解释模式，拉斯莱特率先提出"哲学已经死亡"的口号，提出了要用历史的方法来研究思想史，并且让思想史成为真正的思想史。为此，他自己率先示范，借出版洛克《政府论》这部著作的机会，写了一篇长长的序言，在这篇文章中，他通

---

① 张执中：《从哲学方法到历史方法》，载《世界历史》，1990(6)。

② 凯瑞·帕罗内：《昆廷·斯金纳思想研究：历史·政治·修辞》，3 页，上海，华东师范大学出版社，2005。

过详细的材料，运用类似于乾嘉考据学派的方式得出了全新的结论，洛克的《政府论》不是写于 1688 年"光荣革命"之后，而是在此之前的 10 年。写作时间的改变，其对洛克政府论的理解自然也就不同，不再是为"光荣革命"而辩护，而是要迎接一场革命。这本书的意义还不仅在于改变了人们对洛克《政府论》的理解，更重要的是在于，他提供了一种运用历史研究方法的范式。尽管后来学者们继续进行了深化，但是他的开启一个学派之功不可没。

很遗憾，拉斯莱特由于要去组建剑桥经济社会和人口研究小组，转向了人口和社会史研究，①离开了思想史研究，从而未能将这一方向深入拓展下去。但沿着拉斯莱特提出的方法论，波考克则继续进行了推进。在他这里则使思想史研究实现了从"政治治哲学史"到"政治语言史"②的转换，初步形成了剑桥学派。奠定这一学派基础的是他所写的关于政治思想史方法论方面的几篇核心论文③，和在该方法论指导下写就的几部经典著作。

作为一种思想史研究范式，从方法论的高度对之进行系统思考的则是

① 拉斯莱特在剑桥大学领衔成立了"人口和社会结构史研究剑桥小组"（the Cambridge Group for the History of Population and Social Structure），并使之成为了一个具有国际影响的人口和社会结构研究中心。见 Melvin Richter, "Reconstructing The History of Political Languages: Pocock, Skinner, and the Geschichtliche Grundbegriffe", *History and Theory*, vol. 29, No. 1, p. 3。

② 需要指出的是，在波考克那里，"政治思想""政治理论""政治哲学"都是不加区分地交互使用的，都是指同一个意思。在文中，特别是涉及引文的地方，为了保持原貌，作者并没有强行进行技术上的统一。

③ 如"The History of Political Thought: A Methodological Enquiry", in Peter Laslett and W. G.. Ruciman(eds.), *Politics Philosophy and Society*, 2ed series, Oxford, 1962; "Verbalizing a Political Act: Towards a Politics of Speech", *Political Theory* 1(1973); "Language and Their Implications: The Transformation of the History of Political Thought", in J. G. A. Pocock, *Politics, Language and Time*, London and New York, 1972; "Political Ideas as Historical Events: Political Philosophers as Historical Actors", in Melvin Richter(ed.), *Political Theory and Political Education*, Princeton, 1980; "The Concept of a Language and the metier d'historien", in A. Pagden (ed.), *The Language of Theory in Early Modern Europe*, Cambridge, 1987; "The State of the Art", in J. G. A. Pocock, *Virtue Commerce and History: Essays on Political Thought and History*, Cambridge, 1985.

约翰·波考克。从而真正把历史的研究取向变得明晰化，在奠定剑桥思想史学派研究范式的三篇论文中，波考克的"政治思想史：一种方法论的探讨"（1962）被誉为是"预兆未来"的经典之作，其刊发时间比邓恩的"观念史的身份"早6年，比斯金纳的"观念史中的意义和理解"早7年。①正是在这篇文章中，波考克首次提出政治思想的身份是历史的；在政治思想的研究中，我们所能采用的最确当的方法就是历史学的方法；我们从政治思想文本中所解读出来的"意义"必须是一种经过历史学的方法而得到确证的意义。②

正像波考克在1971年所说："在过去的十年间，那些对政治思想体系研究感兴趣的学者在他们的学科内亲历了一场根本性的变革，这场变革实际上相当于一场转型。"对于这场转型，其目标就是实现从"哲学的解释"到"历史的解释"的模式转换。具体到思想史领域，就是关注"过去事实上发生的事情到底意味着什么？"而以哲学的解释为代表的种种非历史的解释所关注的则是"过去事实上所发生的事情对身处当下的我到底意味着什么？"③波考克认为，我们不应该将两者等同或混淆起来。作为思想史家，我们的首要目标就是"重建"某一特定的文本或言说的"历史意义"，也即，作为诠释者，我们所附加在文本或言说中的意义必须是该文本或言说呈现在特定历史语境（historical contexts）中的意义。当一个合格的历史学家在从事历史解释活动时，他必定会意识到，他和他的诠释对象并不是处在同一个"概念或意义世界"中，这样，为了确保解释活动的合法性，他必须要追问：在多大的程度上，其解释对象（也就是作者）对其词语的使用与他（也就是现代解释者）对其词语的使用是相一致的？因为从解释者的特定立场来看，他必定观察到，解释者和作者之间的交流必定是如彼特拉克所想象的那种交流：也即其与西塞罗（或李维）之间的那种交流："你，来自你那个时代的世界，而我，则来自我这个时代的世界。"这样，为了避免"强人

① Dario Castiglione and Iain Hampsher－Monk（eds.）, *The History of Political Thought in National Context*, p. 159.

② "The History of Political Thought：A Methodological Enquiry", p. 188.

③ "The History of Political Thought：A Methodological Enquiry", p. 7.

以就己"式的误读，为了能与作者在同一个意义层次上使用某些特定词语，我们必须从传统中寻找概念工具，并从事一种波考克所称谓的"人文主义"的活动——重建文本写作或言说行动所赖以展开的"意义世界"，也就是"用一种古人或先辈的那个时代的语言来重述古人或先辈的思想，以便理解当如此表达的时候，他所不得不说或必定要说的，以及他所关注的"。①但是，在波考克看来，在 20 世纪的政治思想史实践中，这种历史的、人文主义的原则遭到哲学的、操作主义(operationalism)②原则的玷污和背叛。用波考克的话来说，"20 世纪的人讨厌把自己看做是站在巨人肩膀上的矮子，他们不愿意从传统中寻找概念工具，而是宁愿构建自己的工具"。③其结果造成了历史解释中的"背叛行为的兴盛"。这表现在：秉持操作主义原则的解释者所关注的并不是一个作者在遥远的过去做某一表述究竟有何意指，而是其自身的当下状态可以使这一表述有何意味。他从事于解释活动并不是服务于作者的目的，而是服务于自己的目的。以霍布斯研究为例，在人文主义者看来，操作主义者往往只是借霍布斯之"酒杯"来浇自己之"块垒"，从而把霍布斯所不曾有的意图或不可能说的话人为地添加在霍布斯身上。所以历史学家常常向哲学家或政治理论家抱怨道："说这些话时，霍布斯并不是这个意思，至少并不确切地是这个意思。但是很可能你是这个意思，如果你发现它对你是有用的。但是不要在你的思想前加上'霍布斯曾说过'这样的词语，更不要加上不诚实的现在时——'霍布斯说'。"④

在波考克之后，昆廷·斯金纳将剑桥学派的这一方法论成形，从而在学术界正式创造出了"剑桥学派"，以此为标志，斯金纳也成为"剑桥学派"

---

① "The History of Political Thought：A Methodological Enquiry"，p. 8.

② 波考克区分了"人文主义者"和"操作主义者"。操作主义者的特征是：在与古人的"对话"中，他只"欲求抓住那些他注意到的一些言说行动，并用它来施行自己的语言游戏"；而人文主义者则"真正关注的是维持并肯定他与死者对话的价值"。见'Political Ideas as Historical Events：Political Philosophers as Historical Actors'，Princeton，1980；p.152。

③ "Political Ideas as Historical Events：Political Philosophers as Historical Actors"，p. 8.

④ "Political Ideas as Historical Events：Political Philosophers as Historical Actors"，p. 8.

的代表性人物。由于受业于剑桥大学，而且深受前辈学者拉斯莱特和波科克所提出的用历史的方法来研究思想史，这都给了斯金纳以极大的启发，他认真地阅读过拉斯莱特所编辑的洛克的《政府论》，也聆听过他的老师对此书的点评。与此同时，他特别喜欢波科克于 1957 年出版的《古代政制与封建法》这本书，将此书看做为他在大学学习时期最为喜欢的一本书。斯金纳完全同意前辈老师们的意见，并且在此基础上作出了自己的思考。他指出，如果我们作为政治思想的研究者继续把我们的主要注意力放在那些以他们的任何同时代人都难以匹敌的那种抽象知识水平来讨论政治生活问题的人身上，我们怎么可能希望实现这种对历史的理解。因此，"我对传统的'拘泥书本'的方法感到不满意的一点是：虽然这种方法的倡导者往往自称是撰写政治理论史的，但他们却很少能提供给我们真正的历史"。①同时，在实际的历史进程中，"观念的单元"完全抹杀了思想演进中的不断变化和无数的偶然。这正如斯金纳所说："我认为，决不存在着这样的一种观念的单元，而仅仅存在着一种在不同的时间由不同的代理人所使用不同语言的历史。我敢说，隐藏或者在使用这种语言的背后没有任何历史，他们的历史仅仅是不断要被重写的观念的历史。"②

针对"观念史"研究者只把研究对象定格集中于"伟大的经典文本"，集中于"观念的单元"这样的研究方法，斯金纳认为这是非历史的，是历史的荒谬。它将既定存在的一些观念抽象成为了"理想类型"，并且将这些观念看做为在任何时期都存在，只是有的时候萌芽，有的时候发展定型，完全忽视了同一种概念在不同时期所具有的不同含义。因此，人们总是认为，后来所形成的思想总是有前面的"参与者"，总是在前面的基础之上。如马基雅维里吸收了马西略的思想，马基雅维里思想有名是因为他奠定了马克思的思想基础，等等。这样，思想家当时的历史环境被弃置不管，对过去思想家的臧否也只是按照他们是否有助于我们现在已经存在的观念。这样的一种方法论带来的另外一种历史的荒谬便是无休止的争论，一种观念究

---

① 昆廷·斯金纳：《近代政治思想的基础》，4 页，商务印务馆，2002。

② 凯瑞·帕罗内：《昆廷·斯金纳：历史，政治和修辞》(*Kari Palonen Quentin Skinner：History，Politics，Rhetoric*)，4 页，剑桥，波利梯出版社，2003。

竟出现在什么时候，是在谁的著作中首先提出，如权力分立理论，人们就不断地争论到底在什么时候出现。①

在斯金纳看来，"观念史"研究完全是非历史性，他批评道："我认为，非常明显，任何试图用从经典文本中学来的'永恒的问题'和'普遍真理'等名词来证明观念史研究的合理性必定就是以使观念史本身更愚笨和天真为代价来对合理性的追求。像我已经显明的那样，任何思想家的陈述不可避免地体现着特定的意图，依赖特定的条件，为解决特定的问题而发言。所以，就具有了特定性。在这种方式下，想超越这种特定性将仅仅是一种天真。"②因此，斯金纳认为，作为思想史的研究，我们必须要有历史性，这种历史性就是要得到具有历史性质的政治理论史。为此，斯金纳和剑桥学派的其他学者们创造出了一种不同于以往的对待历史文本的研究和解释的特殊方式。"不去专门研究主要的理论家，即经典作家，而是集中探讨产生他们作品的比较一般的社会和知识源泉"，③并且将从思想家文本中来研究思想家的思想转换为研究思想家在什么状态下创作出了这样的文本，使用这样的词汇来表达自己的思想。这也意味着要将思想家的文本（text）放在其所处的语境中（context）来研究。

斯金纳等人认为，越把文本看做为在更宽广的政治话语中的基本内容，它的内容随着变化的场景而变化，我们的研究也就越能把握住其主旨。由此，在思想史研究的方法论上，以斯金纳为代表的"剑桥学派"把注意力从只关注经典文本，或思想的连续性转移到了语境。④对这一方法的特质，斯金纳自己有过言简意赅的陈述，而这一陈述不仅是他个人的，更可以看成为是对他所代表的整个"剑桥学派"的总结：我将"捍卫着我对阅读

① 详见昆廷·斯金纳的文章《意义和理解》（Quentin Skinner, *Meaning and Understand*），见塔利主编《意义和语境：昆廷·斯金纳和对他的批评》（James Tully (ed.): *Meaning and Context: Quentin Skinner and His Critics*），35 页，剑桥，波利梯出版社，1988。

② 详见昆廷·斯金纳的文章《意义和理解》（Quentin Skinner, *Meaning and Understand*），65 页。

③ 昆廷·斯金纳：《近代政治思想的基础》，3 页。

④ Norman J. Wilson: *History in Crisis? Recent Directions in Historiography*, Prentice Hall 1999, pp. 75-76.

和解释历史文本的一个特定的观点，我认为，如果我们希望以合适的历史方法来写历史观念史的话，我们需要将我们所要研究的文本放在一种思想的语境和话语的框架中，以便于我们识别那些文本的作者在写作这些文本时想做什么，用较为流行的话说，我强调文本的言语行为并将之放在语境中来考察。我的意图当然不是去完成进入考察已经逝去久远的思想家的思想这样一个不可能的任务，我只是运用历史研究最为通常的技术去抓住概念，追溯他们的差异，恢复他们的信仰，以及尽可能地以思想家自己的方式来理解他们"。①

在思想史的研究中，斯金纳一直不满意于传统的研究方法，不断地在思考在经典文本中，作者在写作这些文本时将要做什么，特别是他们提出并试图要回答什么问题，这些问题如何被接受和认可，或者被质问和拒绝，甚至也许故意地忽视占据主导的假设和政治争论中的准则。正是在这样的思考和探索中，斯金纳找到了在历史语境之下思想史研究的新路径。这就是斯金纳不再笼统地使用"思想史"或者"观念史"这样宏大的方式来进行论述，而是下降到更为具体的"单位"，这个具体的单位既是思想观念的核心和内涵，也是研究思想观念的重要载体，斯金纳将这样的具体"单位"定格为"概念"。斯金纳说："研究不断变化着的概念作为历史研究的一种独特的形式。如果我们希望去写作这一类型历史的话，我们就必须特别关注于我们用来描写和评价如霍布斯所说的我们的人工世界，即政治和道德世界的概念。"②这样，"概念史"研究的提出不仅表明着"思想史"或者"观念史"研究的具体化，而且意味着思想史研究对象的实质性转换。正像波科克所说："政治思想就是研究通常所使用的相对稳定的概念。"③同时，与"观念的单元"的普遍性和反历史性相比，"概念史"则更为突出了思想演进中的断裂性和历史性。

---

① 昆廷·斯金纳：《政治的视界》(Quentin Skinner, *Vision of Politics*)，3 卷本，总序，8 页，剑桥，剑桥大学出版社，2002。

② 昆廷·斯金纳：《政治的视界》(Quentin Skinner, *Vision of Politics*)，3 卷本，第 1 卷，175 页。

③ 凯瑞·帕罗内：《昆廷·斯金纳：历史，政治和修辞》(*Kari Palonen Quentin Skinner: History, Politics, Rhetoric*)，16 页。

仔细考察，斯金纳所作出的这一推进与这一时期整个学术界的转向有关。早在 20 世纪 50 年代，在德国，就有以考斯莱克为代表的一批学者开始提出"概念史"的研究，并将此视作为是思想观念史研究的一种推进。同样，在历史学和整个学术也都受到语言哲学的影响，尽管到了 80 年代历史学才有"语言转向"这样的正式提法，但也由此可见已经这样的变化早已经开始。因此，概念史研究的提出也自然就是这一转向的具体体现。因为，概念史就是要通过语言的分析来研究概念在时间和空间中的移动、接受、转移（翻译）、扩散，从而揭示概念是社会和政治生活运转的核心。

正是在这样的理论指导下，1978 年，斯金纳出版了《近代政治思想的基础》一书。在这本书中，斯金纳抽取出"国家"这个概念来作为自己研究主旨的载体和体现。他要研究作为一种全能的和非人格化的国家权力是如何进入到近代世界的，其近代国家的理论已经被建构，但是它的基础仍然还没有完成。从方法论的角度来看，他的这种考察并非要去考察"国家"产生的"意义"，或者在思想史的进程中寻找意义，而是集中在对"概念"形成和被接受过程的考察。具体到"国家"这个概念来说，它不是从来就有的，而是近代的产物。因此，作为历史学家，我们就必须要从"历史"的方法来"说明形成近代国家概念的大致过程"。为此，斯金纳说："我从 13 世纪后期写起，一直写到 16 世纪末，因为我将设法说明，正是在这个时期逐渐具备了关于国家的可供认可的近代概念的主要因素。在这个时期，从'维持他的国家'——其实这无非意味着支撑他个人的地位——的统治者的概念决定性地转变到了这样一种概念：单独存在着一种法定和法制的秩序，亦即国家的秩序，维持这种秩序乃是统治者的职责所在。这种转变的一个后果是：国家的权力，而不是统治者的权力，开始被设想为政府的基础，从而使国家在独特的近代术语中得以概念化——国家被看做是它的疆域之内的法律和合法力量的唯一源泉，而且是它的公民效忠的唯一恰当目标。"[①]

通过运用"历史"的研究方法，斯金纳为我们清晰地描绘了作为近代"国家"概念如何产生并且怎样成为了在社会和政治思想中占据主导的概

---

① 昆廷·斯金纳：《近代政治思想的基础》，2 页。

念。如果要挑选出围绕这个概念的一系列思想进程作为标志的话，斯金纳指出，当巴托鲁斯及其弟子们坚持说，意大利王国的各城邦不仅事实上处于独立于帝国的地位，而且应该在法律上被承认为在处理政治事务时是"不承认任何上级的独立联合体"时，他们朝着近代国家概念的形成迈出了最重要的一步。构筑了"近代国家理论所依据的"全部"法律基础"。到16世纪末，在博丹的《国家六论》中，我们不仅发现了在明显的近代意义上使用的"国家"一词，而且还发现开始以独特的近代风格分析国家的权利和权力。随着这种对国家作为一个全能的，可又是客观的权力的分析，我们可以说进入了近代世界。而到17世纪的初叶，国家概念——它的性质、它的权力、它要求臣民服从的权利——已经开始被认为是欧洲政治思想中最重要的分析对象。

这正如斯金纳所说："一旦'国家'逐渐被接受为政治议题中的主导名词，那么，建立在对主权分析基础之上的很多其他概念和假设必然要么被承认或者要么在一些个案中被否定。"① 由此，通过对思想史上的"国家"这一概念的具体考察，斯金纳实践了思想史研究对象和范式的转换。从一般的思想观念史的研究转换变成了具体的"概念"历史的研究，从思想史的对"意义"的探寻变成了对"概念"的形成以及其含义演进变化的探讨；从文本本身转向对文本形成特别是概念形成的知识环境的考察；从而开创了政治思想史研究的新方向和新范式，同时也奠定了政治思想史研究的新"基础"。在当时"观念史"占据主导地位的基础上，这样的一种研究方法当之无愧地应当被看做是思想史研究方法上的一场革命。

斯金纳改变了通常的思想史研究重视抽象"观念"的方法，而是更加具体的将"一般的观念"集中在体现观念的"概念"上来进行研究。值得注意的是，在"概念史"研究中，他不仅强调考察"概念"是如何形成，同时，还为我们显示了"概念"内涵的多样性的形成，它不仅体现在"语言"的使用上，同时还表现在"社会"的三个方面：第一，不断变化的社会信仰和理论；第二，社会认知和意识；第三，社会的价值和态度。因此，只有在"语言"和

---

① 凯瑞·帕罗内：《昆廷·斯金纳：历史，政治和修辞》(*Kari Palonen*，*Quentin Skinner*：*History*，*Politics*，*Rhetoric*)，88页。

"社会"的两方面下，我们才能理解和把握"概念"的形成过程，以及发展和变化。更值得关注的是，在概念史的研究中，斯金纳并不特别重视概念在历史长时段中的变化，而是集中于考察在某一特定的时段中，概念的"突然转换"。正如他自己所说："概念有自己的历史，或者更进一步说，我们所用来表达我们概念的名词有一种历史，这些名词出现和废弃，以及在某种场合他们最终消失。我承认，在概念的'命运'这类长时段的变迁并不是我主要的兴趣所在，这里我的方法与考斯莱克和他的同事们完全不同的，他们主要关注于缓慢的时间进程，而我则更多地关心概念的突然转换。"①这种突然转换在斯金纳那里则意味着在重大的历史转型时刻相同的概念会被不同地重新定义，有时候有些概念被废弃了，有时候却成为了主导。因此，他对概念史的考察就在于不是仅仅要探讨概念所具有的意义，而是为什么这些概念会在某些时候成为了主导，起到了占据或者控制人们观念的统治地位。他说："对概念史的考察并不意味着作为恢复其含义和意义的进程中的一种内容，相反，在对这每一项的研究中，我的部分目的是去显示为什么这些被质疑的概念首先在一种特定的历史时期并在这个概念缺席的情况下通过能做什么和不能做什么的方式首先成为了主导。"②他还说："我研究概念变化不再于关注使用一些特定的词汇来表达这些概念的'意义'，而是通过追问运用这些概念能做什么，和考察他们相互关系和更宽广的信仰体系之间的关系。"③

在《近代政治思想的基础》一书中，斯金纳已经开创了这一思想史研究的新路径，后来，他继续沿着这一思路在进行研究。1997 年，斯金纳在荣任为剑桥大学钦定近代史讲座教授之后，发表了《自由主义之前的自由》一书，又着重考察了"自由"这个概念。自 1958 年英国思想家伯林提出了"积极自由"和"消极自由"这一观点后，"消极自由"的概念占据了主导地位。但是，也有一批学者对此提出了批评。于是，当代学术界就对关于"自由"

---

① 昆廷·斯金纳：《政治的视界》(Quentin Skinner，*Vision of Politics*)，3 卷本，第 1 卷，180 页。

② 同上书，178 页。

③ 同上书，4 页。

的问题展开了论战。作为一个政治学学者，斯金纳教授并不赞同伯林的观点；但作为一个历史学家，他在研究方法上，不是过多地纠缠于概念的分析和逻辑的推演，而是将视线投向了历史，希望人们去思考关于"自由"理论的不同结构，关于"自由"概念的发展演变。他对自己的这种工作方法作了这样的解释："人们有理由发问，为什么我要在这个关节点上去审视历史记录，而不想直接对消极自由观展开一项比较全面的哲学分析。我的回答并不是说，我认为这种纯概念的操作不值得考虑，相反，我认为它们是为当代争论作出最为深刻的独特贡献的标志。我的回答是说，由于在研究社会政治概念的最佳方法问题上存在着广为流行的假定，这就会很容易，而且是顺理成章地使人认为，可以按照一种陌生的方式一以贯之地使用一个概念，而不仅仅是指出它已经被投入了陌生但一以贯之的用法。"①更进一步讲，作为历史学家，作为在思想史研究中力主"概念转换"变化史研究的历史学家，我们不应该仅仅只是紧随现在通行的概念，而是要考察这个概念的含义究竟在何时形成，并固定下来和成为了我们通行的一种接受。既然任何一种概念的内在含义都有着历史的演进，即它的定义会在历史的进程中而不断发生变化。因此，为了理解这个概念及其定义，我们也就需要运用历史学的方法来对此进行研究。具体到自由来讲，理解它的最好的方法应该是，就是要弄清楚我们在使用"自由"这个词时它通常的意义是什么，它在历史进程中的不同阶段中是如何被定义的。因此，斯金纳教授将视线投向了历史，希冀在历史中重新再现关于"自由"的不同定义和更为丰富的内容。并以此来表达这一主旨，我们应该在更宽广的视野中来考察与理解"自由"。

在《自由主义之前的自由》一书中，斯金纳教授通过研究 17 世纪英国思想家们对"自由"的论述，阐释了"自由"的含义，这种理解完全不同于伯林所提出的"消极自由"的概念，因而成为当前学术界最新和最具影响的观

---

① Quentin Skinner: The Idea of Negative Liberty: Pholosophical and Historical Perspectives in Richard Rorty, J. B. Scheneewind , Quentin Skinner(eds.), *Philosphy in History*。这里的译文参考了达巍等编《消极自由有什么错》，97 页，北京，文化艺术出版社，2001。

点，并被学术界广为引用。正是在对这种"共和主义"自由思想的挖掘中为我们在当代"消极自由"观点占据主导地位的情况下揭开了"自由"的另一种含义。同样，他也在方法论的意义上继续拓展了思想史研究的新方向。这一方法论的核心，如同斯金纳教授自己所说，这也是他进行这种考察的主旨："这本小册子的意图是通过重新进入我们已经丢失的知识世界来质疑自由主义理念胜利之后这种自由的霸权。我试图在它最初形成的知识和政治语境的范围内来定位新罗马自由理论，考察这一理论本身的结构和前提，由此，以特定的方式提供给我们重新思考，如果我们愿意的话，要求我们思考唯一性的可能性。"① 2003 年，斯金纳在《国家和公民自由》一文中运用这种方法进一步考察了"自由"概念的变化。在近代早期，公民的自由指的是一种地位，在法律和社会意义上的独立状态。到了 18 世纪，这种理解发生了变化，被这样的观点所取代，即公民自由仅仅被看做为缺乏干涉。尽管 19 世纪的很多思想家想扩展自由概念的内容，将此视为人们真正利益的观念，但是并没有动摇 18 世纪时的定义作为唯一的主导。并且，从此以后，这种定义就一直主导着我们的观念，成为唯一性的定义。②

在思想史的研究中，我们需要格外关注"概念史"这一方法，对概念历史演进的探讨有助于我们理解思想观念的历史演进是具体的特定的，而非永恒和普遍的；是断裂的，而非是一直延续的。这意味着虽然"概念"本身依然延续，但其内涵却不断在变化。这对我们来说，当我们在研究和理解思想和观念史时，透过"概念"这个具体的单位，并在"概念转换"所界定的内涵中将能够更好地理解思想观念的变化和演进。

既然在思想史研究中，"概念"的考察成为其重要的中心内容，那么与"概念"相关联的自然是语言或者说是"词汇"。它包括着两个层面的意义：第一，与概念相伴随的新的词汇的出现，因为任何概念都是由特定的名词

---

① 昆廷·斯金纳：《自由主义之前的自由·序言》（Quentin Skinner, *Liberty Before Liberalism*），10 页，剑桥，剑桥大学出版社，2001。

② 昆廷·斯金纳和波斯查兹主编：《国家和公民：历史、理论和展望》（Quentin Skinner and BoStrath(eds.), *States and Citizen：History, Theory, Prospects*），11～23 页，剑桥，剑桥大学出版社，2003。

来表达的,因此,在某种意义上说,考察概念的历史就是概念名词的历史。第二,作为修辞意义上的词汇的使用,这意味着为什么要使用着这样的一种词汇而不是另外一种词汇,这种修辞的手法隐含着何种意义;同时,这种修辞与思想家的思想和其行动究竟是什么关系。正像斯金纳所说:语言一个是传统上描述意义的方面,研究意义和据称是附属于词和句子的关系;另一个最好被描述上述语言的行动方面。斯金纳对此补充道:"我对概念变化的形式有兴趣,我已经把这种形式描写为作为修辞的一种特性。这种修辞的目的是劝奉听众接受其所使用的词汇,其实质是让听众接受着他们有争议的行动。"①

这样,我们看到,在政治思想史的研究中,任何词汇或者更准确地说修辞都与哪个时期的政治和政治行为紧密相连。由此,斯金纳从思想史的"概念"考察转向了思想史上对"修辞"的考察,并更多地将政治思想的概念扩展到了包括"思想的行为",即将政治思想(或者说政治原则)、政治行为和修辞联系在一起进行考察。这意味着,在修辞方法下的思想史研究能够帮助我们去把握政治观念与实践之间的联系,也就是说,在任何政治实践中支配这种实践的是包括政治家在内的很多人的思想原则。这样,我们必须去研究这些思想和原则。对此,斯金纳教授在 1998 年出版的《自由主义之前的自由》一书中讲得更为清楚. 他说,在政治中,行动的合理性往往受到将其合法化的可能性所限制。然而,你所希望的合法化取决于在现存的规范原则下,你能编排出什么样似乎合理的行为过程。而这则意味着,虽然你假装承认的这些原则从未充任为你的行为动机,而只不过使你的行为合理化而已,然而,这些原则仍有助于形成或限制你能成功选择的行动路径。所以,如果我们希望去解释为什么在特定的时间会选择特定的政治,并以特定的方式去追求和表达,我们不可避免地要去研究这些原则。②在此,我们必须记住,这些政治观念以及政治行为常常要利用一定的政治

---

① 昆廷·斯金纳:《政治的视界》(Quentin Skinner, *Vision of Politics*),3 卷本,总序,182 页。

② 昆廷·斯金纳:《自由主义之前的自由》(Quentin Skinner, *Liberty Before Liberalism*),105～106 页。

词汇或者就是在政治修辞中来进行编排的。斯金纳说："我的任务是关注一些使社会行为的形式合法化以使之与对此的争议相一致。为此，我集中于在我们的语言中起到着一种评价以及描写功能的词实体（a body of words）。这就是说，他们被用于描写个体的行动和发现用于充任动机的特质。"①

斯金纳曾经这样说过语言与我们现实世界的关系，由此也可以理解为什么斯金纳在思想史研究中重视语言修辞的作用。"语言像其他社会权力一样自然是一种强制，它全然塑造了我们。然而，语言也是一种资源，我们能够使用它来塑造我们的世界。因此，在这一意义上说，笔为利剑。我们通常在实践中体现着语言并受之限制，但这些实践部分地取得其主导地位归因于我们抓住了我们通常所使用的语言的权力。始终向我们展现的是，运用我们的语言资源来削弱或加强这些实践，也许我们会比我们有时设想的更自由。"②正像著名的思想史学者詹姆士·塔利曾经以"笔为利剑：昆廷·斯金纳对政治的分析"为题论述了斯金纳对思想史研究的贡献。他写道：斯金纳不仅研究了思想史和方法论，而且使用了这种方法来解读现在。斯金纳的贡献在于：解读历史的文本，考察观念的形成和变化，分析观念与其所代表的政治行为之间的关系。③

（作者为复旦大学历史系教授）

① 昆廷·斯金纳：《政治的视界》（Quentin Skinner, *Vision of Politics*），3 卷本，第 1 卷，146 页。

② 昆廷·斯金纳：《政治的视界》（Quentin Skinner, *Vision of Politics*），3 卷本，总序，7 页。

③ 塔利主编：《意义和语境：昆廷·斯金纳和对他的批评》（James Tully（ed.），*Meaning and Context：Quentin Skinner and His Critics*），7 页。

德国历史学研究的新动向

李工真

本人于 2009 年 9 月至 2010 年 3 月前往柏林自由大学做访学工作，现将自己观察到的德国史学界发展的新动向做一介绍。

一 史学研究的新视野：比较史研究

在访学德国期间，我每周定期参加一次柏林自由大学迈内克历史研究所"欧洲比较史柏林论坛"的国际研讨会的活动(共 15 次)以及一次柏林洪堡大学历史系的"世界比较史"研讨班的活动(共 12 次)。这类研讨会或研讨班都被冠以"比较史"的名称，不仅反映出柏林作为一个国际大都市在国际学术交流上的便利，更反映出德国史学界近年来在视野上的新拓展。

柏林自由大学的"欧洲比较史论坛"在 2009 年冬季学期主要讨论的是 20 世纪现当代史当中的问题。该"论坛"每周请一位德国的或是欧洲其他国家的教授，或是美国的教授前来演讲，演讲信息事先及时地在网络、报纸上公布。演讲采用的语言为德语或英语，前来听演讲的主要是当天从欧洲各国大学飞来的相关专家、各国在柏林诸大学逗留的访问学者、在读的博士生，甚至还有不少对某一问题感兴趣的市民。参加者往往达数十人之多。演讲和讨论各有 90 分钟，听众能在演讲完毕之后向主讲人提出各种问题。这种历史学的"国际讨论会"在柏林已成为一种成本很低的"家常便饭"，它的目的就是探讨学术，主持方无须考虑与学术无直接关联的任何事情。

每次演讲的主题与内容都各不相同，但一般都具有"比较史"的特点。例如，2009 年冬季学期的"欧洲比较史论坛"就开展了对以下这些论题的演讲与讨论："第二次世界大战期间美国的身份认同与音乐——从'音乐在美国'到'美国音乐'","全球移民——19世纪与20世纪中不同的场所、条件和结构模式","新人——20世纪法西斯主义与斯大林主义专政中人格形成的理想与实践","跨越民族的刑讯?——美国与德国电视侦探片中的暴力表达","第二次世界大战中德苏双方如何用语言回击对方的形象攻击","前线来信——德国与苏联士兵的家信比较","1934年希特勒对意大利的国事访问——两国接近不同动机的比较","历史比较中的战后社会","东西方之间的思想传播者——联邦德国与南斯拉夫实践哲学中的批评理论","比较的价值——为理解纳粹主义的法西斯研究","比较法西斯研究中的英国特殊方式","奥斯曼帝国与西欧——不同时代的不同联系与网络,以'过境者'为例",等等。

柏林洪堡大学历史系举办的"世界比较史"讨论班,实际上是一门博士研究生的专题讨论课。这门讨论课并不具有柏林自由大学"欧洲比较史论坛"那么强的国际性,因为做主题发言的人主要是在读的博士研究生,而非来自各国的历史学家。主持"世界比较史"讨论班的德国教授,早在半年前便将讲演任务布置给相关的在读博士生,这些博士生作为每周具体的主讲人,按计划通过网络将要讲演的内容事先发给定期参加者阅读,定期参加者为通过开课广告得知讨论班活动信息后前往历史系报名的参加者,他可以是感兴趣的任何人。每周讨论班开课时,提问者都是有所准备的,这自然使讲演后的讨论气氛热烈。当主题发言人在应付提问时感到困难时,做讨论班主持人的教授会出来救场,并最后做总结性发言。柏林洪堡大学2009年冬季学期的"世界比较史"讨论班,恰恰是以剑桥学派的那套"概念史丛书",如《比较视野中的概念史》以及《政治和社会概念史》等,为主要讨论内容的。

自2000年以来,"比较史研究"在西方史学界成为了一种新潮流,固然西方史学的精细化特点仍在继续,但思考角度开始发生变化。越来越多的学术研究开始采取"比较研究"的形式。仅以本人特别关心的"知识分子研究"为例,2006年出版的邓尼茨·斯迪维茨科夫的著作《知识分子的时代》,就以"第一次世界大战前欧洲学者的比较史"为副标题,研究对象涉及法国、德国、波兰、俄国的知识分子。在对这欧洲四国知识分子的发展道路进行深入研究的基础上，作者在第五章"总结"中，对他们的共性与特性进行深入的比较分析，这种比较分析涉及 14 个方面："作为研究对象的知识分子；作为样板的知识分子：精英和中心人物；知识分子的轮廓：出身与界限；知识分子的地方异质性；作为社会活动家的知识分子；知识分子，布尔乔亚，中产阶级；知识分子与社会下层；知识分子与传统精英；知识分子—僧侣—'世俗化'；在失去魔力的世界中的知识分子；知识分子与政治；知识分子与民族；知识分子、比较、传播——想象中的三位一体；知识分子的道德。"可以说，这本著作是德国史学家从"概念史"与"社会史"结合的视野出发，对欧洲大陆上四个最有代表性的国家的知识分子进行比较研究的典型之作。

二 知识分子史研究继续向前推进

从总体上讲，关于德国知识分子史的研究仍然建立在实证主义的坚实基础上。但在这个领域里，德国史学界的研究重心明显出现了从纳粹时代德国犹太知识难民研究向日耳曼科学家研究的转向，这种转向自两德统一以来直到持续到现在，至今势头未减。

首先，关于纳粹时代的大学研究取得了新成果。在大量档案材料得以整理的基础上，一批批相关著作得以出版，其中最有代表性的是著名历史学家赫尔穆特·海伯对纳粹时代德意志大学的研究巨著《万字旗下的大学》。《万字旗下的大学——第一部：第三帝国的教授》于 1991 年出版，《万字旗下的大学——第二部第一卷：高校的投降》于 1992 年出版，《万字旗下的大学——第二部第二卷：高校的投降》于 1994 年出版，每卷都多达600～800 页。这套巨著充分展示了德国学者严谨的科学态度，成为研究这一领域的必读之书。

另外，自 20 世纪 90 年代后半期以来，对德国知识分子的研究，开始朝着对纳粹专政下"威廉皇家协会"的机构研究以及日耳曼科学家研究的方向伸展，并不断取得新的成果。例如，在"马普学会"（1945 年后威廉皇家协会更名为"马克斯·普朗克学会",简称"马普学会")开放的相关档案的基础上,汉斯—彼得·克勒纳首先于 1998 年出版了他的专著《从种族卫生学到人类遗传学:威廉皇家协会人类学、人类遗传学和优生学研究所与战后》,在此之后,更多的相关论文集和专著相继问世。例如:多丽丝·考夫曼主编的论文集《威廉皇家协会在纳粹时代,对研究的总结和评价》于 2000 年出版;赫尔穆特·迈尔主编的论文集《纳粹时代的军备研究:技术科学界的组织、动员和转变》于 2002 年出版。2003 年又有三本著作面世,分别是:苏珊·海姆的专著《卡路里、橡胶、事业:威廉皇家协会研究所的植物栽培和农业研究,1933—1945》;卡罗拉·萨克塞主编的论文集《通向奥斯威辛的道路:威廉皇家协会研究所中的生命科学和人体试验》;汉斯—瓦尔特·施穆尔主编的《1933 年前后威廉皇家协会研究所中的种族研究》。2004 年,沃尔夫冈·席德尔和阿希姆主编的论文集《阿道夫·布特南特与威廉皇家协会:第三帝国中的科学、工业和政治》出版。2007 年赫尔穆特·迈尔主编的又一本论文集《科研团体、代表人物与科学变化:威廉皇家协会在纳粹至关重要的军事研究系统中的角色》出版。2008 年,汉斯—瓦尔特·施穆尔也出版了他的专著《威廉皇家协会人类学研究所,1927—1945》。

围绕着"威廉皇家协会"展开的日耳曼科学家研究的最新成果是 2009 年出版的、由苏珊·海姆、卡罗拉·萨克斯和马克·瓦尔克合编的论文集《纳粹主义统治下的威廉皇家协会》,它涵盖了几乎所有纳粹德国的科学研究领域和最重要的日耳曼科学家,从而对这一时期日耳曼科学家与纳粹政权的关系,以及他们为纳粹侵略战争服务的功能,进行了相为翔实的研究。

三 当代史研究的新领域:转向民主德国史研究

1990 年两德统一后不久,对民主德国史的研究便开始成为德国史学界最热门的研究新领域。第一本相关著作就是莱因哈德·安德特与沃尔夫冈·赫尔茨伯格合著的并于 1990 年出版的《倒台——盘问中的昂内克》。有关战后德国史的著作也一改过去只研究联邦德国史的特点,以至对联邦德国史与民主德国史进行的"并列研究"和"对比研究"成为一种时尚。

为了推进这一研究，近年来出版了多种关于同时代的两个德国的百科全书。其中最为普及的一本是米歇尔·贝伦主编，并于 2002 年出版的《德意志历史百科全书，1945—1990》。有的相关著作甚至将两位作者分别对两个德国的历史进行研究的成果集于一册。例如，2009 年出版的最新的一部战后德国史著作就是如此，它的封面上居然有两个书名，即《沃尔夫冈·本茨：盟军占领下的德国，1945—1949；米歇尔·舒尔茨：德意志民主共和国，1949—1990》。这充分反映出两德统一后，德意志历史学家对这段民族分裂史研究的新倾向。那些过去关于德意志社会史的著作也纷纷增补民主德国史的内容。例如，著名历史学家汉斯－乌尔里希·威勒尔在 20 世纪 90 年代出版的 4 卷本的名著《德意志社会史》，原先的时间跨度只从 1700—1949 年，而在 2008 年的新版中，便增补了第 5 卷，即《德意志社会史，1949—1990》，该卷在内容上已经完全将联邦共和国与民主德国的社会史放在一起研究。

随着近年来原民主德国国家秘密档案的全面开放，已有大批关于民主德国史的专著问世。就在 2009 年 11 月"庆祝柏林墙倒塌 20 周年"的日子里，就有好几本关于原民主德国国家安全部"施塔希"如何监控老百姓的专著出版。其中一本书的名字就叫《隔墙有眼：施塔希》（作者京特·格拉夫）。这类著作无一例外，都是以揭示原民主德国政治内幕与真相为内容的，因而也显示出较强的政治性。

由于德国现在有大量拿到了历史学博士学位的学者找不到工作，联邦政府便以研究项目的形式，投入大量资金给各大学，以鼓励这些年轻学者去整理民主德国的国家档案，并从事民主德国史的研究。本人在德国就认识一位年已 38 岁的老博士，此人拿到博士学位已有 10 年之久，既没有结婚，也没有稳定的工作，又不愿意转行，于是就不停地靠做这种"博士后"工作为生。据他说，他目前已经拿到过 3 个相关项目，辗转过 3 所大学，也出版了 3 本关于民主德国史的专著。在将他的那 3 本专著向我展示的同时，他满有自信地对我说："将来的历史学教授就在我们这种人当中挑选。"

（作者为武汉大学历史学院教授）

谁的当代史

——以《现代》和《极端年代》为例

任东来

　　意大利哲学家克罗齐说过："一切真历史都是当代史。"①其含义大概是指，历史的记录者和编撰者，总是在自己所处时代的限制条件下——以客观的观察手段和主观的价值标准——记载历史，进行叙事。记载者难免把自己时代的情势、观念、思潮投射到所记载的这些历史中。于是，同样的历史，在不同时代的编撰者那里就会有不同的侧重点，甚至是不同的解释、对立的评说。因此，阅读历史时，就不能不了解编撰者所处的那个时代的特征，不能不关注历史编撰者的思想倾向。克罗齐的观点实际上是在颠覆19世纪兰克为代表的"如实记述"的科学史观。但是，现代社会如此复杂、文化价值也日趋多元，即便是处于同一时代、同一社会的历史编撰者，面对同样的历史题材，还会有着不同的理解和判断，因此，有着不同的叙事和解释。

　　在克罗齐那里，历史写作和编撰，通常是当代人对过去，也就是对他没有直接体验过的那个时代的叙事和重建。实际上，还有一种比较特殊的历史写作，也就是当代人写当代史：那些历史的记载者和编撰者所面对的过去，实际上是他们亲身体验，甚至是刚刚经历的"现在"。虽然当代人写当代史难免有"不识庐山真面目"之虞，但是，历史学者的职业本能以及对历史叙述完整性的考虑，还是让一代又一代的历史学者投身于当代史的写

---

　　① 贝奈戴托·克罗齐：《历史学的理论和实际》，傅任敢译，2页，北京，商务印书馆，1982。

作。本人将以《现代》①和《极端的年代》②这两部 20 世纪世界史为例，来说明历史记述和解释的多样性，从一个侧面展示了"如实记述"不过是可望不可即的"高贵梦想"。③

按出版的先后，先说第一本《现代：从 1919 年到 2000 年的世界》（*Modern Times*）。该书 1985 年由纽约 Happer & Row 出版，几经修订更新，2001 年修订版面世时，已经"荣升"为"Happer 现代经典"。作者保罗·约翰逊，新闻记者出身，后成为历史学家和作家。早年以《新政治家》杂志的记者和编辑成名，立场左倾。后来转向，成为保守派的旗手，写作了大量的历史和时政著作。目前翻译成中文的，除了《现代》，还有《知识分子》一书。④ 他的著述备受保守派的欢迎，美国甚至有人从他的论述中编选了《约翰逊语录》。⑤ 国内已经有人向读书界介绍过《知识分子》一书，该书重点揭露西方著名左翼知识人分裂人格和言行不一。像道德侦探一样，约翰逊试图展示卢梭、罗素、萨特这类知识分子的"伪君子"形象。具有讽刺意味的是，这个满口"仁义道德"的正人君子，也被自己的妻子向媒体曝料，同样是个长期包养情妇的伪君子！看来，伪君子是不分左右的，更多取决于个人的人品。在现代社会中，文如其人完全不靠谱。

言归正传，《现代》对第一次世界大战后到 2000 年间发生的一系列重大

---

① 《现代：从 1919 年到 2000 年的世界》，李建波等译，南京，江苏人民出版社，2001。《现代》（*Modern Times*）1985 年由纽约 Happer & Row 出版社首次出版时，副标题为 *The World from the Twenties to the Eighties*，后来几次修订再版，副标题先后改为 *The World from the Twenties to the Nineties*，*The World from the Twenties to the Year 2000*。中译本显然是根据第二版翻译的，但却用了第三版的书名。

② *The Age of Extremes*：*The Short Twentieth Century*，1914—1991，London：Michael Joseph，1994；平装本 1996 年由 Vintage 出版。《极端的年代：1914—1991》，郑明萱译，南京，江苏人民出版社，1999。

③ *Peter Novick*，*That Noble Dream*：*The Objectivity Question and the American Historical Profession*，Cambridge：Cambridge University Press，1988。本书已经有中译本《那高尚的梦想："客观性问题"与美国历史学界》，杨豫译，北京，三联书店，2009。

④ 《知识分子》，杨正润等译，南京，江苏人民出版社，2001。

⑤ George J. Marlin，Richard P. Rabatin & Heather S. Richardson，（eds.），*The Quotable Paul Johnson A Topical Compilation of His Wit*，*Wisdom and Satire*，Noonday Press，1994.

历史事件进行了全面梳理和重新阐释。作为一位保守派的历史作者，约翰逊从古典自由主义的政治观、自由放任的市场观和反对知识分子宏大叙事的知识观出发，毫无顾忌地批评了 20 世纪流行的政治、经济和文化潮流。在他的叙事中，20 世纪的众多苦难可以归纳到三个源头：不受约束的极权政治及其所发动的乌托邦社会改造工程；政府对市场的深度干预，特别是那些与社会改造工程密切相关的统制经济；自认为垄断了真理、发现了规律的知识分子以及他们所构筑的意识形态和社会科学。

在作者笔下，"现代"既不是开始通常认为的 1914 年第一次世界大战开始或 1918 年第一次世界大战结束，也不是 1917 年的俄国十月革命，而是 1919 年的 5 月。当时，英国天文学家阿瑟·爱丁顿爵士通过观察日食，证明了爱因斯坦相对论的正确，由此，一个颠覆牛顿经典力学，进而颠覆绝对价值和信仰的"相对论的世界"出现，这是上帝已死的世界，"旧秩序结束，世界失去了方向，在相对论的宇宙中漂泊，这种情况呼唤着无法无天的政治家，他们很快就要出现了"。①

正是那些右翼或左翼的极权政治家及其思想帮凶，把 20 世纪搞得乌烟瘴气、动荡不宁。约翰逊的写作，毫不掩饰其思想倾向和价值偏见，其流畅文笔往往辛辣到刻薄的程度，这从他章节的标题中可见一斑。"地狱里的神政和天堂里的灾难"写的是二战前的日本和中国；"恶魔出世"描述的是斯大林的极权统治；"恶奴的王国"（Caliban's Kingdom）谈的是二战后非洲和南亚的灾难；"这个欧洲病丐"（The European Lazarus）讲的是 20 世纪 80 年代以前西欧的落魄。即便是他最欣赏的美国，他也用"美国的自杀企图"来概括 20 世纪 60—70 年代美国自由主义泛滥的时期。

唯一让他安慰的是，随着撒切尔夫人和里根等保守派政治家先后在英美上台，世界开始"重写自由"（Palimpsests of freedom）。在约翰逊看来，"1980 年代，人类事业刮起了一场巨大的求变之风。这股风来势猛烈，不仅扫遍 80 年代，还刮进了 90 年代。它扫除了 80 年代之前的东西，把全球的面貌改造得几乎认不出来。80 年代成为当代史的分界线。民主精神恢复

---

① 《现代：从 1919 年到 2000 年的世界》，李建波等译，63 页。

了自信，开始广泛传播。世界的大部分地区重新确立了法律规则。人类依据法律监督世界上恃强凌弱的现象，并对其加以惩罚"。作者毫不隐讳其传统的英雄史观，明确表示，从根本上说，这一剧变是"那些杰出领导人的功劳。他们反映了一般人的思想、愿望和信念。这绝不是什么知识界的功劳"。①

虽然作者讴歌了"重写自由"，但依然对人类迷信科学、以为可以用科学来发现社会发展规律、建设乌托邦社会的冲动保持足够的清醒："导致20世纪灾难性失败和悲剧的潜在罪恶——道德相对主义的兴起、个人责任的衰退、对犹太－基督教价值观念的抛弃，还有人类自负的信念：人类具有无须外助的能力独立揭开宇宙之谜——仍然深深地根植于人类社会。"②在这里，虽然约翰逊没有明说，但是，字里行间渗透着他回归19世纪古典自由主义传统的怀旧情绪和理想诉求。

如果说，《现代》代表西方知识界右翼对20世纪的保守看法，那么，《极端年代1914—1991》则反映西方知识界左翼对20世纪的激进观点，代表了激进左翼对资本主义本身的无情批判。《极端年代1914—1991》的作者埃瑞克·霍布斯鲍姆也是位英国人，著名的左派历史学家。自从1936年加入共产党后，霍布斯鲍姆以"不悔改的共产主义者"著称。霍布斯鲍姆早年生活在德国，毕业于剑桥大学，长期在伦敦大学执教，也曾经在美国左翼知识分子大本营纽约社会研究新学院（The New School for Social Research）执教。他出版过大量论著，不少已经翻译成中文。比较重要的有：19世纪三部曲（《革命的年代》、《资本的年代》（张晓华等译）和《帝国的年代》）③、《史学家：历史神话的终结者》④和《民族和民族主义》。⑤

霍布斯鲍姆比约翰逊年长11岁，但是他《极端年代》却比《现代》整整晚了十年。本来，作为19世纪史的专家，霍布斯鲍姆从不触及当代历史题

① 《现代：从1919年到2000年的世界》，李建波等译，833页。
② 同上书，947页。
③ 《革命的年代》（王章辉等译）、《资本的年代》（张晓华等译）和《帝国的年代》（贾士蘅译），南京，江苏人民出版社，1999。
④ 《史学家：历史神话的终结者》，马俊亚等译，上海，上海人民出版社，2003。
⑤ 《民族和民族主义》，李金梅译，上海，上海人民出版，2000。

材，尽管他经常以社会批评家的身份发表对世事的看法和见解。霍布斯鲍姆自己承认，由于自己对公共事务的敏感和参与，担心自己将个人的观感和偏见带入到客观历史的写作中，因此"这辈子作为学史之人的学术生涯之中，多数时间，我始终避免将亲身所处的从 1914 年以来的时代当做研究题目"。但是，他却没有具体解释为什么他最终愿意以"参与性观察者"的角色，写下自己对"当代的知识、回忆和意见"。① 或许，霍布斯鲍姆之所以写作这一与约翰逊同一题材、同样是以普通读者为对象的 20 世纪世界史，就是要从左翼的角度来回击约翰逊为代表的右翼史学家对现当代史的"曲解"。

与约翰逊以二战为界，简单地把 20 世纪史分成上、下两部不同，霍布斯鲍姆则把这段历史分成三部：灾难时代（1914—1947）、黄金时代（1947—1973）和"天崩地裂"（The Landslide，1973—1991）。如果说约翰逊和霍布斯鲍姆对战前时期基本特征的看法还有些相似的话，那么，他们对战后时期的总体判断则截然相反。在约翰逊看来是"礼崩乐坏"的 20 世纪 50—70 年代，在霍布斯鲍姆笔下却是 20 世纪的"黄金时代"；而在霍布斯鲍姆看来是"天崩地裂"的危机年代，却与约翰逊赞赏的"重写自由"时期大体重合。

在霍布斯鲍姆看来，1973 年第四次中东战争后的石油危机，标志着资本主义战后黄金时代的结束。此后的 20 年，世界重新陷入全面危机，世界经济增长速度放慢，西欧国家失业率居高不下，福利国家难以为继，大部分第三世界债台高筑，前途暗淡，国际间以及各国国内的贫富间的差距日益扩大。霍布斯鲍姆写道："有关危机二十年（1973—1993）的最大真相，倒不在资本主义好像不如当初黄金年代灵光，问题却出在它的整体操作已经完全失灵。世界经济不稳定，大家都束手无策，不知如何修理，也无人有仪表可以操作。黄金时代所用的主要仪表，即由国家或国际间协调拟定的政府政策，现在已告失灵。危机二十年，是一个国家政府失去其经济掌握力的时代。"②

① 《极端的年代：1914—1991》，"前言和谢语"，郑明萱译。

② 《极端的年代：1914—1991》，郑明萱译，611 页。

显然，霍布斯鲍姆对这一时期的基本判断是"糟得很"，这与约翰逊的"好得很"可谓截然对立。但是，对于人类在 21 世纪的发展前途，霍布斯鲍姆却抱有与约翰逊类似的谨慎："我们并不知道自己正往何处去。"不过，相比较而言，霍布斯鲍姆似乎更加悲观，毕竟，约翰逊还对西方的古典自由主义、宪政民主、市场经济怀有信心，而霍布斯鲍姆既对苏联式的社会主义深深失望，更对资本主义的自我救赎表示怀疑。作为一个历史学者，霍布斯鲍姆承认，"世人能否解决、如何解决千年末面临的问题，此处并没有答案"；但是，作为一个"不悔改的共产主义者"，霍布斯鲍姆却毫不迟疑地指出："有件事情相当简单。人类若想要有一个看得清楚的未来，绝不会是靠着过去或现在的延续达到。如果我们打算在这个旧基败垣上建立新的千年，注定将失败。失败的代价，即人类社会若不大加改变，将会是一片黑暗。"①全球金融危机所反映的资本主义生产方式危机，全球气候变暖所代表的生态灾难以及最近哥本哈根联合国气候会议共同行动的失败，似乎印证了霍布斯鲍姆对人类前途悲观的预测！

　　比起约翰逊把 1919 年视为现代的开端，霍布斯鲍姆的"现代"提前了五年，以 1914 年第一次世界大战开始为界。因为在此以前的一切，完全是 19 世纪的延续，不论是基本的国际格局，还是主导的经济和政治制度，或是流行的信仰与价值，都是如此。此后，才是"20 世纪"，才是"现代"。同样，20 世纪之所以结束于 1991 年，就是因为欧洲的剧变、苏联的解体标志着属于 20 世纪格局和特点已经荡然无存。那么，短暂的 20 世纪，1914－1991 这段历史的特点、本质是什么呢？霍布斯鲍姆用了"极端的年代"一言以蔽之，这与约翰逊的"相对论的世界"似乎正好相反，但仔细琢磨，这两个概括实则是一个铜板的两面。

　　因为他们两位都认为，第一次世界大战造成了西方文明世界的崩溃。既然昔日的文明已到尽头，"上帝已死"，那么，只有另辟蹊径才是出路。所谓"极端"，在霍布斯鲍姆那里就是指俄国革命的爆发与法西斯的兴起，分别是左右两端的代表。借助于现代科学和意识形态，这些极权领导人，

---

　　①　《极端的年代：1914—1991》，郑明萱译，862、863 页。

也就是约翰逊笔下的"无法无天"的政治家，自认为发现了人类可以从 19 世纪文明废墟中凤凰涅槃的救赎之道，以国家、人民甚至是人类的名义，消灭个性，铲除异己，破坏法治，毁灭自由，从事着"改天换地"的社会工程。与约翰逊的英雄史观相比，霍布斯鲍姆虽然也无情地鞭挞了极权统治者，但他更多是把这些"枭雄"置于 20 世纪畸形的资本主义生产方式和意识形态之中。

虽然约翰逊和霍布斯鲍姆都是文章高手，其生花的妙笔把 20 世纪史写得栩栩如生，引人入胜；但在写作方式上，新闻记者的约翰逊却向历史学家靠拢，以注释的形式给出了《现代》一书中所有引文和资料的出处，而霍布斯鲍姆的《极端年代》却向记者看齐，只罗列了丰富的参考书目而无具体的注释。但这种形式上的差别只是表面现象。作为"业余历史学家"，约翰逊毫无顾忌地以保守派的立场和眼光选择和剪裁资料，春秋笔法，"惩恶扬善"，片面深刻。相比较而言，作为职业历史学家的霍布斯鲍姆，写作更为严谨，叙事更为平衡，分析较为深入，结论避免主观，全面但多少有些平淡。因此，就学术性和客观性而言，《极端年代》要比《现代》略胜不止一筹。遗憾的是，在发行量上，《极端年代》却无法与《现代》相比，后者几经再版，行销 15 年，在亚马逊图书销售榜上列居 66672 位，有 110 多个评论，而且获得了四星半的好评。而前者只出精装和平装两个版本，在亚马逊图书销售榜上处于 159144 万左右，有 45 个书评，三星半的好评。① 这自然与出版商的促销有关，但也从一个侧面反映了美国一般读者的口味。左翼作品可能在学术界有些影响，但在民众中间还是难觅知音。

（作者为华东师范大学冷战国际史研究中心教授）

---

① 2010 年 10 月 3 日访问亚马逊图书网数据。http://www. amazon. com/Modern-Times-Revised-Twenties-Perennial/dp/0060935502/ref＝sr＿1＿1？s＝books＆ie＝UTF8＆qid＝1286079786＆sr＝1－1 http://www. amazon. com/Age－Extremes－History－World－1914－1991/dp/0679730052/ref＝sr＿1＿1？s＝books＆ie＝UTF8＆qid＝1286079257＆sr＝1－1。

努力创建具有中国风格的世界文明史研究体系

王晋新

一 "十一五"期间工作总结

（一）学术成果

"发挥历史学基础学科的优势，为相关人文社会学科发展提供学术支撑"、"保持学科优长，凝炼学术方向，以世界文明史为主要研究对象，凸显和强化本中心的研究特色，提高学术质量和品位，产出一批优秀学术成果，将东北师范大学世界文明史研究中心建设成为全国世界文明史研究的排头兵"，为"十一五"期间本中心的指导思想和发展目标。

围绕这一目标，本中心研究人员在 2005—2009 年期间，积极努力，刻苦钻研，产出了一批质量较高的学术成果。据统计，"十一五"期间，本中心研究人员在《历史研究》《世界历史》《史学理论研究》等高层次学术刊物发表论文 130 余篇，出版学术专著、译著共计 23 部。

仅以列入基地检查评估申请书中的标志性成果为例，就有以王晋新《现代早期英国社会变迁》、赵轶峰《明代的变迁》、董小川《现代欧美国家民族的同化与排斥》《现代欧美国家宗教多元化的历史与现实》和于群《新冷战史研究》5 部专著构成的《世界文明史研究丛书》。该丛书为本中心精心培育、打造的系列学术著作，皆为基地重大招标课题研究的终端成果，为本中心成立以来科研成果的一次集中展示。刘建军教授《基督教文化与西方文学传统》一书为国家社科基金项目的结项成果，鉴定等级为优秀。被

《2005 年度中国学术年鉴》收录，并被誉为外国文学类和宗教类年度优秀成果；2009 年，又被评为教育部普通高校优秀科研成果（外国文学）二等奖。

列入基地代表性成果行列中学术论文全部刊载在《世界历史》《史学理论研究》等 CSSCI 级别以上刊物之中，分别被《中国社会科学文摘》《高等学校文科学术文摘》和《人大报刊复印》等国内三大文摘系统转载，产生了良好的学术反响。

除此之外，有关世界文明史译著是本中心精心打造的与《世界文明史研究丛书》并列的另一个品牌系列。近五年主要有：《全球文明史》（赵轶峰、王晋新等）、《文明的冲突：战争与欧战国家体系的形成》（王晋新）、《希腊的遗产》（张强等）、《罗马帝国主义》（宫秀华）、《世界古代文明史》（师学良等）、《古代世界的终结》《埃及历史铭文举要》（李晓东）、《探索古埃及文明》（李晓东）、《探索古希腊文明》（张强）和《探索古罗马文明》（张楠）等 10 余部。这一系列译著不仅将国际学术界的优秀成果引入国内，促进了本学科专业研究的深度，同时也为满足社会文化需求发挥了一定的作用，如《全球文明史》一书由中华书局出版后，社会反响甚佳，被中宣部列入全国"农村书屋"建设行列。

（二）学术创新

上述学术成就既在数量上达到了原初的设想，也在学术观点、理念上皆有可圈可点的创新之处。如赵轶峰从文明史角度，对明清时期中国社会的变迁所展开的探析，超越史学界长期运用的资本主义发生学障碍范式来分析明清中国历史演变的基本趋势。从明清时期历史本身的内容而非其与欧洲近代化经历的关系的视角出发，指出明代中国正在发生七种历史性的转变，其趋势是在展开一种帝制农商社会，这一历程以独特而又合乎逻辑的方式展现了人类社会转变的一种非西方模式。这种研究的重要价值在于提供了超越欧洲中心主义中国明清历史观的一种新的概念和研究范式，其全面展开，将实现对于明清以来中国历史道路的全新的、中国话语逻辑的解释，并对中国明清史学、史学理论、中外文明比较研究领域的新突破产生推动作用。其中某些文章被 *Frontiers of History in China*（《中国史学前沿》)翻译为英文，以"The Historical Trend of Ming China：An Imperial Agric-mercantile Society"为题刊发在该刊 2008 年第 1 期。

韩东育围绕东亚地区在前近代时期的变革展开探究，指出在西方"条约体系"传到东亚之前，"华夷秩序"曾长期在东亚历史上扮演过重要角色。其完整形态由文化上的"华夷关系"、政治上的"宗藩关系"和经济上的"朝贡关系"三大块组成。其研究以明清鼎革之际的日本、朝鲜、越南的"华夷观念"变化为中心，勾勒出东亚框架下的"华夷秩序"从紧密到松弛再到解体等次第演化过程。而"华夷秩序"圈内朝贡国的"自民族中心主义"和"利益中心主义"，则构成了"华夷秩序"解体的核心内情。其重要的价值在于作者的"前近代视野下"的东亚研究理念和研究范式，显示出一种打破"民族国家"研究范式的壁垒，催生"东亚史学"研究新思维的努力。其许多成果分别被《中国社会科学文摘》和《高校文科学报文摘》所转载，并被收入《从周边看中国》(复旦大学文史研究院，中华书局，2009)一书中。

刘建军在探讨基督教文化自身的特质、历史演进过程以及其思维模式的基础上，剖析了西方文学精神从中世纪到 20 世纪后期演变的流程和基本特性。对基督教文化、西方文学等问题提出了一系列新看法、新见解。如首先提出了基督教是历史和社会的维系方式这个概念，然后围绕这个维系方式的作用和内容在不同历史阶段上的演变来查看它对同时期和后世文学的影响。其主要成果《基督教文化与西方文学传统》一书已两次印刷，售出万余册。被《2005 年度中国学术年鉴》收录，并将本书誉为外国文学类和宗教类年度优秀成果；2009 年，又在教育部普通高校优秀科研成果评比中被评为外国文学二等奖。

王晋新力求超越以往社会形态理论、现代化理论等传统模式，将英国乃至西欧社会的变迁置于文明演进和文明空间视野下加以辨析，得出了许多新的言说。如其从空间拓展角度对英国社会的变迁的探讨，就颇具新意；此外，他还就西方现代早期的历史状态往往被国内学界勾勒、描绘成一种向现代社会发展的直线演进过程进行反思。紧密跟踪国际学术前沿动态和发展趋势，对西方学界所展开的"17 世纪普遍危机"论争进行梳理分析，就其缘起、焦点、性质以及"危机"的定义、性质及产生原因、时间断限等各种问题加以辨析、评判。认为必须修正以往人们在历史认识论中的直线性发展史观和简单处理历史问题的习惯做法，探析西方社会发展的复杂性、艰难性、曲折性和发展道路多样性等问题。其研究成果多为《高校文科学报文摘》和《人大复印资料》转载。

2005年，由中心组织詹子庆、赵轶峰、王晋新、吴宇虹、张强等一批学者所撰写的"文明比较视野下的封建主义社会形态研究"系列论文，以开放的视野分别从马克思主义学说、社会形态理论、国内外学术研究现状，特别是从文明比较的视野对封建主义问题进行深入的探讨，在国内学术界引起相当大的关注和反响。

在产出这些成果的同时，本中心研究人员还获得了一批高层次的科研课题，其中仅国家社科项目就有8项；学校创新团队、重大攻关项目5项；最近，由中心名誉主任朱寰教授挂帅，王晋新教授等中心研究人员为核心的团队又成功获得了中宣部"马克思主义建设工程重点教材"暨教育部"十二五重大项目""十二五高校重点教材"：《世界古代史》的编写任务。"十一五"期间，本中心共计获得各类研究资助经费400余万元。

(三)学术团队

五年来，本中心的学术力量也在不断整合，逐步形成了"早期西方文明研究"(首席专家王晋新教授)、"15世纪以来中华文明发展道路研究"(首席专家赵轶峰教授)、"东亚历史研究"(首席专家韩东育教授)、"古典文明文献翻译及研究"(首席专家张强教授)等数个具有明确特色且相对稳定的研究团队。自2007年以来，这4个团队相继进入"东北师范大学人文社科振兴计划"资助的"创新团队"和"重大攻关团队"建设行列。这也使得本中心"十一五规划"中所提出的"保持学科优长，凝练学术方向，凸显和强化研究特色"的设想得到了一定程度的实现，基本完成了阶段性目标。

(四)学术平台

"十一五"期间，本中心大力彰显基地的学术交流平台的功用，连续成功举办"全国世界文明史第四届学术研讨会""冷战史博士论坛暨国际研讨会""中国世界近代史学会年会暨理事会""西方文化与宗教研讨会"和"中国世界史论坛第六届年会"5次重要学术会议，国内学界反响良好。"中国世界史论坛第六届年会"，被与会代表誉为"历届世界史论坛最为成功的一次"便是例证。上述会议多采取合作联合的方式运行，如"西方宗教文化与文学研讨会"，则是与香港中文大学文学院、崇基神学院/南开大学外国语学院联合举办。"冷战史国际研讨会"，是同华东师范大学冷战史研究中心联合举办，并邀请到美国、日本、俄国20余位专家莅会；凤凰电视等数家著名媒体予以报道。

本中心五年来先后邀请数十位外国专家前来讲学，并以参加国际会议、学术访问等形式出访20人次；同美、俄、英、意、澳、日、韩等国以及港台地区的十余所高校保持密切的学术往来。同时，也与北大、清华、南开、南大、川大、武大、北京师大、首都师大以及中国社科院世界史所等国内高校科研机构建立起较为紧密的长期合作关系。

（五）服务社会

本中心虽以基础学科研究为重心，但始终关注寻求对社会发展和国家需求的服务。李晓东教授在埃及讲学期间，先后数次全程陪同吴邦国、李克强等中央领导对埃及的访问，为其讲解，受到领导们的好评。同时，他还为中国驻埃及大使馆开设系列文化讲座，对我驻外人员进行培训，得到大使馆领导及有关部门的一致好评。

张晓华教授长期以来密切关注外国宗教势力对我国东北地区和高校的渗透问题，先后为国家安全部门和有关单位撰写《关于韩国对我国东北地区宗教渗透问题的调查及其对策》十余篇高质量的专题研究报告，受到国家和吉林省有关政府部门的高度重视和采纳，为国家安全、社会稳定作出了一定的贡献。

王晋新教授受吉林省教育厅委托，积极地参与本省地方高校的人文社科重点基地建设工作，建言献策，提供咨询，既为地方社会教育文化事业奉献力量，同时也使国家级重点基地的示范作用得以彰显。

(六)存在的缺陷和不足

在总结五年来工作业绩的同时,本中心学术委员会也对自身存在的问题和不足加以清醒而深刻的反省,并对产生的原因作了详细的分析研讨。

第一,总体发展思路尚不够清晰、明确;创新意识不足;主要精力和关注点尚停留在学科建设层面,而问题意识、主攻方向则不够明确。第二,基地的开放性相对不足,尤其是与国际学术界的联系尚停留在一般交往的水平,缺乏深入、持续、有效的发展途径和方式。第三,学术成果的影响力不够明显,尤其是对标志性成果的培育力度还待加强;基地重大招标项目结项率偏低。第四,人才培育力度、队伍建设规划均有一定欠缺。第五,管理模式部分内容过于陈旧,机构建设亟待加强。

二 "十二五"建设目标

(一)指导思想

以科学发展观为指导,适应国家社会发展需求和学术发展趋势,弘扬当代中国社会主义文化建设成就,凸显本中心的学科优势和专业特色,以若干重大问题的研究为引导和突破口,通过方法、观念的创新和队伍建设机制的创新,产出一批优秀科研成果,初步创立具有中国风格、气派的世界文明史研究体系,牢固地占据学术前沿高地,努力使本中心成为国内一流、国际有一定影响的学术研究机构。

(二)发展战略目标

在实现重点研究基地建设"学术高地、人才基地、交流平台、信息库和示范窗口"五项标准的基础上,大力强化本中心的学术特色,凝练方向,突出重点,坚决由以往关注社会发展史的一般研究,向更为具体、更为深入的专题化方向发展;由以往断代史、国别史的泛泛研究向跨时代、地域的重大史学课题研究转变;由以往的外国史研究向包含中国史在内的真正意义上的世界史研究转变。进而将"文明互动和变革研究"确立为本中心"十二五"期间乃至更长一段时期内的学术研究主攻目标。围绕于此，将先前确定 10 个重点研究领域缩减为 5 个；大力强化创新意识和精品意识，力争产出一批以观念、方法创新和质量精湛为特征的重大标志性成果，铸造《世界文明史研究丛书》和《古代古典文明史料译丛》两大学术品牌。同时，加大气力和投入，坚决搞好本中心的开放性建设工作。

(三)重点研究领域

本中心初步确定以下五个重点研究领域：

1. 古代古典文明重点问题研究

该领域是在国内学术界以往研究成果的基础上，以比较微观或中观的视野，对两河、埃及和希腊－罗马等文明展开进一步研究，紧密追踪国际学术界的前沿发展动态，力争在两河流域经济形态、两河流域文明与自然环境演变关系和古埃及王室铭文研究、新王国社会文献研究等相对具体领域中个案研究上有所突破，形成新的学术增长点。从而在一定领域内取得令国际学术界重视和承认的学术成果。该方向的预期的标志性成果为 3～4 部学术著作和系列论文。其学术创新点在于改变这一领域研究中以往那种描述性为主的局面，使之向基于坚实文献基础上的真正意义的学术研究转变。

2. 15 世纪以来中华文明发展道路的研究

从文明史角度，对明清时期中国社会变迁展开探析；从方法论角度，摒弃机械的"社会形态""资本主义发生学障碍范式"和"西方中心论"及其各种变态学说等各类传统模式，对明清中国历史演变的基本趋势加以辨析，并作出独特的阐释说明。其创新点在于揭示出明清社会既不是所谓的"封建社会后期阶段"，也不处于"停滞"状态之中，而是形成了一种具有相当活力的"帝制农商社会"。这种社会样态与欧洲社会全然不同，其发展道路也迥然相异，但它却以独特而又合乎逻辑的方式展现了人类社会转变的一种非西方模式。从一定意义上讲，本课题的持续深入的研究，将会对当下探索中国式现代化模式提供某种学理上的支持。预期标志性成果为精深的学术著作 2～3 部以及系列论文。

3. 东亚历史研究

该领域主要是将中国、朝鲜、日本、越南等国家地区所构成的东亚地区文明置于全球视野下进行考察。在借鉴、吸收国内外学术界有关中国史、日本史和朝鲜(韩国)史研究成果的基础上，从整体宏观的角度，进一步关注古代时期东亚地区的文明构成、内部特征、内部交往和现代初期以来变异格局和不同演变走向。其理论创新在于该项研究的逐步展开，将会形成一种全新的东亚历史研究的思路和方法模式，从而进一步从史学研究角度上，推进、加深对当下东亚格局及其变数的认知。预期的标志性成果为系列学术著述。

4. 西方文明重点问题研究

该领域分为两个主要方向：一是运用文明时空、文明交往等新兴学说为主要分析工具，对早期西方文明历史及学术研究展开反思，从而对西方文明形成动因、途径、特征和类型等诸问题进行思考、辨析。预期标志性成果：以《欧洲的形成》《穆罕默德与查理曼》等为主的学术专(译)著，及系列论文；其理论创新在于：超越"罗马与日耳曼因素"等二元框架，从纵横两个维度对西方文明形成问题提出具有时代特征的中国学界的言说，破除西方文明是古典世界唯一继承者的神话。

第二个方向是密切关注当下时代风云变幻，运用各种新近解密的档案文献，对二战以降，以美国为中心的西方世界的社会政治、军事、文化战略及其实施状况进行客观细密分析，揭示历史的本来面目。其成果为《冷战时期美国对苏东地区文化战略研究》等专著为主的学术著述。

5.《世界文明史史料与文献译丛》

史料与文献是历史学研究工作的基础和必要前提，也是一项需长久持续努力才能见得成效的工程。在今后五年间，本中心将继续"十一五"期间在这一方面的工作，继续发挥本中心在古希腊语、拉丁语、象形文字和楔形文字等古代语言方面的优势，集中一定经费和人力，对国际学术界本研究领域中的基础性史料文献、经典性学术著述和前沿探索性的科研成果进行译介、校注。逐步加厚国内在这一领域的文献基础，同时及时地反馈国际前沿学术动态和主要成果。在形式上继续以《日知古典译丛》和《世界文明史译丛》为主，并将其打造成中国史学界中一块品牌。其预期的标志性成果：古典文献 5 种；现当代学术经典著述 5 种。

（以上 5 个重点研究方向，只作为今后五年学术研究的指导性和重点发展的研究领域提出，而每个具体研究内容和课题称谓尚待作进一步详细论证）

另外，坚决完成马克思主义建设工程重点教材《世界古代史》的编写任务，既要保证按时，又必须保证质量。既使我校老一辈学者在世界史教材编写方面的优秀传统得以赓续传承，又为本中心打造一部学术精品。

三　重点研究基地建设保障措施

1. 加大科研体制和管理方法改革

（1）对中心原有的管理办法进行梳理、修改，重新拟定、创置各种新的管理方法；

（2）专门拟定学术成果署名的奖惩管理条例；

（3）利用学校创建社会科学院的契机，理顺、完善本中心的内外环境和条件；

（4）增加补充必要的管理人员。

2. 促进基地开放性程度的提高

（1）适当调整中心学术委员会的构成，加大外校专家的比重；

（2）邀请国内外优秀学者加入本中心的研究团队；并设置一定数量的特殊项目，拨出专门经费专供外校、外籍承担本中心课题的学者使用；

（3）举办 1～2 次全国性的假期研究生专题进修研讨班；

（4）加大与国内历史学科诸研究学会的合作；拓展对本学科的引领作用。

3. 落实学术队伍和人才发展计划

（1）中心规定各个重大研究方向负责人在组建各自学术团队时，必须容含相应数量的有潜质的中青年研究人员加入；

（2）中心专门为中青年研究人员设置一定数量的研究子课题和必要经费；

（3）"十二五"期间，力争培养1～2名教育部新世纪人才、3～4名青年学者入选校内青年资助计划；

（4）积极筹划派出一批青年学者或优秀博士生出国深造，为本学科储备专业人才。计划每年由教育部专门计划派出2～3名博士生出国深造，今年已派出2名博士生赴德国、希腊等国学习。

4. 积极主动参与服务国家和社会的实践

（1）继续寻求各种契机，为国家和地方政府提供学术服务。

（2）继续关注各种外部反华势力在东北地区、高校中的活动趋向，对其加以跟踪分析、研究，及时地撰写向有关部门提交咨询、研究报告，由教育部转报有关部门。

（3）继续发挥国家级重点基地的示范作用，积极参加吉林乃至东北各个地区的人文社科重点基地的建设工作，进一步彰显"窗口"和"高端平台"功用。

5. 进一步扩大国内外学术交流

（1）谋求同1～2家国外研究机构建立长期稳定的合作研究关系，互派学者和学生进行访问、研修；

（2）与境外大学研究机构合作举办1～2次国际性的学术会议；

（3）加大与国内世界史学科各个学会的协作联系，加大重点基地对学科发展的引领和排头兵的作用；

（4）与南开大学世界近代史研究中心等国内同行业研究机构的关系，寻求联合协作，共同发展。

6. 加强基础数据库、基地网站和学术刊物建设

（1）与我校图书馆与历史学科共同承担的教育部"重点学科信息资源建设－历史学信息资源系统"（世界史专业）建设工作相结合，尽快形成世界史专业的信息资源网络体系，并向全国各高校开放。

（2）利用我校在世界古代古典史、世界中古史、日本史、俄国史等方面的丰厚藏书，构建一个独具特色世界文明史研究的专业数据库。

(3)"十一五"期间，在本中心原有的《古代文明研究》学刊(英文版)基础上，又创办了面向国内外发行的中文正式刊物《古代文明》学刊，每年四期，三年间已发行15期。该刊以反映世界范围内关于古代文明研究成果，增进中国与国际学术界的交流，提供重要学术信息为宗旨。主要栏目为西亚、北非地中海地区古代文明，中国及亚洲东部地区古代文明、欧洲、中亚、南亚文明。该学刊面向全国征稿，实行严格匿名审稿制。国内学界同仁对此举反响甚好，各大文摘系统也纷纷转发了该刊文章。保证学术水准，使之在较短时间内成为本专业全国著名的学术刊物，成为中国世界史学术界对外交流的重要窗口之一。

四　主要规划和学术活动安排

(一)科研规划

根据目前本中心学术力量的配置和工作周期，计划以2012年年底为界，将各个研究领域分作两批启动。

1. 第一批启动领域为："古代古典文明重点问题研究""西方文明重点问题研究""《世界文明史史料与文献译丛》"；

2. 第二批启动领域为："15世纪以来中华文明发展道路的研究""东亚历史研究"；

3. 按时完成"马克思主义工程重点教材《世界古代史》"编写工作。

(二)学术活动安排

1. 早期西方文明学术研讨会暨世界中世纪学会年会(与全国世界中古史学会联合举办)。时间：2011年；地点：长春；人数：80人。

2. 世界大变革与明代中国国际学术研讨会(与中国明史学会联合举办)。时间：2013年；地点：长春；人数：40～50人，其中外籍学者15人。

3. 美国史国际学术研讨会(与美方联合举办)。时间：2012年；地点：

长春；人数：60 人，外籍学者：15 人。

4. 另择机同国外高校学术机构于境外举办 1 次学术研讨会。初步定为与美国迈阿密大学合作。有关具体事宜双方正在商讨之中。

5. 根据各大领域研究工作需要，适时召开数次小规模的专题研讨会。每次人数限定在 15～20 人。

6. 举办 1～2 次全国性的假期研究生专题进修研讨班。

（作者为东北师范大学世界文明史研究中心教授）

突出研究重点　造就学术精品

杨栋梁

一　基地建设的总体目标

2004 年南开大学世界近现代史研究中心被确定为教育部重点研究基地后，进一步明确了中长期总体建设目标，即把基地建设成为国内领先、国际知名的学术研究高端平台，充分发挥专业人才培养、学术交流和政策咨询等综合功能，立足于学术，服务于社会。

二　学术研究的基本思路

从国别、地区和世界三个维度出发，紧密围绕历史发展的纵轴和横轴，精心选择世界近现代史发展进程中的重点领域和重大问题，展开历时性和共时性的研究。

本着"有所为，有所不为"的原则，将世界近现代资本主义史，近现代国际关系，近现代民族文化的冲突、交融与融合三大领域，列入基地中长期学术研究规划的重点，以每年的课题立项方式予以贯彻实施，通过持续地研究，不断推出系列性专题研究成果，逐步形成基地的优势研究领域和特色。

为此，在组织重大研究课题的立项时，首先是把住选题关，选题必须意义和价值重大且有突破创新预期；其次是把住项目负责人关，除了确认负责人的学术地位、研究基础和相关研究积累外，其筹划的研究团队成员中，是否吸纳了国内相关研究的佼佼者也是必要的审查内容，相关领域的专题研究，需要最大限度地利用国内乃至世界的研究资源，若此才可能推出最新、最出色的重大研究成果。

三　重大项目的选定及其研究进展

2004 年以来，根据上述研究目标和研究思路，基地立项的重大课题已经达到 12 个，部分课题已结项，其相关研究成果正陆续出版。

在世界近现代资本主义史研究领域，李剑鸣教授主持的《世界近代史上的政治民主化问题研究》5 卷本研究丛书、杨栋梁教授主持的《日本现代化历程研究》10 卷本研究丛书正在陆续出版发行，吴志成教授主持的《欧洲治理的历史、理论及其启示》、韩琦教授主持的《拉美主要国家的现代化道路研究》即将结项，哈全安教授主持的《二十世纪中东若干重大历史问题研究》、杨令侠教授主持的《加拿大建立社会稳定过程的历史考察》正在进行中。

在世界近现代国际关系研究领域，王晓德教授主持的《美国对外关系史研究(1776－2001)》的最终研究成果将是 6 卷本丛书，赵学功教授正在主持进行《核武器与战后世界格局的变迁》项目，其中期研究成果已经在《历史研究》等重要学术刊物上发表，李凡教授主持的《战后亚洲地区领土纠纷与国际关系研究》、宋志勇教授主持的《20 世纪东亚国际关系的研究》正在进行中。

在世界近现代民族文化的冲突、交融与融合研究领域，陈志强教授主持的《欧洲文化的兴起及其世界影响》已结项，其 7 卷本研究丛书即将出版。阎国栋教授主持的《近代以来中俄文化关系史研究》即将结项。

四　"十二五"期间重大项目的设想

"十一五"期间，世界近现代史研究基地的学术研究取得了扎实的进展，以此为基础，基地全体成员反复论证了未来 5 年的科研规划，提出了设想。随后专门召开学术委员会会议，请校内外学术委员把关并初步拟定了"十二五"期间基地的重点攻关课题。这 10 个课题的具体内容是：

1. 东亚一体化的历史遗产与现实选择

2. 东亚三国早期西学演化路径研究

3. 战后日本国家软实力研究

4. 越南战争与中美关系

5. 全球治理的理论与实践

6. 新中世纪学视域的现代欧洲发生史研究

7. 欧美民族国家建构过程的宗教层面——以罗马天主教会经济和政治态势为个案

8. 欧洲文明通论

9. 欧洲现代化进程中的民族问题研究

10. 拉丁美洲的民族主义与现代化

我们期待，通过上述规划，有效地推进基地的学术研究和科研建设，在世界近现代资本主义史，近现代国际关系，近现代民族文化的冲突、交融与融合三大重点研究领域中推出一批学术精品，在国内的近现代美国、日本、拉美、欧洲以及中东等主要国家和地区史的研究中，确立整体优势或部分研究领域的领先地位，并不断扩大对国际学界的影响。

（参考资料）

南开大学世界近现代史研究中心
"十二五"课题立项规划（草案）

一 东亚一体化的历史遗产与现实选择

自《曼谷宣言》签署以来，东亚一体化已历经了 40 多年的发展，与北美、欧洲共同构成了地区一体化表现最为突出的三个区域，中国的地区战略以及东亚国际关系格局的调整也势必在东亚一体化进程中展开。东亚一体化史已经构成了当代世界历史和国际关系史的重要组成部分。本课题将是一个融进了社会科学研究方法的有关东亚一体化从启动到转型再到发展的历史叙述，主要内容包括：（1）历史分析：对东亚一体化的初始条件、历史遗产进行历时性的经验观察，相对于普遍从现状入手分析东亚一体化的学术路径，本课题将始终把东亚一体化史本身的研究置于首要地位。（2）比较一体化分析：参照欧盟的经验，分析东亚一体化程度处于初始状态的低水平的原因，探讨深度融合的一体化需要具备的条件。（3）交易成本分析：东亚、特别是东北亚地区，由于政治制度的对立和历史遗留问题，导致缺乏一体化所必须的统一的政治意识、支持性的思想意识和最低限度的多边协调机制，因而一体化成本，特别是其中的政治成本昂贵，从而制约了东亚一体化的深入发展。（4）路径选择分析：突破高政治成本壁垒，最终实现东亚一体化，首先面临的是东北亚地区本身一体化的问题，其可能的路径选择有二：其一是"10＋3"方式的依托于东盟的东北亚一体化路径；其二是并行于东盟的东北亚一体化路径，本课题将对这种东亚一体化最终实现的路径选择问题进行尽可能深入的个性化学术探讨。

二 东亚三国早期西学演化路径研究

国际学界对中、日、朝三国早期西学（16 世纪中叶至 19 世纪中叶）的分别研究不谓不多，但将它们作为一个整体展开系统研究的思路，迄今为止仍属学界的盲点。而通过相互比照重新审视这段历史，就会发现在分别研究中难以显露的问题点。这些问题点皆与三国西学的不同特征有关，而这些特征还将提示出早期西学对三国现代化进程所产生的历史影响，并显现出三国西学的深层历史文化含义。本课题将在梳理三国早期西学进程的同时显现它们的共性与差异，以构成本项研究的论题群。诸如：西学在三国之间的相互流向；对整体西洋文化的摄取、融合与排除的异同；研究规模与研究水平的差异；对西洋文化中宗教与科学取舍的异同；接触西洋文化的主体与社会提供西学人才机制的异同；研习西学的自主性与对西洋人依赖性的异同；西学书籍的原语与译语，等等。在梳理上述异同的基础上，还将追溯它们形成的诸多历史文化原因，并论证这些异同与三国近代历史发展进程之间的密切关系。作为结论，将分别对三国早期西学作出新的历史定位。本研究还将以上述论题为依托，试图抽象出具有典型意义和可操作性的文化传播与摄取过程的新模式，以扩展该项研究的普世效应。

三 战后日本国家软实力研究

所谓"软实力"（soft power）是指一国的文化、价值观念、社会制度、发展模式等所形成的国际影响力与感召力。日本在树立经济大国形象，确立文化立国战略，积极从事对外经济援助，开展活跃的文化外交，全方位参与国际事务等方面做了许多工作，有效提升了日本国家的软实力。对日本国家软实力进行系统而深入地研究，既能拓宽我国日本研究的领域，也将为提升我国软实力和塑造积极有为的国家形象提供可资借鉴的经验。本选题在探讨日本提升国家软实力的战略部署及运行模式的同时，也对日本运用国家软实力维护国家利益、提升国家形象进行客观分析与评价。具体而言，在政治维度上，集中阐释日本政治文化传统在塑造日本国家形象和提升国家软实力方面发挥的作用及成败得失；外交维度上，系统论证不同时期日本运用"援助外交""环境外交""公共外交"等在世界范围内施展和伸张本国影响力的努力及成效；经济维度上，深入剖析日本如何打造以科技和质量为核心的"日本制造"品牌，并形成独具特色的"日本式经营管理模式"；文化维度上，着力分析日本文化立国战略形成的国内外背景、运作机制和经验启示，积极借鉴日本在国际社会弘扬传统文化等方面的经验等。这些研究旨在厘清战后日本在不同时期如何结合国内外形势运用不同手段和策略提升本国的国际地位和影响力，以期探讨和总结日本在提升国家对外软实力方面所取得的成效及存在的不足。拟完成著作：《战后日本国家软实力研究》等。

四　越南战争与中美关系

越南战争是冷战时期持续时间最长的一场战争。它不仅对于美国，而且对于整个东亚国际关系都产生了深远影响。在西方特别是欧美史学界，有关越南战争的研究成果可谓汗牛充栋，取得了大量有价值的成果，成为国际史学界研究的重要课题。随着冷战的结束，大量新材料不断出现，更促进了对这一课题的研究。但是，西方学者的研究大都集中在越南战争本身，尤其是美国的决策，而对于越南战争与中美关系虽有涉及，但尚缺乏全面、系统地考察。国内史学界近年来也有一些相关著述出版，同样缺乏系统性和整体性，难以窥视这一时期美国对华政策的全貌和基本特征。至今，国内外尚没有系统论述这一时期美国对华政策的研究专著。本课题以大量的第一手资料为基础，旨在全面、深入、系统地论述 20 世纪 60～70 年初美国对华政策的基本内涵、发展变化及缘由，揭示出美国对华政策的矛盾性和复杂性。该课题不仅在学术上具有较高价值，有助于深化和拓展国内学术界在这一领域的研究，而且对于人们认识和了解当今美国的对华政策以及中美关系的未来发展也具有一定的启示意义，提供一个参照。本课题中期成果由一系列相关论文组成，最终成果为：《漫长的战争：美国与越南，1945—1975》和《从对抗走向和解：美国与中国，1961—1972》两本专著。

五 全球治理的理论与实践

冷战结束后，随着全球化进程的日益深入和国际政治经济格局的调整，全球治理问题日益引起国际社会与学术界的广泛关注。全球治理既是国际社会的一种客观发展进程，也是关于国际公共事务管理的新模式、新理论，对全球秩序重建产生着深刻的影响。作为一种客观发展进程，它是冷战结束后国际政治经济秩序发展的新形态，是全球公民社会和世界民主潮流的产物。作为一种理论，它是对传统国家统治理念的超越，反映了当代国际政治发展到全球政治新阶段的新变化、新特点。本课题的主要内容为：一是考察全球治理的历史兴起、现状、发展走向、前景及其制约因素与不足；二是探讨全球治理的界定与原则、实质与特征、主体与对象、过程与路径、价值与绩效评估、理论模式比较等；三是分析全球化与全球治理的内在联系、全球治理的必要性、积极作用与消极影响、世界大国在全球治理领域的经验、教训及其借鉴与启示；四是剖析全球治理与全球秩序重建的相互关系，全球治理背景下全球秩序重建的要求、原则与理论设计等；五是研究全球治理对中国的挑战与机遇，中国在全球治理中的角色、责任与作为，中国政府在全球治理领域的战略原则、政策目标与路径选择，中国的全球治理理论等。本课题试图从政治、历史、经济、社会与法律跨学科交叉的角度，将静态与动态、理论与实证、定性与定量、宏观与微观分析相结合来研究问题，从而实现全球治理研究的理论创新。研究周期大约为 3 年。

六 新中世纪学视域的现代欧洲发生史研究

现代欧洲何以可能、何以如此？端赖中世纪。中世纪时段是现代欧洲孕育、形成的历史阶段，也是现代化普世进程的发生学源头。新中世纪学以话语解析与语境重构为学术平台，以跨学科的复合论域为学理取向，突出历时性与共时性在特定论域空间的思辨阐释，从而为现代欧洲发生史研究提供了学理基础与学术资源。民族国家、共同精神家园及其裂变、积极与消极两种规制取向的法系、易北河的文化分水岭内蕴，是现代欧洲乃至现代性的发生学载体。因此，通过对中世纪特定文献的释读，运用新中世纪学的学理范式，形成历时性语境解析与历史阐释学整合的专题性专著；进而对每一专题进行文献史与学术史的梳理，把握特定论域在历时性语境的释读差异，完成自洽的、具有创新内蕴的著述。新中世纪学团队在已有研究工作的基础上，通过"新中世纪学视域中的现代欧洲发生史研究"，以期在追踪国际学术前沿、凝练学术方向、引领学科发展、创新学理范式等方面取得扎实的进展。拟完成以下专著：《民族国家的勃兴》《欧洲的精神分裂》《两大法系规制取向的形成》《易北河历史内蕴的流变》《从经院修辞学到人文学言说：文艺复兴的话语范式变迁》。

七　欧美民族国家建构过程的宗教层面

我国学术界以往对西方近代国家建构的研究重视政治革命和政治制度，比较忽略对西方宗教文化的研究，而处理全球化时代错综复杂的国际政治和国际关系问题，需要对政教关系以及基督宗教社会经济观点这类西方国情的重要方面有更加系统的历史研究，从而加强国际问题分析的深度和准确度。这是本选题的用意所在。本选题侧重于罗马天主教会的经济思想和政治思想以及教会在经济和政治这两个方面与国家和社会的互动，由两个部分组成：（1）天主教社会经济思想与近代欧美国家的社会政策。工业革命以后的发达资本主义经济和严峻的贫富分化对基督宗教社会思想的平等观念形成巨大挑战。罗马天主教会明确承认私有财产权的合法性，坚定捍卫私有财产权，同时又按照基督宗教的传统提出适合现代社会的系统经济观点，倡导公平工资，支持国家对经济的干预角色，敦促国家采纳一系列福利政策，深刻影响了西方国家的社会关系与社会发展。（2）天主教政治思想与近代欧美国家的政教关系。欧美各国的教会与国家关系自16世纪以来曾经作出过重大的调整，该调整构成西方民族国家形成和发展中一个关键方面。这一调整的主要内容是离弃中世纪和近代早期教会的特权和官方地位，实现不同程度和不同范式的政教分离，罗马天主教会面对这一历史挑战作出了艰难缓慢的相应调整，最终促成了自身政治思想的现代化，适应了现代西方民主政治。

八 欧洲文明通论

欧洲是世界现代化的发源地，近代大国首先崛起在欧洲。当前，推动世界多极化发展的进程中，欧洲仍是一支重要的政治经济力量。认识欧洲文明的历史的发展过程和特征，分析、消化和批判这一宝贵的历史遗产，乃是鸦片战争以来我国学界的重要任务，具有经久不衰的学术价值和现实意义。近30年，国外的欧洲史研究成果卓著，我国在该领域的研究也取得了前所未有的进步，但同时也存在分散化、零碎化的倾向，有高度、有系统同时适于中国读者群的研究成果还很少看到。现在到了对这个课题作出阶段性总结的时候了。本项目从欧洲文明的高度，吸纳国内外的前沿研究成果，致力于新视野新方法的开拓，致力于新知识的梳理和更替，打通传统的历史时段，分16个专题对欧洲文明进行表述和分析。它们是：环境、种族和语言，公共权力的产生和运作，财富的积聚与分配，宗教与信仰，知识的形成与传播，私人权利的发展，流通及流通范围的扩大等若干重要的方面。每一个专题都从中世纪开始，持续至工业革命乃至20世纪，目的是让读者对每个专题的始末均有系统地把握，从而对欧洲文明留下明晰的印象。这样的印象应该是整体的，而不是残破的和被切割的；是准确的或接近准确的，而不是似是而非的甚至是误导的；是具体而生动的，而不是概念化和图示化的。总之，该研究是总论指导下的专论，是分项研究基础上的通论，而且是跨时段的，纵贯古今，因此具有相当的难度，然而对于欧洲文明的整体理解是必要的甚至是必须的。

九 欧洲现代化进程中的民族问题研究

欧洲现代化进程始于近代早期，在这一进程中，欧洲统一问题一直是欧洲政治家争论不休的热点，直到现当代，欧洲左翼政客和思想文化精英阶层力主通过欧洲一体化，实现欧洲统一的理想，因为欧洲的未来只能走和平之路。但是，与我国学术界普遍盲目乐观的情绪不同，现实中欧洲一体化进展并不顺利，欧洲联盟十分脆弱，欧洲统一的进程屡屡轻易受挫，在金融危机面前，德国人公开声称不为希腊人买单。欧洲统一之路还漫长遥远。问题在哪里？本研究着力从欧洲漫长的历史，特别是欧洲现代化进程的历史中寻找其深层次原因。今天的欧洲是世界上民族分化最复杂的地区之一。在欧洲相对狭小的地理空间中，拥挤着诸多实力相当的民族，他们比肩而立，例如俄罗斯上亿人口、德国 8000 万人口、法国 7000 万人口、英国 6000 万人口，还有一批人口在 4000 万～2000 万的意大利、西班牙、波兰等民族国家。20 世纪 50 年代以前的大部分时间里，这个"大拼盘"里一直进行着战争，这里集中了人类战争史上大部分最惨烈的厮杀。欧洲各民族对当地有限的物质资源展开了多种形式的长期争夺，在近代国际关系体系建立之前的古代中世纪，武力是决定民族地位的唯一方式，任何软弱和失败都意味着灭族之灾，因此民族意识通过各种渠道和方式不断得到强化。现实的共同利益短时间内不能消融历史留下的隔膜，也无法填平民族间巨大的鸿沟。本课题集中考察欧洲现代化进程中的民族问题，就是要从欧洲各民族起源、各自的根本利益及各自的发展入手，重点分析各民族之间的关系、它们的利益冲突、解决冲突的方式，特别是近代以来形成的民族恩怨和历史纠葛，探询欧洲一体化种种障碍的历史根源，以及欧洲统一的历史前景。我们认为，欧洲统一还有许多内在的民族和历史问题需要解决，这不能仅仅靠现实政治、经济利益可以取代，而是要靠数代人甚至数百年文化交流和融合才能化解的。本课题将以多篇高质量论文和　本专著为最终成果。

✚ 拉丁美洲的民族主义与现代化

拉丁美洲的民族主义在现代化进程中曾经发挥和正在发挥着重要的作用，其突出表现在独立运动期间、20 世纪前期的现代化转型时期、进口替代工业化时期，以及 21 世纪前十年发展道路的新探索时期。"它是一支变革的力量"。但是，拉美民族主义具有其特殊性和复杂性。一是与种族问题联系在一起，种族的多样性(白人、印第安人、黑人、各类混血种人)带来了民族认同的复杂性；二是国家民族主义和地区民族主义不无矛盾地纠合在一起。因此，国外研究民族主义的顶级专家一般很少提及拉美。只是古巴革命后，美国学者对拉美的民族主义研究昙花一现。20 世纪末，在全球化浪潮席卷下，国家被重新定位，拉美学者加强了对民族主义的研究。在国内，拉美民族主义研究仍然是一个薄弱环节。因此，该课题的研究具有重要的理论意义和现实意义。本课题初步设计研究三个方面的问题，一是拉美民族主义的历史演变，包括起源、克里奥尔民族主义形成与独立运动、国家建设和民族认同、多元文化民族的创建等；二是专题研究，包括拉美背景下的民族主义理论辨析、拉美的政治民族主义、拉美的文化民族主义、拉美的经济民族主义、民族主义与现代化、民族主义与全球化等；三是案例比较研究，包括拉美的防御性民族主义(阿根廷)、拉美的革命民族主义(墨西哥)、拉美的军人民族主义(秘鲁)等。本研究是一项跨学科研究，将在历史学研究方法的基础上，借鉴政治学、经济学、国际关系学、社会学、文化人类学等学科的研究方法。最终研究成果将是多篇高质量论文和 1～2 本专著。

(作者为南开大学世界近现代史研究中心教授)